Anthologie
de la
littérature
française

XVIIIe

siècle

Collection dirigée par
Robert Horville

Conception graphique : Vincent Saint Garnot
Coordination éditoriale : Emmanuelle Fillion
Lecture-correction : Larousse
Coordination de la fabrication : Marlène Delbeken
Recherche iconographique : Nanon Gardin

Illustrations :

p. 15 : illustration pour *le Petit Chaperon rouge,*
de Perrault. B.N., Paris. Photo Larousse. Détail.

p. 63 : planche de la série des *Prisons,* par Piranèse
(1720-1778). Bibliothèque des Arts décoratifs, Paris.
Photo Lauros-Giraudon. Détail.

p. 149 : « L'atelier d'imprimeur », gravure extraite
de *l'Encyclopédie* (1752). Bibliothèque des Arts décoratifs,
Paris. Photo Jean-Loup Charmet. Détail.

p. 229 : « Une soirée chez Mᵐᵉ Geoffrin en 1755 ». Musée
Carnavalet, Paris. Photo Jean-Loup Charmet. Détail.

p. 277 : *Ruines d'un temple antique,* par Hubert Robert
(1733-1808). Musée des beaux-arts, Besançon.
Photos Lauros-Giraudon. Détail.

COMPOSITION : OPTIGRAPHIC.

IMPRIMERIE HÉRISSEY - 27000 ÉVREUX - Nº 64880.

Dépôt légal : mai 1994. Nº de série Éditeur : 18015.

IMPRIMÉ EN FRANCE *(Printed in France).*

871 593 - mai 1994.

Anthologie
de la
littérature
française

XVIIIe

siècle

Textes choisis et présentés par
Pierre Malandain
docteur ès lettres

Le siècle des Lumières

Le siècle
des Lumières

*D'*une manière générale, et malgré des différences et des exceptions locales, le XVIIIᵉ siècle mérite bien l'appellation qu'on lui a donnée un peu partout en Europe d'« époque des Lumières ». La lumière abolit les ténèbres, permet de connaître et d'identifier les objets qu'elle éclaire, réchauffe aussi le cœur de l'homme et lui rend agréable et familier le monde dans lequel il vit. C'est le rôle qu'elle joua en France, entre 1715 et 1789, et, si le mot est employé au pluriel, c'est qu'il désigne une attitude intellectuelle et morale appliquée à toutes sortes d'objets : la politique, la société, la religion, la science, l'économie, l'homme.

Partout il s'agit de mettre en doute les idées toutes faites, héritées du passé et enseignées par ceux qui ont intérêt à les faire respecter, parce qu'ils sont des privilégiés de l'ordre qu'elles soutiennent. C'est ce qu'on appelle, dans les religions, des dogmes, voire des mystères, qu'il faut croire sans les comprendre. L'homme des Lumières, lui, veut tout comprendre, et exercer sur toute chose les droits de la raison que lui a enseignés le philosophe René Descartes (1596-1650). Qu'il s'agisse de la monarchie absolue, des vérités de la foi, des règles de la morale sociale, des connaissances scientifiques, il applique son esprit critique pour démêler le vrai du faux, et surtout pour ne retenir comme digne d'intérêt que ce qui est conforme à la nature, respecte la liberté et la dignité de chacun, est utile à l'amélioration des conditions de la vie collective, procure le bonheur et va dans le sens du progrès.

Ces idéaux ne sont pas le fait de quelques esprits avancés qu'on appellerait aujourd'hui des intellectuels ; ils sont de plus en plus communément partagés par le grand nombre. L'alphabétisation progresse, la lecture gagne du terrain dans des couches de la population qu'elle ne touchait guère auparavant et l'opinion publique devient une force avec laquelle il faut compter ; tout cela place la littérature au premier rang des moyens par lesquels cet esprit nouveau s'illustre et se répand, autour de nouveaux foyers d'information et de sociabilité, moins exclusivement religieux ou érudits qu'au XVIIe siècle : la presse périodique, les académies, les salons, les cafés.

Position de la France

La France joue, dans ce mouvement de la civilisation européenne, un rôle tout particulier. Influencée, sur le plan des idées, par les Hollandais et les Anglais, elle ne peut pas, comme eux, les expérimenter dans la vie politique, sociale ou économique, bloquée qu'elle est dans les structures rigides de ce que nous avons appelé depuis l'« Ancien Régime », plus solide qu'il ne le paraît, et que n'ébranlent guère, jusqu'en 1789, les assauts des « philosophes ». La France devient donc un foisonnant laboratoire d'idées, d'autant plus diversifiées et hardies qu'elles ne peuvent subir l'épreuve des faits et se déploient longuement dans l'imaginaire des textes. C'est pourtant grâce à ce piétinement qu'elle constituera à son tour un modèle pour les pays de l'Europe du Sud, du Centre et de l'Est.

Une monarchie contestée mais solide

Trois rois seulement se succèdent dans ce siècle. Louis XIV meurt en 1715, après un règne de 72 ans. Il a institué l'absolutisme royal, réduit le rôle des parlements et celui des nobles, et concentré tous les pouvoirs entre ses mains et celles de ses ministres. Son arrière-petit-fils, Louis XV, règne pendant cinquante-neuf ans, dont huit ans sous la tutelle d'un régent, son cousin Philippe d'Orléans, vingt sous celle d'un ministre, son précepteur le cardinal de Fleury, et trente et un personnellement.

À sa mort, en 1774, son petit-fils, Louis XVI, occupe le trône jusqu'au 10 août 1792, jour où est prononcée sa destitution, la Convention nationale proclamant ensuite la République le 21 septembre 1792 (voir p. 334).

Pendant ces trois règnes, les structures administratives, économiques, financières et judiciaires du royaume ne subissent pas de changement notable, malgré plusieurs tentatives de réformes, que font régulièrement échouer les ordres privilégiés (clergé, noblesse) et les parlements. Entre 1715 et 1770, la situation économique et démographique est florissante, mais les avantages en sont mal répartis et des sommes énormes du revenu national sont englouties dans le luxe de la cour et des grands, ainsi que dans des guerres incessantes et coûteuses. Entre 1680 et 1789, près de cinquante années de guerre : Ligue d'Augsbourg en 1688, terminée par le traité de Ryswick en 1697 ; Succession d'Espagne en 1701, terminée par les traités d'Utrecht et de Rastatt en 1714 ; Succession de Pologne en 1733, terminée par le traité de Vienne en 1738 ; Succession d'Autriche en 1740, terminée par le traité d'Aix-la-Chapelle en 1748 ; guerre de Sept Ans en 1756, terminée par le traité de Paris en 1763 ; guerre de l'Indépendance américaine en 1775, terminée par le traité de Versailles en 1783.

La question religieuse

Il faut ajouter à ce tableau contrasté des idéaux des Lumières et des réalités du siècle l'interminable abcès de la question religieuse qui déchire la France pendant toute cette période, presque autant qu'au xvie siècle. Tout (re)commence avec la révocation de l'édit de Nantes par Louis XIV en 1685. À la persécution des protestants qu'elle déclenche vient bientôt s'ajouter celle des jansénistes, disciples de Jansénius et de Port-Royal (voir le volume *XVIIe siècle* et p. 322), partisans d'une plus grande rigueur dans l'application des principes chrétiens et d'une moins grande compromission avec les jouissances du monde. Ces répressions provoquent des exils, des massacres (guerre des Camisards dans les Cévennes, 1702-1710), des jugements scandaleux comme ceux que dénoncera Voltaire (1694-1778).

Quelques dates ponctuent ce feuilleton des querelles entre croyants : 1713, bulle *Unigenitus,* par laquelle le pape condamne comme hérétique la pensée janséniste et justifie ainsi la persécution ; 1762, interdiction et expulsion des jésuites, qui s'étaient un peu conduits comme des catholiques « intégristes » (mais avec l'habileté d'échanger contre la tyrannie de l'Église romaine une grande souplesse dans les obligations morales du chrétien) ; 1765, réhabilitation de Calas, une grande victoire de Voltaire qui avait défendu publiquement cette victime de l'intolérance. Aucun des « partis » religieux, pas même le catholique, ne tire vraiment avantage de ces luttes. Ce qui progresse, au contraire, c'est l'anticléricalisme, à l'égard de toute religion révélée et instituée ; c'est aussi l'athéisme, qui devient une option de plus en plus affirmée, avec ses corollaires philosophique (le matérialisme, voir p. 322) et civil (la laïcité).

*Périodes
littéraires*

Un crépuscule double (1685-1715)

Les trente dernières années du Roi-Soleil sont crépusculaires. Crépuscule du soir : un monarque vieillissant, un pouvoir qui se durcit, une cour frileuse et dévote, des guerres désastreuses dont les malheurs sont aggravés par de grandes famines (1709), par l'alourdissement des impôts et par les expédients auxquels recourt le pouvoir royal pour soutenir ses dépenses, en particulier l'appel qu'il fait aux financiers. La spéculation qui en découle enrichit les plus riches et pressure les plus pauvres. Le pays est exsangue, et l'ordre ne s'y maintient que par une brutalité de plus en plus forte.

Mais c'est aussi un crépuscule du matin, car sur ce sombre tableau la littérature fait luire l'espoir d'une prochaine aurore. Entre La Bruyère et Montesquieu, elle ne produit pas de très grandes œuvres, mais les écrits de Bayle, Fontenelle, Challe, Fénelon, ainsi que la victoire des Modernes dans la longue querelle qui les oppose aux Anciens (1687-1694, puis 1714-1715) donnent tous les signes d'un renouveau à la fois tonique et serein.

Lumières naissantes (1715-1750)

À la mort du vieux roi, en 1715, cette aurore éclate. Un sentiment de libération envahit la société française. La dévotion compassée fait place à une atmosphère de fête, voire de licence (c'est-à-dire de liberté un peu débridée). Avec une belle intelligence politique, le Régent modernise le gouvernement et les finances du pays et favorise la libération des mœurs. La faillite du système de banque que son ministre Law avait lancé, sur les modèles anglais et hollandais, ne ralentit qu'un temps cette euphorie, en 1720. Celle-ci dure jusqu'à sa mort (1723), jusqu'à celle de son successeur, le cardinal de Fleury (1743), et encore dans les premières années de l'ère Pompadour (1745-1750), ainsi désignée sur le nom de la maîtresse en titre de Louis XV, grande protectrice des philosophes et des artistes.

C'est une époque délicate et charmante, impertinente mais sans hargne, où règne l'esprit, où triomphent l'opéra et la comédie italienne, où les grâces de l'art rococo, à l'opposé de la gravité et de l'austérité du style classique, décorent les intérieurs privés et les monuments publics. C'est, sous le signe ambigu du peintre Watteau (1684-1721), le temps faussement léger de Montesquieu, de Marivaux, de Crébillon fils et du premier Voltaire.

Lumières militantes (1750-1774)

Autour de 1750, le siècle bascule, à l'image de la carrière de Voltaire, justement, qui après un séjour orageux à Berlin va s'installer à Ferney. Louis XV n'apparaît plus comme « le Bien-Aimé », et l'attentat de Damiens en 1757 provoque une répression contre les idées nouvelles, soupçonnées d'avoir armé le bras du régicide. L'entreprise de l'*Encyclopédie* menée par Diderot et d'Alembert se voit compromise (voir p. 198). L'horrible guerre de Sept Ans exténue la France et aboutit en 1763 à un traité désastreux pour elle, juste avant que ne disparaisse Mme de Pompadour (1764).

Devant un pouvoir qui se durcit, les philosophes radicalisent leur contestation. L'optimisme de la période précédente est mis à mal. Voltaire, qui le ridiculise dans *Candide* (1759), anime une lutte très active contre l'intolérance et les abus de pouvoir. Diderot mène un combat acharné contre l'obscurantisme religieux et l'injustice sociale. Et, surtout, J.-J. Rousseau déstabilise d'un coup l'élan des Lumières en opposant le progrès des sciences et des arts à la vraie nature de l'homme, seule susceptible, selon lui, d'assurer son bonheur et celui de la collectivité.

Lumières déclinantes (1774-1789)

Avec le faible Louis XVI et l'échec des réformes qu'avait tentées son ministre philosophe Turgot (1774-1776), avec la disparition des « phares » (Voltaire et Rousseau en 1778, Diderot en 1784) s'ouvre une période de doutes et de crises. La catastrophe financière va s'aggravant, de mauvaises récoltes provoquent des disettes. Le crédit de la monarchie est entamé par l'impopularité de la reine Marie-

Antoinette et les scandales auxquels elle est mêlée (affaire du Collier, 1786).

La littérature et les arts fuient les réalités du présent dans un mouvement de retour à l'antique, dans l'exotisme ou dans un sentimentalisme fade. Seul Beaumarchais illumine cette période de sa verve vigoureuse, et son *Mariage de Figaro* semble sonner joyeusement le glas d'un monde dégénéré et sans avenir.

Lumières confisquées (1789-1800)

Les événements révolutionnaires se font au nom des Lumières, mais en trahissent vite les idéaux dans la violence, avec la Terreur (1793), puis dans l'asservissement, avec Bonaparte (1799). La littérature devient engagée, souvent en porte à faux, et voit se modifier considérablement ses conditions de production et de réception. À part le grand poète André Chénier, elle devra attendre Chateaubriand, à l'aube du siècle suivant, pour retrouver une vraie dimension esthétique.

Telles sont donc les cinq périodes successives et progressives où nous allons voir briller, avec des intensités différentes, quelque chose qui a mérité le beau nom de « lumière » dans les textes des auteurs du xviiie siècle.

Un crépuscule double

Un crépuscule double

Fin de la grande époque classique

C'est bien aux années 1680 qu'il faut faire remonter le malaise qui met fin aux certitudes du classicisme (1660-1685). La Bruyère (*les Caractères,* 1688-1696) et La Fontaine (livre XII des *Fables,* 1694) en furent les témoins les plus lucides, plus en tout cas que Bossuet (mort en 1704) et Boileau (mort en 1711). Tous sont pourtant du côté des Anciens dans la fameuse querelle où les Modernes (Ch. Perrault, Fontenelle, Houdar de La Motte) défendent la dignité du présent et les droits de l'avenir contre la tyrannie paralysante du passé. Obtenue après l'arbitrage de Fénelon en 1714 (voir p. 39), la victoire des Modernes entérine ce dépassement de la doctrine classique fixée en 1674 par Boileau dans l'*Art poétique* (voir le volume XVIIᵉ *siècle*). Ouverte aux idées nouvelles, venues d'Angleterre et des Provinces-Unies, la littérature témoigne d'une opposition généralisée au principe d'autorité.

Lutte contre le principe d'autorité

Autorité politique : le philosophe anglais J. Locke (1632-1704) énonce la théorie du contrat qui doit lier le souverain à ses sujets, et permet ainsi une remise en cause de l'absolutisme.

Autorité religieuse : la reprise des persécutions contre tous ceux qui s'écartent de l'orthodoxie catholique (protestants, jansénistes, quiétistes) provoque une révolte des esprits contre l'intolérance et le fanatisme. Plusieurs, dont Bayle et Fontenelle, les dénoncent chez les catholiques. Ils n'attaquent que la pratique contemporaine du christianisme, mais on voit quelles armes ils préparent pour ceux qui, plus tard, en attaqueront les dogmes mêmes.

Autorité morale : le règne de plus en plus brutal de l'argent bouleverse les valeurs anciennes d'honnêteté et de mérite. Ce n'est plus la qualité qui se fait respecter chez un homme, mais la fortune, même mal acquise. De nombreux écrivains tirent de cette inversion des effets comiques, au théâtre ou ailleurs ; mais le problème dépasse la simple satire des mœurs, et certains commencent à s'interroger sur le principe même de l'inégalité, surtout en matière fiscale.

Autorité scientifique : le système de la gravitation universelle énoncé par l'Anglais Newton (1687) et le calcul infinitésimal découvert en même temps par le même Newton et par l'Allemand Leibniz (1684) remettent définitivement en question tous les postulats de la mécanique cartésienne, et ouvrent aux savants, en mathématiques, physique, optique et chimie, de nouvelles voies à explorer qui vont, en un siècle, de

Fontenelle à Lavoisier, poser les fondements de la science moderne.

Autorité esthétique enfin, et c'est là que la littérature s'applique à elle-même les principes de libération qu'elle a fait valoir pour les autres domaines de la vie et de l'activité des hommes.

Stagnation des grands genres

Les deux genres auxquels l'*Art poétique* de Boileau faisait la plus belle part, la poésie et le théâtre, ne sont plus guère représentés que par des œuvres mineures. La poésie se cantonne dans de longs poèmes pompeux et officiels, comme les *Odes* de Perrault chantant les hauts faits du roi et des grands, ou les *Odes sacrées* et les *Cantates* religieuses de J.-B. Rousseau ; et, dans la satire traditionnelle (voir p. 322), Boileau n'aura pas vraiment de successeur avant Voltaire, qui en transformera complètement la forme, l'esprit et la portée. Pour la tragédie, malgré Campistron et Crébillon (père), il faudra aussi attendre Voltaire pour trouver le vrai successeur de Racine. La comédie est un peu moins pauvre, mais le génie universel de Molière est comme dispersé dans les pièces de ses imitateurs : Dancourt, Dufresny, Destouches. Seuls Regnard et Lesage proposent des œuvres qui ont duré jusqu'à nous, mais l'un et l'autre se consacrent longuement à un théâtre plus populaire et sans règles fixes : celui de la Foire et celui des Italiens (voir p. 322).

Exubérance de la prose

En revanche, la prose connaît un essor sans précédent, dans des textes d'apparences très variées. Prose d'idées sous forme d'histoire, de traité, de dialogue, de dictionnaire, où s'exposent et se discutent toutes sortes de questions que l'effondrement des autorités signalé plus haut rend d'actualité. Cette prose prend acte du désordre qui règne dans les esprits, en recherche les causes, s'efforce de détruire les obstacles qui s'opposent à une pensée libre et conquérante, affûte les outils de la réflexion critique.

Récits de voyages, réels (Tavernier, *Voyages en Turquie, en Perse et aux Indes,* 1676 ; Mme d'Aulnoy, *Relation du voyage d'Espagne,* 1681 ; Chardin, *Voyages en Perse,* 1686-1711 ; Bernier, *Voyages,* 1709) ou imaginaires : la veine utopique (voir p. 322) est très active, qui permet d'expérimenter, dans des pays de fantaisie, de nouvelles manières d'organiser la vie des hommes et de la rendre plus rationnelle, plus juste et plus heureuse.

Récits merveilleux (voir p. 322) : la même insatisfaction du présent favorise la vogue des contes de fées, dont les plus célèbres sont restés ceux de Ch. Perrault. Dans la même veine, la couleur exotique augmente encore le succès des *Mille et Une Nuits* (1704), texte recomposé par A. Galland d'après plusieurs manuscrits orientaux, et qui va nourrir la mode « orientale » pendant plus d'un demi-siècle.

Récits de vie et Mémoires : lassés des invrai-semblances et des artifices du roman baroque (voir le volume *xviiᵉ siècle*), les lecteurs s'en-chantent des récits à la première personne, le plus souvent fictifs, mais donnant l'impression d'une expérience vécue, dans le monde réel. Pour corser l'intérêt, les auteurs en font des « Mé-moires historiques », voire des « Mémoires se-crets ». Hamilton donne ainsi les *Mémoires de la vie du comte de Gramont* (1713), et Courtils de San-dras les fameux *Mémoires de M. d'Artagnan* (1700) où Alexandre Dumas trouvera l'inspiration de ses *Trois Mousquetaires* (1844).

Romans proprement dits enfin : deux très grandes œuvres, fort différentes, marquent la pé-riode : *les Aventures de Télémaque* (1699) de Féne-lon, ouvrage qui touche si bien à tous les intérêts que le xviiiᵉ siècle portera aux questions histo-riques, politiques, pédagogiques, morales et es-thétiques qu'il sera le livre le plus lu jusqu'à *la Nouvelle Héloïse* (1761) de J.-J. Rousseau ; et *les Illustres Françaises* (1713) de R. Challe, qui construit allègrement le modèle d'une société nouvelle avec les matériaux mêmes de l'an-cienne : image la plus forte, peut-être, de ce cré-puscule qu'on pouvait croire annonciateur de ténèbres et qui présage, en fait, la victoire du jour.

FONTENELLE   *(1657-1757)*

BERNARD LE BOVIER DE FONTENELLE.   Ce neveu de Corneille est à la fois un mondain — qui fréquente les salons parisiens, écrit des poésies galantes (voir p. 322) et des livrets d'opéra — et un savant — secrétaire perpétuel de l'Académie des sciences pendant les soixante dernières années de sa longue vie. L'heureuse association de ces deux activités fait de lui l'un des premiers modèles du philosophe des Lumières. Son principal talent est celui du vulgarisateur, apte à montrer comment une bonne application du raisonnement cartésien aux enseignements de l'histoire et aux découvertes de la science peut aider les hommes à mieux juger de leur situation dans le monde et des conditions de leur bonheur. Croyant résolument au progrès, il est un des champions des « Modernes » et participa activement à leur victoire (*Digression sur les Anciens et les Modernes*, 1688).

HISTOIRE DES ORACLES (1686).   En démontrant la supercherie des cultes païens de l'Antiquité dans l'*Histoire des oracles*, Fontenelle s'attaque en fait à la croyance aux miracles et au surnaturel de la religion chrétienne.

« Une voix qui venait des îles… »

Tout le monde sait ce qui arriva au pilote Thamus. Son vaisseau étant un soir vers de certaines îles de la mer Égée, le vent cessa tout à fait.

Tous les gens du vaisseau étaient bien éveillés ; la
plupart même passaient le temps à boire les uns
avec les autres, lorsqu'on entendit tout d'un coup
une voix qui venait des îles, et qui appelait Thamus.
Thamus se laissa appeler deux fois sans répondre ;
mais à la troisième il répondit. La voix lui
commanda que, quand il serait arrivé à un certain
lieu, il criât que le grand Pan était mort[1]. Il n'y eut
personne qui ne fût saisi de frayeur et d'épouvante.
On délibérait si Thamus devait obéir à la voix : mais
Thamus conclut que si, quand ils seraient arrivés au
lieu marqué, il faisait assez de vent pour passer
outre, il ne fallait rien dire ; mais que si un calme[2] les
arrêtait là, il fallait s'acquitter de l'ordre qu'il avait
reçu. Il ne manqua point d'être surpris d'un calme à
cet endroit-là, et aussitôt il se mit à crier de toute sa
force que le grand Pan était mort. À peine avait-il
cessé de parler, que l'on entendit de tous côtés des
plaintes et des gémissements, comme d'un grand
nombre de personnes surprises et affligées de cette
nouvelle. Tous ceux qui étaient dans le vaisseau
furent témoins de l'aventure. Le bruit s'en répandit
en peu de temps jusqu'à Rome ; et l'empereur Tibère, ayant voulu voir Thamus lui-même, assembla
des gens savants dans la théologie païenne, pour ap-

---

1. Pan étant un dieu de l'Énergie naturelle (aux cornes et sabots de
chèvre, toujours occupé d'amours, de nymphes et de musique bucolique),
sa mort était redoutée, dans l'Antiquité, comme le signe avant-coureur de
la fin du monde.

2. Une cessation complète du vent entraînant l'immobilité de la mer... et
des bateaux.

prendre d'eux qui était ce grand Pan ; et il fut conclu
30 que c'était le fils de Mercure et de Pénélope[1]. C'est
ainsi que, dans le dialogue où Plutarque[2] traite des
oracles qui ont cessé, Cléombrote conte cette histoire, et dit qu'il la tient d'Épithersès, son maître de
grammaire, qui était dans le vaisseau de Thamus
35 lorsque la chose arriva.

HISTOIRE DES ORACLES, *1686,*
première dissertation, chapitre I.

---

1. La mythologie grecque faisait en effet de Pan le fils d'Hermès (le
Mercure des Latins), mais la désignation de Pénélope (épouse d'Ulysse)
comme sa mère est hautement fantaisiste.
2. Écrivain grec de la fin du Iᵉʳ siècle apr. J.-C. Ses *Œuvres morales* sont
généralement présentées sous forme de dialogues.

Guide de lecture
••

1. Relever tous les
éléments de cet épisode
qui tendent à prouver la
bonne foi de ceux qui
l'ont vécu ou rapporté,
et les éléments qui
prouveraient plutôt leur
erreur, leur illusion ou
leur précipitation.
2. Quel est le rôle des
notations temporelles
dans tout le texte ?

3. Le « bruit » (l. 25)
signifie-t-il seulement
la « nouvelle » ? Sinon,
quel sens prend-il ici ?
4. Quel est l'effet de
l'accumulation des
noms propres dans les
dernières lignes ?

ENTRETIENS SUR LA PLURALITÉ DES MONDES (1686).   Ce
livre se présente comme une conversation familière, et
presque galante, de l'auteur avec une marquise, au

cours de six promenades qu'ils font tous deux dans un parc, sous le ciel étoilé. Comme elle est de bonne volonté et animée du désir de savoir, il n'a pas de peine à lui expliquer le système de Copernic — encore très contesté alors — qui fait de la Terre une planète parmi les autres, tournant autour du Soleil, et de ce dernier une étoile parmi une infinité d'autres étoiles. Outre le contenu scientifique de ce cours d'astronomie, il montre aussi les vertus d'une nouvelle position intellectuelle libre et conquérante : scepticisme à l'égard des vérités reçues, relativisme du point de vue, humilité et confiance devant les mystères, peu à peu éclaircis, de l'Univers et de l'homme.

« Simplement spectateur du monde... »

[Le Soleil] est lumineux par lui-même, et en vertu d'une nature particulière qu'il a ; mais les planètes n'éclairent que parce qu'elles sont éclairées de lui. Il envoie sa lumière à la Lune ; elle nous la renvoie, et
5 il faut[1] que la Terre renvoie aussi à la Lune la lumière du Soleil : il n'y a pas plus loin de la Terre à la Lune que de la Lune à la Terre.

Mais, dit la marquise, la Terre est-elle aussi propre que la Lune à renvoyer la lumière du Soleil ? Je vous
10 vois toujours pour la Lune, repris-je, un reste d'es-

---

1. Il est logique.

time dont vous ne sauriez vous défaire. La lumière
est composée de petites balles qui bondissent sur ce
qui est solide, et retournent d'un autre côté[1], au lieu
qu'elles passent au travers de ce qui leur présente
des ouvertures en ligne droite, comme l'air ou le
verre. Ainsi, ce qui fait que la Lune nous éclaire,
c'est qu'elle est un corps dur et solide, ce qui nous
renvoie ces petites balles. Or, je crois que vous ne
contesterez pas à la Terre cette même dureté et cette
même solidité. Admirez donc ce que c'est que d'être
posté avantageusement. Parce que la Lune est éloi-
gnée de nous, nous ne la voyons que comme un
corps lumineux, et nous ignorons que ce soit une
grosse masse semblable à la Terre. Au contraire,
parce que la Terre a le malheur que nous la voyons
de trop près, elle ne nous paraît qu'une grosse
masse, propre seulement à fournir de la pâture aux
animaux, et nous ne nous apercevons pas qu'elle est
lumineuse, faute de nous pouvoir mettre à quelque
distance d'elle. Il en irait donc de la même manière,
dit la marquise, que lorsque nous sommes frappés
de l'éclat des conditions[2] élevées au-dessus des
nôtres, et que nous ne voyons pas qu'au fond elles
se ressemblent toutes extrêmement.

C'est la même chose, répondis-je. Nous voulons
juger de tout, et nous sommes toujours dans un
mauvais point de vue. Nous voulons juger de nous,
nous en sommes trop près ; nous voulons juger des

---

1. Rebondissent, dans un mouvement de réflexion.

2. Sociales (sous-entendu).

autres, nous en sommes trop loin. Qui serait entre la
40 Lune et la terre, ce serait la vraie place pour les bien
voir. Il faudrait être simplement spectateur du
monde, et non pas habitant.

ENTRETIENS SUR LA PLURALITÉ DES MONDES, *1686,*
Second soir.

Guide de lecture
....

1. Relever les images
par lesquelles le texte
rend sensibles, en les
simplifiant, les grandes
lois de la physique.
2. Selon la critique du
point de vue adoptée
par Fontenelle, l'idée
que l'on se fait des
choses dépend de la
situation dans laquelle
on se trouve soi-même.

Montrer que cette
méthode voit son
champ d'application se
déplacer, ici, du monde
physique à celui de la
société et de la morale.
3. Quels éléments de
ce texte semblent
annoncer, et pour ainsi
dire provoquer, *Micro-
mégas* de Voltaire (voir
p. 161) ?

VAUBAN (1633-1707)

VAUBAN. Sébastien Le Prestre, seigneur de Vauban, maréchal de France et ingénieur militaire qui a construit près de trois cents places fortes pour le succès des armes de son roi, Louis XIV, meurt pourtant dans une quasi-disgrâce, à cause de ses idées réformatrices. En 1707, en effet, il publie un *Projet d'une dîme royale* qui, dans l'intérêt même de la monarchie, explique au roi les raisons et les moyens d'une réforme fiscale nécessaire. Elle vise :

— à simplifier le système des impôts, rendu horriblement complexe par l'accumulation anarchique, depuis le Moyen Âge, des charges de tout genre : taille, aides, capitation, gabelle, douanes, affaires extraordinaires, décimes... ;

— à en répartir plus équitablement la charge, en particulier en faisant tomber les privilèges dont jouissaient un certain nombre de Français parmi les plus riches (nobles, clergé, financiers...) ;

— à supprimer une grande partie des intermédiaires (les « traitants » ou fermiers généraux, qui avancent l'impôt au roi et perçoivent ensuite, brutalement et à leur gré, dans le peuple, beaucoup plus que la somme avancée au souverain) ;

— à permettre une meilleure circulation et, par là, une bonne répartition et une plus grande consommation des produits ;

— à assurer l'expansion démographique de la France.

PROJET DE DÎME ROYALE (1707).   Cet ouvrage est l'un des premiers projets d'une refonte radicale du système fiscal, dans un siècle qui en connut beaucoup d'autres, jusqu'à Turgot et Necker, à la veille de la Révolution. Ils échouèrent tous devant la résistance des privilégiés, que le roi n'eut jamais le courage, le désir ou la sagesse de soumettre par la force.

« La partie basse du peuple… »

J e me sens encore obligé d'honneur et de conscience de représenter[1] à Sa Majesté qu'il m'a paru que de tout temps, on n'avait pas eu assez d'égard en France pour le menu peuple, et qu'on en
5 avait fait trop peu de cas ; aussi, c'est la partie la plus ruinée et la plus misérable du royaume ; c'est elle cependant qui est la plus considérable par son nombre et par les services réels et effectifs qu'elle lui rend. Car c'est elle qui porte toutes les charges, qui a
10 toujours le plus souffert, et qui souffre encore le plus ; et c'est sur elle aussi que tombe toute la diminution des hommes[2] qui arrive dans le royaume. […]
  C'est encore la partie basse du peuple qui, par son travail et son commerce, et par ce qu'elle paye au
15 roi, l'enrichit et tout son royaume. C'est elle qui fournit tous les soldats et matelots de ses armées de Terre et de Mer, et grand nombre d'officiers[3] ; tous

---

1. De faire humblement remarquer.

2. Le recul démographique.

3. Fonctionnaires royaux.

les marchands, et les petits officiers de judicature[1].
C'est elle qui exerce et qui remplit tous les arts et
20 métiers : c'est elle qui fait tout le commerce et les
manufactures[2] de ce royaume ; qui fournit tous les
laboureurs, vignerons et manœuvriers[3] de la campagne ; qui garde et nourrit les bestiaux ; qui sème
les blés et les recueille ; qui façonne les vignes et fait
25 le vin. Et, pour achever de le dire en peu de mots,
c'est elle qui fait tous les gros et menus ouvrages de
la campagne et des villes.

Voilà en quoi consiste cette partie du peuple[4] si
utile et si méprisée, qui a tant souffert et qui souffre
30 tant à l'heure que[5] j'écris ceci. On peut espérer que
l'établissement de la Dîme royale pourra réparer
tout cela en moins de quinze années, et remettre le
royaume dans une abondance parfaite d'hommes et
de biens.

PROJET D'UNE DÎME ROYALE, *1707*,
Préface.

Guide de lecture
....

**1. Montrer comment
le texte associe la pitié
pour le peuple souffrant
et l'intérêt bien compris
du royaume.**

**2. L'effet oratoire
de la syntaxe (par ex.,
certaines répétitions)
nuit-il à la sincérité ?
Pourquoi ?**

---

1. Petits magistrats locaux.
2. Nom donné alors aux petites usines, employant de la main-d'œuvre.
3. Manœuvres, ouvriers.
4. Cette partie de la population appelée le peuple.
5. À l'heure où.

BAYLE   *(1647-1706)*

....

PIERRE BAYLE.   Ce Pyrénéen protestant fait de brillantes études à Toulouse, Genève et Sedan. Obligé par la persécution contre les réformés de se réfugier à Rotterdam, il y déploie une grande activité philosophique de professeur, d'écrivain et de journaliste. Toujours il y fait preuve d'esprit critique (*Pensées sur la comète,* 1682) et son refus des dogmes s'accompagne d'une de ses conséquences humanistes : la tolérance (*Commentaire philosophique,* 1686). Son *Dictionnaire historique et critique* (1697) est un des ouvrages qui président à la naissance des Lumières au XVIIIe siècle.

DICTIONNAIRE HISTORIQUE ET CRITIQUE (1697).   Bayle compose son *Dictionnaire* selon un dispositif extrêmement complexe. À chaque entrée alphabétique, une notice rappelant les faits principaux, tant sur le sujet de l'article que sur ce qui en a été dit ; en marge, une série de références, permettant de vérifier les faits allégués ; au-dessous, un arsenal de notes, citant, comparant et commentant les interprétations qui ont été données ; enfin, en marge des notes, un nouvel ensemble de références. Ainsi, pour chaque entrée, le lecteur se voit proposer une histoire (critique) des faits et une critique (historique) des interprétations. La gymnastique intellectuelle à laquelle il est convié annonce la manière de l'*Encyclopédie* : lui est livré, non un ensemble de certitudes, mais tout ce qu'il faut pour mener une élaboration critique personnelle, avec une foule d'exemples (à ne pas suivre) de croyances erronées, de jugements téméraires, faussés par le préjugé, l'intérêt, l'affabulation, le fanatisme.

L'article « Abraham » est composé pour 17 p. 100 de la notice qui suit, pour 70 p. 100 de notes et pour 13 p. 100 de références. Ne figure ici qu'une des notes, à titre d'exemple. Il ne s'agit pas, pour l'auteur, vrai croyant, de jeter le doute sur les propositions de la Bible en les mettant plus ou moins sur le même plan que les élucubrations de ses commentateurs ou que les impostures manifestes d'autres traditions religieuses (c'est ce que fait sourdement Fontenelle dans l'*Histoire des oracles*, et ce que fera ouvertement Voltaire dans le *Dictionnaire philosophique*). Il ne s'agit que d'appliquer son esprit critique à mieux distinguer, d'un côté, le noyau de ce qu'on peut accepter comme véritable et, de l'autre, tout ce qui, depuis des siècles, a entouré ce noyau de toutes sortes d'enjolivements imaginaires et de superstitions indignes de la raison.

« Abraham »

A BRAHAM, le père et la souche des croyants, était fils de Tharé. Il descendait de Noé par Sem, dont il était éloigné de neuf degrés [1] [...]. Il y a beaucoup d'apparence qu'il naquit dans la même ville
5   d'où l'Écriture sainte nous apprend que son père se retira, pour aller au pays de Canaan [2]. C'était une

---

1. De neuf générations.
2. La Palestine.

ville de Chaldée qui s'appelait Ur. Abraham en sortit avec son père, et s'arrêta avec lui à Charan, jusques à ce que son père y fût mort. Après cela, il reprit son
10 premier dessein, qui avait été le voyage de la Palestine. On peut voir dans l'Écriture les diverses stations qu'il fit dans la terre de Canaan ; son voyage d'Égypte, où on lui enleva sa femme qui était aussi sa sœur de père [...] ; la victoire qu'il remporta sur
15 quatre princes qui avaient pillé Sodome ; sa complaisance pour sa femme, qui voulut qu'il se servît d'Agar leur servante, afin d'avoir des enfants ; l'alliance que Dieu traita avec lui, scellée du signe de la circoncision ; son obéissance à l'ordre qu'il avait
20 reçu de Dieu d'immoler son fils unique ; la manière dont cet acte fut empêché ; son mariage avec Ketura ; sa mort, à l'âge de 175 ans, et sa sépulture auprès de Sara, sa première femme, dans la caverne de Macpela. Il serait inutile de s'étendre sur ces choses.
25 Ceux de la Religion[1] les savent sur le bout du doigt : ils vont les prendre à la source, dès leurs plus tendres années ; et pour ce qui est des catholiques romains, ils n'ont pas besoin qu'un nouveau dictionnaire les en instruise [...] Il serait plus du carac-
30 tère de cette compilation[2] de s'arrêter aux faussetés et aux traditions incertaines qui regardent Abraham ; mais le nombre serait capable de rebuter les plus infatigables écrivains. Car que n'a-t-on point

---

1. La religion réformée, le protestantisme.
2. Bayle désigne ainsi son ouvrage parce qu'il reprend, pour les commenter, des éléments fournis par beaucoup d'autres.

supposé touchant les motifs de sa conversion ?
35 Quels exploits ne lui a-t-on pas fait faire contre
l'idolâtrie, soit dans la Chaldée, soit dans la ville de
Charan ? Combien de sciences, combien de livres ne
lui attribue-t-on pas ? Les Juifs lui attribuent le privilège d'être né circoncis, et la même âme qu'à Adam.
40 Ils croient que cette âme a été celle de David, et
qu'elle sera celle du Messie. Les Mahométans se
sont aussi mêlés de conter des rêveries concernant
ce patriarche, comme on peut voir dans l'Alcoran[1].
Ils lui font faire le voyage de La Mecque et ils pré-
45 tendent qu'il y commença à bâtir le Temple[2]. Les
Chrétiens n'ont pas voulu être les seuls qui ne débi-
tassent point de sornettes touchant Abraham : ils lui
ont fait planter des arbres d'une vertu bien singu-
lière [G]. [...]

50 [G][3] Gretser témoigne avoir lu dans un manuscrit
grec de la bibliothèque d'Augsbourg qu'Abraham
planta un cyprès, un pin et un cèdre, qui se réunirent
en un seul arbre, chacun néanmoins retenant en
propriété ses racines et ses branches ; que cet arbre
55 fut coupé lorsqu'on prépara les matériaux du
Temple de Salomon, mais qu'il ne fut point possible
de l'ajuster en aucun endroit ; que Salomon, voyant
cela, résolut de le faire servir de banc ; que la Sibylle[4]

---

1. Le Coran, livre sacré des musulmans.

2. L'oratoire du Temple de La Mecque.

3. Le texte qui suit constitue une note à l'article « Abraham ».

4. Prophétesse de l'Antiquité. On peut la rapprocher de sa rivale, la
Pithye de Delphes, qu'on disait inspirée par Apollon quand elle était
assise.

y étant menée ne voulut jamais s'y asseoir, et qu'elle
60 prédit que le Rédempteur des hommes mourrait
triomphalement sur ce bois ; que Salomon l'entoura
de trente croix d'argent, et que cette situation dura
jusques à la mort de J.-Christ. Cela me remet en mémoire le chêne de Mamré sous lequel on prétend
65 qu'Abraham ait quelquefois cherché la fraîcheur.
On a dit que ce chêne vivait encore sous l'empire de
Constans[1]. Et quelques-uns même ont poussé l'extravagance jusques à dire qu'on l'a vu il n'y a que
trois cents ans. Il ne faut pas, disent-ils, le distinguer
70 de cette canne de Seth que le voyageur Mandeville
(ô quel témoin !) vit proche de la ville d'Hébron.

DICTIONNAIRE HISTORIQUE ET CRITIQUE, *1697,*
article ABRAHAM.

Guide de lecture
....

I. **Pourquoi les protes-
tants sont-ils les plus
à même de connaître
la vie d'Abraham
relatée dans l'Ancien
Testament ?**
2. **Comment inter-
préter le fait que, dans
la liste de ceux qui ont
accumulé les « fausse-
tés », ou « sornettes »,
dans la légende d'Abra-
ham, les chrétiens**
**figurent après les juifs
et les mahométans ?
Cette mise en série
ne peut-elle pas avoir
plusieurs fonctions ?
Lesquelles ?**
3. **Montrer comment,
dans la note [G], la
syntaxe porte à elle
seule le discrédit sur le
contenu du témoignage
de Gretser.**

---

1. Vers 350 apr. J.-C.

PERRAULT *(1628-1703)*

....

CHARLES PERRAULT.   Le dernier de quatre frères, tous savants ou artistes, Charles Perrault est un personnage très important dans les « lettres françaises » pendant les quarante dernières années du XVIIᵉ siècle.

D'abord poète chantant les événements officiels (*Ode sur la paix,* 1659), il est ensuite chargé par Colbert de coordonner la politique culturelle de Louis XIV (travaux de l'Académie, grands bâtiments et jardins, ouvrages à la louange du roi). En 1687, il lance la querelle des Anciens et des Modernes par un poème, *le Siècle de Louis le Grand,* où il affirme que les auteurs contemporains sont supérieurs à ceux de l'Antiquité. Il défend encore cette thèse dans *Parallèle des Anciens et des Modernes* (1688-1697). Il produit aussi un grand nombre de poèmes religieux, humoristiques ou didactiques (voir p. 322), et des contes en vers.

HISTOIRES OU CONTES DU TEMPS PASSÉ (1697).   Ce bref recueil, que Charles Perrault fait passer pour l'œuvre de son fils (né en 1678), comporte huit textes en prose qui ont fait le tour du monde : « la Belle au bois dormant », « le Petit Chaperon rouge », « la Barbe bleue », « le Chat botté », « les Fées », « Cendrillon », « Riquet à la houppe » et « le Petit Poucet ». Il s'agit là incontestablement de son chef-d'œuvre.

Mêlant avec art l'inspiration populaire et la maîtrise classique, ces récits font rêver en racontant les destins fabuleux auxquels les plus malheureux peuvent accéder

grâce au pouvoir magique des fées ; mais ils n'en dé-
peignent pas moins de la manière la plus crue la misère,
la haine, la cruauté, le mal partout menaçant, au sein
même des familles.

Le début de « la Belle au bois dormant » est idyllique : la jeune princesse endormie par une mauvaise
fée pendant cent ans est réveillée par le Prince char-
mant, et avec elle tous les serviteurs du château ; ils se
marient, s'aiment en secret pendant deux ans, ont deux
enfants superbes, Aurore et Jour ; à la mort du roi son
père, le Prince va chercher sa femme et lui offre une
entrée magnifique dans sa ville capitale. Mais, vers la fin,
les choses se gâtent dangereusement, et le danger vient
d'où on ne l'attendait pas !

« Manger de la chair fraîche… »

Quelque temps après le roi[1] alla faire la guerre à
l'empereur Cantalabutte son voisin. Il laissa
la régence du royaume à la reine sa mère, et lui re-
commanda fort sa femme et ses enfants : il devait
5 être à la guerre tout l'été, et dès qu'il fut parti, la
reine mère envoya sa bru[2] et ses enfants à une maison de campagne dans les bois, pour pouvoir plus
aisément assouvir son horrible envie. Elle y alla
quelques jours après, et dit un soir à son maître
10 d'hôtel :

---

1. Le Prince, devenu roi à la mort de son père.
2. Belle-fille.

« Je veux manger demain à mon dîner[1] la petite Aurore.

— Ah ! Madame ! dit le maître d'hôtel.

15 — Je le veux, dit la reine (et elle le dit d'un ton d'ogresse qui a envie de manger de la chair fraîche), et je la veux manger à la sauce Robert[2]. »

Ce pauvre homme voyant bien qu'il ne fallait pas se jouer à[3] une ogresse, prit son grand couteau, et monta à la chambre de la petite Aurore : elle avait

20 pour lors quatre ans, et vint en sautant et en riant se jeter à son col, et lui demander du bonbon. Il se mit à pleurer, le couteau lui tomba des mains, et il alla dans la basse-cour couper la gorge à un petit agneau, et lui fit une si bonne sauce que sa maîtresse l'assura

25 qu'elle n'avait jamais rien mangé de si bon. Il avait emporté en même temps la petite Aurore, et l'avait donnée à sa femme pour la cacher dans le logement qu'elle avait au fond de la basse-cour. Huit jours après la méchante reine dit à son maître d'hôtel :

30 « Je veux manger à mon souper le petit Jour. »

HISTOIRES OU CONTES DU TEMPS PASSÉ, *1697*,
« *la Belle au bois dormant* ».

Guide de lecture
....

1. Relever les expressions qui, au début du texte, font monter la terreur.

2. Comment se manifeste la solidarité, en face du pouvoir tyrannique, du peuple et de l'enfant ?

---

1. Repas du midi.

2. Assortiment d'oignons, de moutarde, de beurre, de vinaigre, de sel et de poivre, dont on accommodait le porc rôti.

3. Se mesurer à (en lui résistant).

FÉNELON *(1651-1715)*

FRANÇOIS DE SOLIGNAC DE LA MOTHE-FÉNELON. Ce noble périgourdin est un prêtre exemplaire, un prédicateur efficace et un directeur de conscience habile. Très vite remarqué par le roi pour sa vaste culture et ses qualités de persuasion, il se voit confier en 1689 la fonction de précepteur du duc de Bourgogne, petit-fils de Louis XIV et héritier du trône. C'est pour son royal élève qu'il compose, outre des *Fables* et des *Dialogues des morts,* un long roman mettant en scène le fils d'Ulysse parti à la recherche de son père à travers toute la Méditerranée après la guerre de Troie : *les Aventures de Télémaque,* publiées en 1699.

Mais deux événements viennent ruiner sa carrière. D'abord son opposition à Bossuet (1627-1704) : contre la vision ferme et autoritaire que celui-ci se fait de la religion et du rôle de l'Église, Fénelon prône le quiétisme, à savoir une religion douce, intérieure et tolérante. Bossuet fait condamner cette position par le pape en 1699, et Fénelon est exilé dans son archevêché de Cambrai, qu'il ne quittera plus. Ensuite, la mort prématurée du duc de Bourgogne (1712) ruine tous les espoirs que beaucoup mettaient en lui pour faire évoluer la monarchie française dans un sens plus humain et plus juste.

Même s'il est resté un chrétien fervent, Fénelon est considéré comme un précurseur des Lumières, par son refus de toute violence, sa critique des abus de l'autorité et sa sensibilité tolérante. Alliées à un style fluide et harmonieux, ces qualités se retrouvent dans tous ses ouvrages, qu'ils abordent des sujets pédagogiques (*Traité sur l'éducation des filles,* 1689), spirituels (*Explication des maximes des saints,* 1696), politiques (*Lettre au roi,* 1693, *Tables de Chaulnes*) ou esthétiques (*Lettre à l'Académie,* dont la position mesurée apaisa la querelle des Anciens et des Modernes en 1714).

LES AVENTURES DE TÉLÉMAQUE (1699). C'est le roman de l'éducation d'un prince, par l'expérience que fait le héros de toutes sortes de systèmes politiques et sociaux dans les pays que son voyage l'amène à visiter. Le récit commence au moment où le jeune homme raconte à la nymphe Calypso (qui avait retenu son père Ulysse dans son île pendant sept ans) les péripéties du voyage qu'il a entrepris pour le retrouver, avec l'aide et les conseils du sage Mentor (qui n'est autre que la déesse Athéna déguisée). Après Pylos, Lacédémone, et un naufrage en Sicile, Télémaque en vient à l'épisode où, fait prisonnier par les Égyptiens, il a été distingué et protégé par leur roi Sésostris. Celui-ci, le modèle des princes, vient à mourir. Le héros assiste alors à la révolte des Égyptiens, aidés par des Phéniciens et des Chypriotes, contre son fils, le mauvais roi Bocchoris. Alors que, le plus souvent, c'est Mentor qui tire, pour son jeune élève, la leçon morale et politique des événements auxquels ils assistent, c'est ici Télémaque lui-même, momentanément séparé de son guide, qui le fait, à travers le portrait de Bocchoris et le spectacle de sa fin.

« Je le vis périr... »

C e n'était pas qu'il manquât de génie : ses lumières[1] égalaient son courage ; mais il n'avait jamais été instruit par la mauvaise fortune[2] ; ses maîtres avaient empoisonné par la flatterie son beau
5 naturel. Il était enivré de sa puissance et de son bonheur ; il croyait que tout devait céder à ses désirs fougueux : la moindre résistance enflammait sa colère. Alors il ne raisonnait plus ; il était comme hors de lui-même : son orgueil furieux en faisait une bête
10 farouche ; sa bonté naturelle et sa droite raison l'abandonnaient en un instant ; ses plus fidèles serviteurs étaient réduits à s'enfuir ; il n'aimait plus que ceux qui flattaient ses passions. Ainsi il prenait toujours des partis[3] extrêmes contre ses véritables inté-
15 rêts, et il forçait tous les gens de bien à détester sa folle conduite.

Longtemps sa valeur le soutint contre la multitude de ses ennemis ; mais enfin il fut accablé. Je le vis périr : le dard[4] d'un Phénicien perça sa poitrine.
20 Il tomba de son char, que les chevaux traînaient toujours, et ne pouvant plus tenir les rênes, il fut mis sous les pieds des chevaux. Un soldat de l'île de Chypre lui coupa la tête ; et, la prenant par les cheveux, il la montra, comme en triomphe, à toute l'ar-
25 mée victorieuse.

---

1. Ses connaissances intellectuelles.
2. Par l'expérience du malheur.
3. Des décisions.
4. Le glaive, l'épée.

Je me souviendrai toute ma vie d'avoir vu cette tête qui nageait dans le sang, ces yeux fermés et éteints, ce visage pâle et défiguré, cette bouche entrouverte, qui semblait vouloir encore achever des
30 paroles commencées, cet air superbe et menaçant, que la mort même n'avait pu effacer. Toute ma vie il sera peint devant mes yeux, et, si jamais les dieux me faisaient régner, je n'oublierais point, après un si funeste exemple, qu'un roi n'est digne de comman-
35 der et n'est heureux dans sa puissance qu'autant qu'il la soumet à la raison. Hé ! quel malheur, pour un homme destiné à faire le bonheur public, de n'être le maître de tant d'hommes que pour les rendre malheureux !

Les Aventures de Télémaque, *1699,*
Second livre.

Guide de lecture
....

1. **Caractériser les trois moments de ce passage.**
2. **Relever dans son portrait les différentes caractéristiques qui gâchent le « beau** naturel » du jeune roi d'Égypte.
3. **Comment le dernier paragraphe transforme-t-il le spectacle en leçon ?**

GILBERT   *(1652-1720)*

....

CLAUDE GILBERT.   Il est avocat à Dijon, sa ville natale.
On sait peu de chose de lui, sinon qu'il publia, anonyme-
ment, en 1700, l'*Histoire de Calejava, ou De l'île des
hommes raisonnables.*

   Ce livre en forme de dialogues s'inscrit dans la lignée
des œuvres des libertins (voir p. 322) qui choisirent le
genre utopique (récit d'un voyage fantaisiste dans un
pays imaginaire) pour critiquer les croyances et les pratiques politiques, sociales et surtout religieuses de leur
temps et leur en opposer d'autres, plus conformes à la
raison et à la liberté. Cette période en est riche : Denis
Veiras (*Histoire des Sévarambes,* 1679), Gabriel de Foigny
(*les Aventures de Jacques Sadeur,* 1692), Simon Tyssot de
Patot (*Voyages et aventures de Jacques Massé,* 1710) ont
été considérés comme les successeurs de Cyrano de
Bergerac, qui avait ouvert la voie en 1657, avec l'*Autre
Monde ou les États et Empires de la Lune* (voir le volume
XVIIᵉ siècle).

HISTOIRE DE CALEJAVA (1700).   Ce roman raconte le
séjour d'Eudoxe (dont le nom signifie « qui pense
bien ») et de son époux Alâtre (dont le nom signifie
« qui n'adore rien ») chez les Avaïtes, dans une île in-
ventée, près de la Lituanie. Ce peuple leur donne le
spectacle d'une société heureuse, libre, égalitaire et non
répressive. Eudoxe s'efforce de rapprocher leurs principes de ceux du christianisme primitif, mais cela permet de constater combien s'en écartent les religions
telles qu'elles sont pratiquées en Europe occidentale.

« La prière des Avaïtes »

Je trouve dans la prière des Avaïtes une singularité remarquable, c'est qu'ils ne demandent à Dieu que ce qui dépend d'eux ; cette prière ne les accoutume pas à attendre qu'il descendra du Ciel (comme par une machine) quelque puissance extraordinaire pour les secourir, mais elle les accoutume à rechercher avec soin les moyens naturels pour la réussite de leurs desseins ; on ne peut pas accuser les Avaïtes de tenter Dieu dans leurs prières ; pour moi, ne veux-je pas faire en quelque façon une épreuve de sa puissance[1] lorsque je le prie pour la santé d'un parent ? Je prie inutilement en effet, si ce parent doit guérir par des voies[2] naturelles et par les remèdes qu'on lui fera ; s'il ne doit pas guérir de cette manière, il faut un miracle : je le demande à Dieu, n'est-ce pas ce qu'on appelle le tenter ? Du moins il s'ensuit que la prière de ce pays est bonne, et qu'une autre n'est d'usage que comme les habits des cérémonies[3].

La prière, poursuivit Eudoxe, est un désir que l'âme forme en la présence de Dieu ; je dis en la présence de Dieu, afin qu'il n'y ait rien d'injuste et de déraisonnable. Par ce désir, l'âme se met en état de rechercher et de prendre les mesures nécessaires

---

1. Une expérience qui la prouve.
2. Moyens.
3. Comme quelque chose d'artificiel et d'extérieur.

25 pour réussir : sur ce plan, j'explique ainsi la prière
que Jésus-Christ a donnée pour modèle à ses disciples[1].

HISTOIRE DE CALEJAVA, *1700,*
Parallèle du christianisme avec les mœurs et les sentiments des Avaïtes.

Guide de lecture
....

**1. Montrer comment
se met en place, dans
ce passage sur la prière,
une conciliation entre
la religion et la nature,
ce qu'on appellera au
XVIIIᵉ siècle une
« religion naturelle ».**

**2. Qu'apporte la répéti-
tion de la formule « en
la présence de Dieu » ?
3. Analyser le mélange
d'assurance et de naï-
veté dans les propos
d'Eudoxe.**

---

1. Le *Notre Père,* dont Eudoxe analyse ensuite les formules.

CHALLE   *(1659-1721)*

ROBERT CHALLE.   On sait peu de chose de lui. On a même ignoré jusqu'à ces dernières années qu'il était un des grands écrivains précurseurs des Lumières. Né dans une famille bourgeoise en ascension sociale, mais très vite démuni d'argent par la mort de son père et la préférence donnée à son frère aîné pour l'héritage, il mène une vie d'aventures, en particulier dans une société de pêche au Canada, et aux Indes où il accompagne une expédition maritime.

Il nous reste de lui un essai de critique religieuse, *Difficultés sur la religion proposée au Père Malebranche* (1711), une *Continuation du Don Quichotte de Cervantès* (1713), un grand roman, *les Illustres Françaises* (1713), des *Mémoires* (1716) et un *Journal de voyage aux Indes* (1721).

LES ILLUSTRES FRANÇAISES (1713).   Ce roman met en scène un groupe d'amis, soit de petite noblesse — ancienne ou récente, d'épée ou de robe — soit de bourgeoisie aisée, qui se racontent tour à tour les uns aux autres la grande aventure amoureuse de leur vie. Sept « histoires » se succèdent ainsi, heureuses ou malheureuses. Elles permettent au groupe qui les entend de construire une sorte de nouveau code de conduite. La valeur des sentiments et des comportements ne s'y mesure plus selon la naissance, la fortune ou la morale officielle, mais selon la façon dont chacun sait associer son mérite personnel, son droit au bonheur et à la réussite, son sens de l'honneur et le respect des règles sociales garantissant l'intérêt collectif. Ce roman a été qualifié de « réaliste ». Il l'est en effet, par opposition à la tradition romanesque antérieure, parce qu'il montre l'état de la société française à la fin du règne de Louis XIV et cherche à détruire les blocages qui empêchaient nobles et bourgeois d'en assurer ensemble le fonctionnement harmonieux et le développement.

L'extrait qui suit est le début du roman, qui donne justement une image de ce genre de blocage.

« Un de ces embarras... »

P aris n'avait point encore l'obligation à Monsieur Pelletier, depuis ministre d'État, d'avoir fait bâtir ce beau quai, qui va du pont Notre-Dame à la Grève, que sa modestie avait nommé le quai du
5 Nord, et que la reconnaissance publique continue à nommer de son nom[1], pour rendre immortel celui de cet illustre prévôt des marchands[2] ; lorsqu'un cavalier fort bien vêtu, mais dont l'habit, les bottes et le cheval crottés faisaient voir qu'il venait de loin, se
10 trouva arrêté dans un de ces embarras, qui arrivaient tous les jours au bout de la rue de Gesvres. Et malheureusement pour lui les carrosses venant à la file de tous les côtés, il ne pouvait se tourner d'aucun.

---

1. Il s'appelle aujourd'hui le quai de Gesvres.
2. Nom donné, depuis le Moyen Âge, au chef de la municipalité de Paris.

Un valet qui le suivait était dans la même peine ; et
tous deux en risque d'être écrasés entre les roues des
carrosses, si ils avaient fait le moindre mouvement
contraire. La bonne mine[1] de ce cavalier le fit regarder
par tous les gens des carrosses, dont il était environné.
La crainte qu'ils eurent du danger qu'il
courait, les obligea de lui offrir place. Il acceptait
leurs offres, et ne délibérait plus que du choix d'une
des places qui lui étaient offertes, lorsque l'un de ces
messieurs, vêtu d'une robe de Palais[2], l'appela plus
haut que les autres. Il le regarda, et crut le reconnaître. Il vit bien qu'il ne se trompait pas, lorsqu'il commença à crier, en se jetant presque tout le
corps hors de la portière. Venez ici, Monsieur Des
Frans. — Ah, Monsieur, répondit-il en descendant
de cheval, quelle joie de vous voir et de vous embrasser ! Il alla à lui, monta dans son carrosse, et fit
monter son valet derrière, aimant mieux risquer ses
chevaux, que de laisser ce garçon dans le hasard[3]
d'être blessé. Cette action, qui fut remarquée, ne
laissa plus douter que ce ne fût un homme de qualité. Les maîtres des carrosses recommandèrent à
leurs cochers de prendre garde à ne point offenser[4]
ces chevaux. Des Frans entendit cet ordre général, et
remercia ces messieurs d'un air qui leur fit connaître
qu'ils ne se trompaient pas dans la bonne opinion

---

1. L'apparence générale d'un « homme de qualité » (de naissance noble).
2. Une robe d'avocat ou de magistrat, familier du Palais (de justice).
3. Le danger, le risque.
4. Blesser.

40 qu'ils avaient de lui. Ces civilités[1] respectives eurent
leur effet ; et les chevaux, contre toute apparence,
sortirent de cet embarras dans le même état qu'ils y
étaient entrés. Le valet remonta sur le sien, condui-
sant celui de son maître par la bride, et suivit le car-
45 rosse dans lequel il était monté.

LES ILLUSTRES FRANÇAISES, *1713,*
préambule.

Guide de lecture

1. Préciser ce que ce préambule apprend au lecteur sur celui qui sera le héros principal du roman.

2. Quelles sont les formes diverses de la « reconnaissance » dans ce passage ?

3. La « civilité » au cœur de l'embouteillage laisse-t-elle bien augurer du dénouement de l'« embarras » social ?

---

1. Ces politesses.

REGNARD   *(1655-1709)*

....

JEAN-FRANÇOIS REGNARD. Né dans une famille fort riche, il reçoit dans sa jeunesse une excellente éducation, et voyage dans tout le monde. Au cours d'un voyage à Constantinople, il est pris par des corsaires et vendu comme esclave à Alger, aventure qu'il conte dans un récit romancé, *la Provençale*. Il va ensuite en Laponie, et visite au retour la Pologne et l'Autriche. Devenu trésorier des Finances, il mène une vie fastueuse dans son château de Grillon, près de Dourdan, entouré d'amis à qui il offre joyeusement chasses et festins. Cette expérience de la vie, le goût du plaisir et sa virtuosité verbale lui donnent le talent de la comédie. Après avoir fourni au Théâtre-Italien des parades dans le genre burlesque (voir p. 322), il s'attaque à la grande comédie de mœurs et de caractère, en vers, délaissée depuis Molière. Il en donne onze au Théâtre-Français, dont *le Joueur* (1696) et *le Légataire universel* (1708), la seule qui soit encore communément jouée aujourd'hui.

Ces pièces sont écrites pour l'amusement plus que pour la satire (voir p. 322). Cependant, Regnard est le témoin impitoyable d'une époque où l'argent est roi et pousse à toutes les bassesses et à toutes les trahisons.

LE LÉGATAIRE UNIVERSEL (1708). Dans cette comédie, Éraste et son valet Crispin attendent impatiemment la mort du vieux Géronte, dont Éraste espère hériter. De peur qu'il ne meure avant d'avoir fait son testament, Crispin, déguisé en Géronte, convoque le notaire pour le faire à sa place. Il en profitera pour se faire doter,

lui-même et la servante Lisette qu'il doit épouser,
mieux encore qu'Éraste, qui n'aura guère ainsi que le
titre de « légataire universel ».

C'est ici le début de cette scène, avant que se révèle
la fourberie au deuxième degré du valet.

« Le pauvre malheureux meurt comme il a vécu »

ÉRASTE

Tout se fera, Monsieur, selon votre désir,
J'aurai soin du convoi, de la pompe funèbre,
Et n'épargnerai rien pour la rendre célèbre[1].

CRISPIN

Non, mon neveu, je veux que mon enterrement
5   Se fasse à peu de frais et fort modestement.
Il fait trop cher mourir, ce serait conscience[2].
Jamais, de mon vivant, je n'aimai la dépense ;
Je puis être enterré fort bien pour un écu.

LISETTE *(à part)*.

Le pauvre malheureux meurt comme il a vécu.

M. GASPARD, *notaire.*

10   C'est à vous maintenant, s'il vous plaît, de nous
[dire
Les legs qu'au testament vous voulez faire écrire.

---

1. Pour qu'elle soit connue et suivie par un grand nombre de gens.
2. J'aurais mauvaise conscience.

CRISPIN

C'est à quoi nous allons nous employer dans peu.
Je nomme, j'institue Éraste, mon neveu,
Que j'aime tendrement, pour mon seul légataire,

15 Unique, universel.

ÉRASTE *(affectant de pleurer).*

Ô douleur trop amère !

CRISPIN

Lui laissant tout mon bien, meubles, propres[1],
[acquêts[2],
Vaisselle, argent comptant, contrats, maisons,
[billets ;
Déshéritant, en tant que besoin pourrait être[3],
Parents, nièces, neveux, nés aussi bien qu'à naître,

20 Et même tous bâtards, à qui Dieu fasse paix,
S'il n'en trouvait aucuns[4] au jour de mon décès.

LISETTE *(affectant de la douleur).*

Ce discours me fend l'âme. Hélas ! mon pauvre
[maître,
Il faudra donc vous voir pour jamais disparaître !

ÉRASTE *(de même).*

Les biens que vous m'offrez n'ont pour moi nul
[appas[5],

25 S'il faut les acheter avec votre trépas.

LE LÉGATAIRE UNIVERSEL, *1708,*
acte IV, scène 6.

----

1. Immeubles de famille.
2. Acquisitions faites de mon vivant.
3. Si le cas se présentait.
4. Quelques-uns.
5. Nul intérêt, aucune attirance.

Guide de lecture
....

1. Par quels procédés Crispin fait-il croire au notaire qu'il est bien le vieux Géronte ?

2. Analyser l'effet comique du parallélisme entre la feinte douleur d'Éraste et celle de Lisette.

3. En quoi ce morceau prépare-t-il la mauvaise surprise qui va frapper Éraste, juste après ?

LESAGE   *(1668-1747)*

....

ALAIN RENÉ LESAGE. C'est probablement le premier en date des écrivains français « professionnels ». Orphelin, venu de Bretagne à Paris avec de maigres ressources, il met à profit son abondance de plume et son talent de l'adaptation pour produire un grand nombre de textes, romanesques ou dramatiques, et ainsi nourrir sa famille. Il va en effet chercher son inspiration partout où il y a matière à remplir l'attente du public.

L'Orient est-il à la mode depuis l'immense succès des *Mille et Une Nuits* d'Antoine Galland (1704) [voir p. 17] ?... Lesage adapte des contes traduits du turc par Pétis de La Croix, et en fait *les Mille et Un Jours* (1710-1712). L'Espagne offre-t-elle, avec le roman picaresque (voir p. 322), une veine extraordinaire d'aventures et d'ascensions sociales dont rêve tout un chacun, et surtout à cette époque ?... il reprend, transforme, récrit les modèles espagnols, à commencer par Cervantès (*Nouvelles Aventures de l'admirable Don Quichotte de la Manche,* 1704), puis Vélez de Guevara (*le Diable boiteux,* 1707), Mateo Alemán (*Histoire de Guzman d'Alfarache,* 1732) et d'autres (*le Bachelier de Salamanque,* 1736). Seul son chef-d'œuvre romanesque, *Histoire de Gil Blas de Santillane* (voir p. 69), ne sera tiré d'aucun modèle. Le théâtre promet-il le succès à qui sait faire rire les spectateurs de leurs propres misères et des malheurs du temps ?... Lesage leur offre des comédies, *Crispin rival de son maître* (1707) et surtout *Turcaret* (1709) qui, attaquant sans ménagement les « gros » de la finance, dé-

clenche un véritable scandale, est un moment interdit...
et rend son auteur célèbre. Un théâtre plus populaire
que celui de la Comédie-Française est en faveur auprès
des Parisiens ?... il donne au théâtre de la Foire, de 1712
à 1730, un nombre considérable de textes d'une grande
invention (avec arlequinades, pantomimes, machines,
musique, chansons...) qui sont à l'origine de l'opéra-
comique, du mélodrame et du théâtre de boulevard
(voir p. 322).

TURCARET (1709).   Cette pièce met en scène un ancien
valet devenu « partisan », prodigieusement enrichi
dans la « Ferme » des impôts (voir p. 27), et qui arron-
dit chaque jour sa fortune dans des affaires dont on ne
nous cache pas qu'elles sont cyniquement frauduleuses
(usure, malversation, faux, intimidation, trafic
d'influence, délit d'initié...). Avec l'insolence des parve-
nus, il étale grossièrement sa richesse et la met aux
pieds d'une baronne dont il est amoureux. Consciente
de sa prétention ridicule, celle-ci l'exploite habilement
pour faire profiter de tout l'argent qu'il lui donne un
chevalier qui la courtise, lequel profite à son tour des
dons qu'elle lui fait, en l'assurant d'un amour qu'il
n'éprouve pas et en lui promettant une fidélité qu'il ne
pratique pas. La seule chose qui circule bien entre ces
êtres, et qui soit vraie, c'est l'argent, et toujours de
l'argent détourné. Il s'agit d'une comédie de mœurs
plus que de caractères et son « héros », Turcaret, n'a
pas la consistance d'un personnage de Molière ; il est au
centre d'un système où l'argent a tous les droits, et où
chacun le vole à qui mieux mieux. Et, surtout, ce sys-

tème montre, au dénouement, qu'il a de beaux jours devant lui : c'est le valet du chevalier, placé par la baronne auprès du financier, qui, après avoir précipité sa ruine, se dispose à prendre sa place : « Voilà le règne de M. Turcaret fini ; le mien va commencer. »

La scène 4 de l'acte II met pour la première fois en présence l'escroc en place et l'escroc en herbe, qui semblent déjà bien s'entendre sur l'essentiel.

« Qu'appelez-vous des principes ? »

La Baronne. Monsieur, voilà le garçon que je veux vous donner[1].

M. Turcaret. Il paraît un peu innocent.

La Baronne. Que vous vous connaissez bien en
5 physionomie !

M. Turcaret. J'ai le coup d'œil infaillible… *(À Frontin.)* Approche, mon ami : dis-moi un peu, as-tu déjà quelques principes ?

Frontin. Qu'appelez-vous des principes ?

10 M. Turcaret. Des principes de commis[2] ; c'est-à-dire si tu sais comment on peut empêcher les fraudes, ou les favoriser ?

Frontin. Pas encore, monsieur ; mais je sens que j'apprendrai cela fort facilement.

---

1. Vous procurer comme domestique.
2. Homme de confiance, fondé de pouvoir.

15 M. Turcaret.   Tu sais, du moins, l'arithmétique ?
Tu sais faire des comptes à parties simples ?

Frontin.   Oh ! oui, monsieur, je sais même faire des
parties doubles[1]. J'écris aussi de deux écritures, tantôt de l'une et tantôt de l'autre.

20 M. Turcaret.   De la ronde, n'est-ce-pas ?

Frontin.   De la ronde, de l'oblique.

M. Turcaret.   Comment, de l'oblique ?

Frontin.   Hé ! oui, d'une écriture que vous connaissez... là... d'une certaine écriture qui n'est pas légi-
25 time.

M. Turcaret, *à la baronne.*   Il veut dire de la bâtarde[2].

Frontin.   Justement : c'est ce mot-là que je cher-
chais.

30 M. Turcaret, *à la baronne.* Quelle ingénuité !... Ce
garçon-là, madame, est bien niais.

La Baronne.   Il se déniaisera dans vos bureaux.

M. Turcaret.   Oh ! qu'oui, madame, oh ! qu'oui.
D'ailleurs, un bel esprit[3] n'est pas nécessaire pour
35 faire son chemin. Hors moi et deux ou trois autres, il
n'y a parmi nous que des génies[4] assez communs. Il
suffit d'un certain usage, d'une routine que l'on ne

---

1. La comptabilité à parties simples enregistre seulement les achats des
clients, tandis que celle à parties doubles met en vis-à-vis le compte des
débiteurs et celui des créanciers.

2. La ronde et la bâtarde sont des formes de calligraphie, pour l'écriture
manuelle.

3. Un esprit intelligent.

4. Des intelligences.

manque guère d'attraper. Nous voyons tant de gens ! Nous nous étudions à prendre ce que le
40 monde a de meilleur ; voilà toute notre science.

LA BARONNE.   Ce n'est pas la plus inutile de toutes.

M. TURCARET, *à Frontin.*   Oh ça ! mon ami, tu es à moi, et tes gages courent dès ce moment.

TURCARET, *1709,*
acte II, scène 4.

Guide de lecture

1. Relever les indices qui montrent la vanité prétentieuse de « M. Turcaret ».
2. Préciser l'effet comique du mot « prin-cipes », qui sert le plus souvent à la morale ou à la connaissance scientifique.
3. Analyser les différents jeux de mots de la scène.

Crépuscule du matin

Il est clair, devant ces divers extraits des œuvres marquantes de ces trente années, que la littérature a abandonné les formes canoniques (définies par des règles strictes et fidèles à la tradition) qui, dans la période précédente, lui permettaient de parler de l'homme éternel et de broder indéfiniment sur les textes des grands auteurs de l'Antiquité. Même quand Regnard ou Lesage reprennent, dans leurs comédies, les thèmes éculés de l'héritage capté ou du valet fripon, ils le font dans le contexte très spécifique d'une société où le pouvoir de l'argent a tout perverti, et dont toutes les valeurs se trouvent ainsi bafouées. Et comme elles ne le sont qu'avec la bénédiction d'un pouvoir qui s'appuie plus que jamais sur la religion, des questions se posent sur l'authenticité de cette religion et sur sa fidélité à ses propres principes. Ce n'est pas un hasard, d'ailleurs, si Bossuet, qui défend avec force l'autorité exclusive du catholicisme romain et celle du roi, représentant de Dieu sur terre, s'en prend violemment au théâtre, qu'il condamne dans ses *Maximes et réflexions sur la comédie* (1694).

On commence à se rendre compte de l'influence que peut avoir ce que La Bruyère (1645-

1696) appelle alors « les ouvrages de l'esprit » pour la prise de conscience générale d'un scandale qui, dès lors, ne pourra pas durer, même avec la caution du Trône et de l'Autel.

Le pouvoir s'en rend compte, qui multiplie les condamnations et les interdictions (comme celle des Comédiens-Italiens en 1697) ; mais les écrivains s'en avisent aussi, et ils choisissent les formes les plus appropriées à l'exercice de cette influence.

Un théâtre plus populaire

Au théâtre, ce ne sont plus les grands spectacles de la cour — qui d'ailleurs n'en donne plus guère — mais le théâtre populaire de la Foire et des Italiens (ancêtres de l'opéra-comique et du théâtre de boulevard, voir p. 322). On n'a malheureusement gardé que peu de textes de ce théâtre où tout était improvisation, gestuelle, allusion à l'actualité, participation du public : un peu ce qu'on a connu ensuite comme spectacle de chansonniers ou de café-théâtre.

Certes, la grande tradition est maintenue au Théâtre-Français où l'ancienne troupe de Molière, réunie à celle de l'Hôtel de Bourgogne depuis 1680, joue toujours le répertoire, mais ce n'est plus là que se trouvent les forces vives du temps et son inventivité.

Une prose de vulgarisation

Pour la prose, l'idée de présenter comme un dictionnaire, avec des notices dans l'ordre alphabétique, les divers éléments d'une érudition historique, philosophique et philologique (voir p. 322) qui, donnée en bloc sous forme de traité, aurait rebuté, fait de Bayle un pionnier, qui sera beaucoup lu et très suivi dans le siècle. Chez Fontenelle, que d'invention aussi ! Ce parfait homme du monde, familier des salons, sait tant de choses et est averti de tant de questions passionnantes que se posent les savants du temps, en France et dans toute l'Europe, qu'il désire intéresser ses amis à tout cela et a le talent de le faire de façon légère et plaisante. On croit s'amuser, on s'instruit ; on croit s'instruire, on s'amuse.

Avec le docteur Faust, la fin du siècle et l'Allemagne devaient donner à cette équivoque des allures graves et inquiétantes. Pour l'instant, cette époque constitue au contraire un art de vivre délicieux, que chantent, par ailleurs, deux genres fort pratiqués par Fontenelle : la pastorale et l'opéra (voir p. 322).

Les trois moyens de la littérature

La littérature a trois moyens de mettre en scène les objets dont elle s'empare : la vie réelle, le rêve et le modèle. La vie réelle et les instruments qui permettent de juger de son accord avec la raison, la justice et la vérité constituent le propos de Bayle et de Fontenelle. C'est aussi celui de Vauban. Le rêve, c'est le détour par la fantaisie du conte, comme chez Perrault. Le modèle, c'est ce que construisent les écrivains utopistes (voir p. 19 et 322), et aussi Fénelon qui propose à son héros voyageur, Télémaque, à côté de maintes expériences négatives, des exemples de sociétés idéales comme la Bétique, où règne une sorte d'âge d'or, ou Salente, où le roi Idoménée a organisé une vie simple et frugale, où l'autorité est respectée sans violence et où le bonheur est vécu sans faste ni exclusion. Ce n'est certes pas révolutionnaire, ni même républicain : l'idéal de Fénelon reste une monarchie forte, de type féodal, dont la tentation absolutiste soit tempérée par la modération généreuse des nobles et des notables.

Un grand roman méconnu

Une œuvre, à la fin de la période, conjugue ces trois moyens avec art : le roman des *Illustres Françaises* qui fait sa place au réalisme en situant ses aventures d'amour dans les conditions exactes de la vie des jeunes gens de la bonne société du temps et dans un cadre parfaitement reconnaissable par les contemporains ; ce roman ouvre la dimension du rêve en trouvant des solutions miraculeuses à des problèmes qui, dans la réalité, restaient insurmontables et douloureux (en particulier quand il fallait accorder les élans de la passion amoureuse avec les contraintes du mariage de classe, de convenance et d'argent). Enfin, il fournit le modèle d'une évolution pacifique des pesanteurs familiales et sociales, par le retour délibéré à de vraies valeurs d'honnêteté et de responsabilité, non plus liées au rang mais au mérite et à l'expérience, et susceptibles de concilier l'épanouissement heureux de chacun avec l'assentiment des autres et l'intérêt de tous.

Une étoile montante

Une dernière remarque importante avant de quitter cette période : né en 1694, François Marie Arouet a vingt et un ans lorsqu'elle s'achève. Il a déjà manifesté une personnalité originale et des talents d'écrivain prometteurs. C'est lui qui sera, au grand jour et sous le nom de Voltaire, l'héritier principal des efforts de tous ces hommes du crépuscule.

Lumières naissantes

Lumières naissantes

Une légèreté apparente

À l'image même de la Régence, qui l'ouvre, tout semble léger dans cette période ; elle eut pourtant son lot de difficultés et de pesanteurs. Sous la Régence, la rénovation économique se paya d'une banqueroute qui ruina bon nombre de Français et sonna le glas des espérances que la France avait de tenir la dragée haute à l'Angleterre en matière d'aménagement et d'exploitation des colonies (effondrement du « système » de banque mis en place par le contrôleur général des Finances, l'Écossais John Law, en 1720).

La libération des mœurs produisit des excès, et cela chez le Régent lui-même, qui mourut dans la débauche et le scandale. Puis, sous le très long ministère du cardinal de Fleury, la relative tranquillité du royaume et son essor économique ne purent être assurés que par un dangereux immobilisme politique, par le renforcement de l'absolutisme royal, par le développement de la surveillance policière et par le refus de toute évolution vers plus d'égalité fiscale ou de tolérance religieuse.

Le mouvement janséniste (voir p. 322 et le volume *XVIIᵉ siècle*), en particulier, continua d'être violemment réprimé, comme en 1732 où fut fermé le cimetière Saint-Médard pour mettre fin aux scènes de « convulsions » et d'hystérie collective auxquelles se livraient les jansénistes sur la tombe d'un des leurs, le diacre Pâris. Il s'agissait là d'un excès dangereux pour l'ordre public, mais un contrôle strict s'exerçait aussi sur la production littéraire, sur le théâtre, et sur la circulation des idées en général.

Une religion pour l'homme

Et pourtant la tonalité dominante de ces années est celle de l'optimisme et de la joie de vivre. On adopte généralement le point de vue du philosophe allemand Leibniz (1646-1716) et celui du poète anglais Pope (1688-1744), selon lesquels la vie terrestre n'est pas cette « vallée de larmes » qu'en faisait la pensée religieuse du siècle précédent, mais un don offert à l'homme pour qu'il en jouisse, et aux hommes pour qu'ils en jouissent ensemble.

Ainsi, même sans rompre nettement avec la foi chrétienne, on la vide de toute austérité et de tout mystère. Dieu devient une sorte de « grand horloger » qui règle l'ordre du monde physique et les mouvements de l'histoire humaine pour le plus grand bonheur général, fût-ce au prix de quelques souffrances particulières. Ce Dieu-là ne

demande pas qu'on renonce à la raison : il invite
au contraire à l'utiliser pour améliorer encore, par
la connaissance et l'action, les conditions de la
vie terrestre. Voltaire représente surtout cette
pensée, qu'on appelle « déiste », et qui se dis-
tingue autant de la croyance traditionnelle que de
la position athée.

Les sciences et les arts

L'époque ne nourrit aucun soupçon à l'égard
des sciences et des arts, et quand Rousseau
les attaquera, en 1750, ce sera à la surprise générale. Des sciences en effet on attend que, par la
connaissance et l'expérience, elles fassent reculer
toutes les conduites de peur et de superstition.
On se soucie aussi de leur application pratique et
l'on applaudit aux expériences sur l'électricité de
l'abbé Nollet, à l'invention du thermomètre par
Réaumur, à la production de l'acier, du verre et
de la porcelaine, au perfectionnement des techniques médicales, etc.

On considère comme « arts » non seulement
les arts libéraux (peinture, musique, etc.), mais
aussi les arts d'agrément et, en général, tout ce
qui participe de l'art de vivre : le style rocaille, ou
rococo, qui l'emporte alors sur le sévère et pompeux art classique, se caractérise par le raffinement ornemental, la fantaisie des formes et la
liberté des mouvements. Ce style marque aussi
les arts proprement dits, de la peinture (Watteau,

Lancret, Boucher) à la musique (surtout l'opéra, dont le succès ne faiblit pas), et même à la littérature.

Dans ce contexte, l'écrivain se donne pour mission et considère comme un plaisir de participer à l'accord de l'homme avec son milieu et à la meilleure organisation d'un monde fait pour lui. Ni Montesquieu ni Voltaire ne séparent leurs activités de savants (recherches historiques, curiosités scientifiques) de leurs productions d'écrivains, ni de ce que visent les unes comme les autres : le bonheur et la liberté. Et Marivaux, tant dans ses romans que dans ses comédies, ne confronte ses héros à des situations délicates que pour leur faire mieux trouver les moyens qu'ils ont de les surmonter.

Louis le Bien-Aimé

Il peut sembler paradoxal que des philosophes attachés à la réforme profonde de la société aient choisi l'arme légère de l'esprit plutôt que l'arme lourde de la révolte. On peut y voir une nouvelle marque de leur optimisme, de leur foi dans le progrès inéluctable, de leur confiance en l'homme, qu'ils préfèrent persuader par la séduction que contraindre par la violence.

Au reste, l'heure n'est pas à la violence : malgré son caractère irrésolu et secret, le roi Louis XV reste longtemps « le Bien-Aimé ». On célèbre avec enthousiasme son sacre en 1722 et son mariage avec Marie Leszczyńska en 1725 ; on fait dans tout le pays des prières ferventes pour sa guérison en 1744 ; on admire le courage avec lequel il a conduit, en première ligne, la bataille de Fontenoy (1745), et nombre d'écrivains, dont Voltaire, composent de vibrants poèmes à ce sujet. On n'a qu'à se louer, à partir de 1745, du choix qu'il a fait, comme favorite, de Mme de Pompadour. Séduisante, cultivée, artiste, mondaine, elle incarne une sorte d'idéal féminin de toute cette période. De plus, elle se montre très favorable aux idées nouvelles, contrairement à la reine, effacée et dévote, et au « parti de la famille » qui l'entoure. Elle exerce un mécénat éclairé auprès des artistes et des écrivains. Quoiqu'elle ait joui d'une durable influence auprès du roi jusqu'en 1764, année de sa mort, on peut dire que son demi-retrait, dû à la maladie, en 1750, marque la fin de cette période où la philosophie s'exerçait dans la grâce et l'indulgence du clin d'œil et du sourire.

LESAGE   *(1668-1747)*

HISTOIRE DE GIL BLAS DE SANTILLANE (1715). Lesage était déjà auteur de théâtre dans la période précédente (voir p. 53).

Après *Turcaret,* son plus grand succès est la merveilleuse *Histoire de Gil Blas de Santillane,* récit joyeux des aventures d'un jeune homme parti de peu et qui fait son chemin dans la société espagnole jusqu'à devenir riche et le favori des puissants.

Plus qu'au picaro brutal (voir p. 322) et sans scrupule du roman espagnol, dont le cadre et la succession des aventures semblent le rapprocher, c'est à un jeune héros de la France de la Régence qu'il ressemble, naïf et roué en même temps, apte à saisir toute occasion de s'élever mais honnête au fond, généreux, sensible et confiant. Son parcours permet à Lesage de dépeindre, sur le ton d'une satire précise (voir p. 322) mais sans méchanceté et pleine d'humour, les divers milieux d'une société française en pleine rénovation.

L'extrait qui suit se situe au début du roman (son succès, en 1715, poussera Lesage à lui donner une première suite en 1724, puis une nouvelle encore en 1735).

Confié par ses parents, pauvres, à un oncle chanoine, le jeune Gil Blas en reçoit un début d'éducation prometteur, que l'oncle a l'idée de lui faire poursuivre à l'université. Quelques ducats, une mule, des conseils, et le voilà en route pour Salamanque et pour son destin.

« Je mourais d'envie de voir le pays... »

J e m'acquis [...], dans la ville, la réputation de savant. Mon oncle en fut ravi, parce qu'il fit réflexion que je cesserais bientôt de lui être à charge.
Or çà, Gil Blas, me dit-il un jour, le temps de ton
5 enfance est passé. Tu as déjà dix-sept ans, et te voilà
devenu habile garçon : il faut songer à te pousser[1]. Je
suis d'avis de t'envoyer à l'université de Salamanque : avec l'esprit que je te vois, tu ne manque-
ras pas de trouver un bon poste. Je te donnerai
10 quelques ducats pour faire ton voyage, avec ma
mule qui vaut bien dix ou douze pistoles ; tu la ven-
dras à Salamanque, et tu en emploieras l'argent à
t'entretenir jusqu'à ce que tu sois placé.

Il ne pouvait rien me proposer qui me fût plus
15 agréable, car je mourais d'envie de voir le pays. Cependant j'eus assez de force sur moi pour cacher ma
joie ; et lorsqu'il fallut partir, ne paraissant sensible
qu'à la douleur de quitter un oncle à qui j'avais tant
d'obligations[2], j'attendris le bonhomme, qui me
20 donna plus d'argent qu'il ne m'en aurait donné s'il
eût pu lire au fond de mon âme. Avant mon départ,
j'allai embrasser mon père et ma mère, qui ne m'é-
pargnèrent pas les remontrances[3]. Ils m'exhortèrent
à prier Dieu pour mon oncle, à vivre en honnête
25 homme, à ne me point engager dans de mauvaises

---

1. À te faire un chemin dans la vie.

2. À qui je devais tant.

3. Ici, exhortations, conseils insistants et non reproches.

affaires, et, sur toutes choses[1], à ne pas prendre le bien d'autrui. Après qu'ils m'eurent très longtemps harangué, ils me firent présent de leur bénédiction, qui était le seul bien que j'attendais d'eux. Aussitôt je montai sur ma mule, et sortis de la ville.

HISTOIRE DE GIL BLAS DE SANTILLANE, *1715,*
livre I, chapitre premier.

Guide de lecture
••

1. **Comment le récit à la première personne montre-t-il que, quoique sans illusions sur les sentiments des membres de sa famille à son égard, Gil Blas n'en ressent aucune amertume ?**

2. **Par quels moyens le texte rend-il sensible la hâte que le jeune homme a de partir ?**

3. **Préciser les points sur lesquels porte la « harangue » des parents.**

_____

1. Par-dessus tout, en tout premier lieu.

MONTESQUIEU (1689-1755)

Charles-Louis de Secondat, baron de La Brède et de Montesquieu, est, avec Marivaux, le grand homme de cette période. Il l'ouvre pour ainsi dire avec les *Lettres persanes* (1721), véritable événement littéraire, et la clôt avec *De l'esprit des lois* (1748), une des bibles du siècle, et de la Révolution. Entre les deux, une vie bien remplie de parlementaire, de mondain, de voyageur, de savant, et surtout de philosophe au sens où, comme il l'écrit, la philosophie doit avoir « des rapports avec tout ».

UNE VIE TRÈS ACTIVE. Né au château de La Brède, près de Bordeaux, il fait des études de droit, est conseiller puis président à mortier au parlement de Bordeaux (c'est-à-dire magistrat), s'intéresse à des questions savantes d'histoire, de physique et de sciences naturelles à l'académie de Bordeaux, fréquente dans les salons parisiens (en particulier le club de l'Entresol, le salon de Mme de Lambert, mais aussi celui de Mme de Tencin puis celui de Mme du Deffand) les milieux politiques, littéraires et scientifiques, est élu à trente-neuf ans à l'Académie française, fait des voyages culturels en Autriche, en Hongrie, en Italie, en Allemagne et en Hollande (1728-1729), puis un long séjour en Angleterre (1729-1731).

À partir de 1731, il se fixe dans son château de La Brède, où il jouit d'une riche bibliothèque. Il se consacre à des travaux où, en conjuguant l'érudition et la réflexion, il mêle pour la première fois — un peu à la manière de Montaigne, son compatriote (1533-1592), mais plus soucieux que lui de réformer le monde qui l'entoure — les questions d'histoire, de droit, de morale, de politique et de religion. Après les *Considérations sur les causes de la grandeur des Romains et de leur décadence* (1734), ce long travail produit la grande œuvre de sa vie, *De l'esprit des lois,* qui paraît en 1748 et connaît aussitôt un considérable succès. Il meurt sept ans plus tard, épuisé par ce labeur, par les attaques dont son livre est l'objet de la part des religieux, et atteint d'une quasi-cécité.

UN VRAI PHILOSOPHE. Philosophe, Montesquieu l'est au sens plein qu'on donne alors à ce mot : par sa curiosité universelle et son souci d'établir des liens entre toutes les branches du savoir, par son goût de soumettre ses idées à l'expérience, par l'équilibre qu'il sait maintenir dans sa vie entre ses activités de propriétaire terrien, de chercheur et de bon vivant, par son appétit pour un bonheur non égoïste mais partagé, par la manière dont il mit son talent très varié d'écrivain au service du progrès auquel il croit et qui doit selon lui, en étendant les connaissances, améliorer les conditions de l'existence des hommes en société.

Le succès des *Lettres persanes* n'est pas seulement dû à l'esprit « Régence » (voir p. 64) que Montesquieu y déploie en traitant de façon légère et plaisante des problèmes sérieux. Il tient aussi au fait que ces problèmes préoccupent fort les contemporains. En les étudiant de façon plus théorique et systématique, à l'aide d'une immense documentation, Montesquieu réalise, avec *De l'esprit des lois,* la première approche scientifique de la question politique et sociale. Outre un dialogue philo-sophique (*Dialogue de Sylla et d'Eucrate,* écrit en 1724 et publié en 1745), un roman galant (*le Temple de Gnide,* 1725) et de nombreux mémoires et discours académiques, Montesquieu a laissé des *Cahiers,* des *Voyages,* des *Pensées,* un *Scipilège* (c'est-à-dire un recueil d'observations variées) qui renseignent sur l'homme, sa vie intime, sentimentale, intellectuelle, ainsi que des textes où se prolonge l'exotisme volontiers libertin des *Lettres persanes* et du *Temple de Gnide : Histoire véritable* (écrite en 1738) et *Arsace et Isménie* (écrit en 1742).

LETTRES PERSANES (1724).   Ce roman épistolaire (voir p. 322) mêle, avec un talent étourdissant, les différents types d'écriture en usage à l'époque : le récit de voyage (deux Persans, Usbek et Rica, viennent en Europe et se fixent à Paris pour y parfaire leur connaissance du monde), le roman par lettres (ils s'écrivent et écrivent à leurs amis restés en Perse), le roman libertin (on suit les aventures scabreuses qui surviennent dans le sérail d'Usbek, en son absence, entre ses femmes qui se ja-lousent et ses eunuques qui maintiennent l'ordre à grand-peine), la satire (de la société européenne, vue par des regards neufs et apparemment naïfs), l'analyse des grands problèmes politiques, économiques, reli-gieux et culturels, et même, à plusieurs reprises, le conte mythique (celui des Troglodytes est resté cé-lèbre).

L'extrait qui suit illustre la verve moqueuse du jeune Rica à l'égard d'une société parisienne qui se croit le centre du monde.

« Comment peut-on être Persan ? »

L es habitants de Paris sont d'une curiosité qui va jusqu'à l'extravagance. Lorsque j'arrivai, je fus regardé comme si j'avais été envoyé du ciel : vieillards, hommes, femmes, enfants, tous voulaient me
5   voir. Si je sortais, tout le monde se mettait aux fenêtres ; si j'étais aux Tuileries[1], je voyais aussitôt un cercle se former autour de moi ; les femmes même faisaient un arc-en-ciel nuancé de mille couleurs, qui m'entourait : si j'étais aux spectacles, je trouvais
10   d'abord[2] cent lorgnettes dressées contre ma figure : enfin, jamais homme n'a tant été vu que moi. Je souriais quelquefois d'entendre des gens qui n'étaient presque jamais sortis de leur chambre, qui disaient entre eux : « Il faut avouer qu'il a l'air bien Persan. »
15   Chose admirable ! je trouvais de mes portraits partout ; je me voyais multiplié dans toutes les boutiques, sur toutes les cheminées, tant on craignait de ne m'avoir pas assez vu.

Tant d'honneurs ne laissent pas d'être à charge[3] :
20   je ne me croyais pas un homme si curieux et si rare ; et, quoique j'aie très bonne opinion de moi, je ne me serais jamais imaginé que je dusse troubler le repos d'une grande ville, où je n'étais point connu. Cela me fit résoudre à quitter l'habit persan, et à en

---

1. Lieu de promenade à la mode, près du Louvre.
2. Tout de suite.
3. Ne peuvent qu'être pesants.

25 endosser un à l'européenne, pour voir s'il resterait
encore, dans ma physionomie, quelque chose d'admirable. Cet essai me fit connaître ce que je valais
réellement. Libre de tous les ornements étrangers, je
me vis apprécié au plus juste. J'eus sujet de me
30 plaindre de mon tailleur, qui m'avait fait perdre, en
un instant, l'attention et l'estime publiques ; car
j'entrai tout à coup dans un néant affreux. Je demeu-
rais quelquefois une heure dans une compagnie[1],
sans qu'on m'eût regardé, et qu'on m'eût mis en oc-
35 casion d'ouvrir la bouche. Mais, si quelqu'un, par
hasard, apprenait à la compagnie que j'étais Persan,
j'entendais aussitôt autour de moi un bourdonnement : « Ah ! ah ! monsieur est Persan ? C'est une
chose bien extraordinaire ! Comment peut-on être
40 Persan ? »

Lettres persanes, *1721,*
lettre XXX, Rica à Ibben, à Smyrne.

Guide de lecture
....

1. Observer et décrire
les jeux complexes
du regard dans toute
la lettre.
2. Montrer comment,
d'objet d'une observa-
tion qu'il était, Rica se
transforme en sujet
d'une expérience. Cela
ne détermine-t-il pas le
plan du texte ?
3. Comment peut-on
être Français ?

---

1. Un groupe.

Ce second extrait introduit le lecteur au cœur de la réflexion d'Usbek qui cherche les fondements, religieux ou civils, de l'ordre politique et social le plus juste possible.

« Quand il n'y aurait pas de Dieu... »

S'il y a un Dieu, mon cher Rhédi, il faut nécessairement qu'il soit juste : car, s'il ne l'était pas, il serait le plus mauvais et le plus imparfait de tous les êtres.

5 La Justice est un rapport de convenance, qui se trouve réellement entre deux choses : ce rapport est toujours le même, quelque être qui le considère[1], soit que ce soit Dieu, soit que ce soit un ange, ou enfin que ce soit un homme.

10 Il est vrai que les hommes ne voient pas toujours ces rapports : souvent même, lorsqu'ils les voient, ils s'en éloignent ; et leur intérêt est toujours ce qu'ils voient le mieux. La Justice élève sa voix ; mais elle a peine à se faire entendre dans le tumulte des passions.

15 Les hommes peuvent faire des injustices, parce qu'ils ont intérêt de les commettre, et qu'ils préfèrent leur propre satisfaction à celle des autres. C'est toujours par un retour sur eux-mêmes qu'ils agissent : nul n'est mauvais gratuitement : il faut qu'il y ait une
20 raison qui détermine[2] ; et cette raison est toujours raison d'intérêt.

---

1. Quel que soit l'être qui l'observe.
2. À agir de telle ou telle façon.

Mais il n'est pas possible que Dieu fasse jamais rien d'injuste : dès qu'on suppose qu'il voit la Justice, il faut nécessairement qu'il la suive : car, comme il n'a
25 besoin de rien, et qu'il se suffit à lui-même, il serait le plus méchant de tous les êtres, puisqu'il le serait sans intérêt.

Ainsi, quand il n'y aurait pas de Dieu, nous devrions toujours aimer la Justice ; c'est-à-dire, faire nos
30 efforts pour ressembler à cet être dont nous avons une si belle idée [1], et qui, s'il existait, serait nécessairement juste. Libres que nous serions du joug [2] de la religion, nous ne devrions pas l'être de celui de l'équité [3].

Voilà, Rhédi, ce qui m'a fait penser que la Justice est
35 éternelle, et ne dépend point des conventions humaines. Et, quand elle en dépendrait, ce serait une vérité terrible, qu'il faudrait se dérober à soi-même.

LETTRES PERSANES, *1721,*
lettre LXXXIII, Usbek à Rhédi, à Venise.

Guide de lecture
....

1. **Dans quel type de discours les termes « il faut », « nécessairement », « toujours » placent-ils le texte de cette lettre ?**
2. **Comment interpréter la majuscule au mot « Justice » ?**

3. **L'hypothèse de l'inexistence de Dieu n'est-elle qu'une simple supposition utile au raisonnement, et sans autre conséquence ? Quelle pourrait être cette conséquence ?**

_____

1. Dont nous nous faisons une représentation si parfaite.
2. De l'autorité.
3. Principe naturel qui pousse chacun à respecter le droit des autres.

De l'esprit des lois (1748). Montesquieu énonce dans cet ouvrage les lois générales, valables pour tout régime, despotique, monarchique ou républicain ; il montre pour chacun d'eux le principe de son fonctionnement (respectivement la crainte, l'honneur et la vertu), et les causes de sa décadence et de son remplacement par un autre. Ennemi de tout totalitarisme, il propose plusieurs théories qui ont depuis servi de modèle : celle de la séparation des pouvoirs (exécutif, législatif, judiciaire), celle des climats (il n'y a pas de meilleur système politique dans l'absolu : chaque peuple doit le choisir en fonction de son histoire, de sa culture, de la latitude sous laquelle il vit et du tempérament dominant qui en découle). Dans l'extrait qui suit, la liberté est définie justement en fonction des différents régimes qui s'en réclament.

« La liberté politique ne consiste point à faire ce que l'on veut »

Il n'y a point de mot qui ait reçu plus de différentes significations, et qui ait frappé les esprits de tant de manières, que celui de *liberté*. Les uns l'ont pris pour la facilité de déposer[1] celui à qui ils avaient donné un pouvoir tyrannique ; les autres, pour la faculté d'élire celui à qui ils doivent obéir ; d'autres, pour le droit d'être armés, et de pouvoir exercer la violence ; ceux-ci, pour le privilège de

---

1. Renverser, destituer.

n'être gouvernés que par un homme de leur nation,
10 ou par leurs propres lois. Certain peuple a longtemps pris la liberté pour l'usage de porter une
longue barbe[1]. Ceux-ci ont attaché ce nom à une
forme de gouvernement, et en ont exclu les autres.
Ceux qui avaient goûté du gouvernement républi-
15 cain l'ont mise dans ce gouvernement ; ceux qui
avaient joui du gouvernement monarchique l'ont
placée dans la monarchie. Enfin chacun a appelé *liberté* le gouvernement qui était conforme à ses cou-
tumes ou à ses inclinations ; et comme dans une
20 république on n'a pas toujours devant les yeux, et
d'une manière si présente, les instruments des
maux[2] dont on se plaint, et que même les lois pa-
raissent y parler plus, et les exécuteurs de la loi y
parler moins, on la place ordinairement dans les ré-
25 publiques, et on l'a exclue des monarchies. Enfin,
comme dans les démocraties le peuple paraît à peu
près faire ce qu'il veut, on a mis la liberté dans ces
sortes de gouvernements, et on a confondu le pouvoir du peuple avec la liberté du peuple.

30 Il est vrai que dans les démocraties le peuple paraît faire ce qu'il veut ; mais la liberté politique ne
consiste point à faire ce que l'on veut. Dans un État,
c'est-à-dire dans une société où il y a des lois, la liberté ne peut consister qu'à pouvoir faire ce que l'on

---

1. Il s'agit des « Moscovites », c'est-à-dire des Russes.
2. Les hommes qui provoquent les maux.

35 doit vouloir, et à n'être point contraint de faire ce
que l'on ne doit pas vouloir.

Il faut se mettre dans l'esprit ce que c'est que l'indépendance, et ce que c'est que la liberté. La liberté
est le droit de faire tout ce que les lois permettent ;
40 et si un citoyen pouvait faire ce qu'elles défendent, il
n'aurait plus de liberté, parce que les autres auraient
tout de même[1] ce pouvoir.

DE L'ESPRIT DES LOIS, *1748,*
livre XI, chapitres II et III.

_____

1. Pareillement.

Guide de lecture
....

1. Comment le texte
passe-t-il du désordre
des diverses façons de
comprendre le mot
« liberté » à une
définition de celle-ci ?
2. Montrer comment,
à côté des principales
« erreurs » faites sur

le sens de la liberté,
Montesquieu explique
la cause de ces erreurs.
3. Identifier dans cette
page les différents types
de gouvernement sur
lesquels repose l'analyse
politique de l'auteur de
l'Esprit des lois.

Dans le texte célèbre qui suit, Montesquieu s'élève
contre l'esclavage des Noirs, couramment pratiqué à
l'époque, où l'on déportait des milliers d'Africains en
Amérique pour servir de main-d'œuvre dans les plan-
tations, avec une parfaite bonne conscience. C'est
contre celle-ci surtout que l'auteur retrouve là le ton
mordant et ironique des *Lettres persanes.*

« De l'esclavage des nègres »

S i j'avais à soutenir[1] le droit que nous avons eu de rendre les nègres esclaves, voici ce que je dirais :

Les peuples d'Europe ayant exterminé ceux de l'Amérique, ils ont dû mettre en esclavage ceux de l'Afrique, pour s'en servir à défricher tant de terres.

Le sucre serait trop cher, si l'on ne faisait travailler la plante qui le produit par des esclaves.

Ceux dont il s'agit sont noirs depuis les pieds jusqu'à la tête ; et ils ont le nez si écrasé qu'il est presque impossible de les plaindre.

On ne peut se mettre dans l'esprit que Dieu, qui est un être très sage, ait mis une âme, surtout une âme bonne, dans un corps tout noir.

Il est si naturel de penser que c'est la couleur qui constitue l'essence de l'humanité[2], que les peuples d'Asie, qui font des eunuques[3], privent toujours les noirs du rapport qu'ils ont avec nous d'une façon plus marquée.

On peut juger de la couleur de la peau par celle des cheveux, qui, chez les Égyptiens, les meilleurs philosophes du monde, était d'une si grande conséquence[4], qu'ils faisaient mourir tous les hommes roux qui leur tombaient entre les mains.

---

1. Défendre, justifier.

2. Ce qui la caractérise comme telle.

3. Hommes que l'on châtrait pour les employer comme gardiens des femmes du harem.

4. Avait tellement d'importance.

Une preuve que les nègres n'ont pas le sens commun[1], c'est qu'ils font plus de cas d'un collier de verre que de l'or, qui, chez des nations policées[2], est d'une si grande conséquence.

Il est impossible que nous supposions que ces gens-là soient des hommes ; parce que, si nous les supposions des hommes, on commencerait à croire que nous ne sommes pas nous-mêmes chrétiens.

De petits esprits exagèrent trop l'injustice que l'on fait aux Africains. Car, si elle était telle qu'ils le disent, ne serait-il pas venu dans la tête des princes d'Europe, qui font entre eux tant de conventions[3] inutiles, d'en faire une générale en faveur de la miséricorde et de la pitié ?

DE L'ESPRIT DES LOIS, *1748*,
livre XV, chapitre V.

Guide de lecture

1. L'accumulation des justifications augmente-t-elle la force de chacune d'elles ? Sinon, quelle est la fonction de cette accumulation ?
2. Analyser la nature (philosophique, historique, économique, religieuse) des arguments successifs.

3. Le dernier paragraphe présente-t-il un argument du même ordre que les autres ? En quoi ouvre-t-il la satire (voir p. 322) sur la réforme et l'indignation sur le conseil ?

---

1. Une intelligence normale.
2. Civilisées.
3. Traités.

MARIVAUX   *(1688-1763)*

Pierre Carlet de Chamblain de Marivaux naît à Paris, passe sans doute sa jeunesse à Riom, puis réside dans la capitale toute sa vie, dont les détails sont assez peu connus. Il fait quelques études de droit, vite interrompues, se marie en 1717, et reste veuf, en 1723, avec une fille, Colombe-Prospère.

UNE CARRIÈRE BIEN REMPLIE.   Partisan et bientôt ami des « Modernes » — Fontenelle (voir p. 21), La Motte — qu'il fréquente dans le salon de Mme de Lambert, il écrit d'abord par goût des articles dans leur journal, *le Nouveau Mercure* (1717-1720), des romans parodiques (voir p. 322) [*les Effets surprenants de la sympathie*, 1713 ; *la Voiture embourbée*, 1714 ; *Pharsamon ou les Nouvelles Folies romanesques*, publié en 1737], l'*Iliade travestie* en vers burlesques (1717), *Télémaque travesti* (publié en 1735), quelques comédies et une tragédie, *Annibal* (1720).

Ruiné par la banqueroute de Law en 1720 (voir p. 12), il décide de faire des lettres sa profession, et dirige celle-ci simultanément dans trois directions, qui font de lui, avec Voltaire, l'écrivain le plus complet et le plus varié de son temps : le journalisme (il fait paraître successivement trois périodiques, entièrement rédigés par lui seul : *le Spectateur français*, 1721-1724 ; *l'Indigent Philosophe*, 1727 ; *le Cabinet du philosophe*, 1734) ; le roman, qu'il marque de son empreinte avec *la Vie de Marianne* (1731-1741) et *le Paysan parvenu* (1735-

1736) ; et, surtout, le théâtre. Ses comédies, toutes en prose, représentent des cadres divers (mondain, paysan, historique, exotique, utopique, féerique), sont astucieusement confiées en alternance aux Comédiens-Français (pour le prestige de l'institution, héritière de Molière et du grand répertoire) et aux Comédiens-Italiens (pour le talent exquis et l'invention de leur jeu, sous la houlette de Luigi Riccoboni).

Un homme discret.   Occupé par la composition et la représentation de ces pièces, qui obtiennent des succès très divers, Marivaux fait peu parler de lui, sinon sous la forme de critiques adressées à son style, qu'on juge en général trop apprêté, raffinant trop sur les jeux verbaux et, comme on dit alors, sur la « métaphysique du cœur ». Il fréquente le salon de Mme de Tencin, qui favorise son élection à l'Académie française (1742). Il donne encore d'importants articles de réflexion historique, morale et esthétique au *Mercure* (1751-1755).

À partir de 1744, il vit en concubinage avec Mlle de Saint-Jean, sa future héritière. Il prend mal la décision de sa fille de se retirer au couvent comme religieuse (1745). Vers 1760, il voit monter l'étoile de Goldoni, et meurt en 1763, presque oublié, tant est alors révolue l'époque dont il a incarné et illustré l'esprit.

Deux grands romans.   Les grands romans de Marivaux se présentent, sur le modèle de *Gil Blas* (voir p. 69), comme des récits à la première personne. Les héros, Marianne dans *la Vie de Marianne*, et Jacob dans *le Paysan parvenu*, y racontent après coup l'aventure de leur entrée dans la vie du monde, de l'amour, de l'argent, de l'établissement social. Cette vie n'est pas embellie par le romancier : elle comporte des pièges, des bassesses, des mauvais coups. Une jeune fille qui se croit sans naissance, un jeune homme qui l'est ont besoin de beaucoup de courage, d'optimisme, et même aussi de ruse pour y faire leur chemin. Mais ils y parviennent sans jamais compromettre leur dignité, ce que confirme le jugement serein et complice qu'ils portent sur eux-mêmes, quand ils racontent plus tard leur aventure. Au total, c'est bien du roman « philosophique » au sens de l'époque, puisque, à l'analyse fouillée des infinies nuances des sentiments humains et des émotions du cœur, s'allie une peinture lucide du fonctionnement de la société, avec ses préjugés et ses blocages, et surtout parce que l'ensemble est résolument optimiste : quand on a l'esprit ouvert, le désir d'apprendre et le cœur bon, on peut se faire une place honorable et heureuse dans le monde comme il va.

Si l'on ajoute que ces romans sont inachevés, on se fait une idée précise de ce qu'on a appelé le « réalisme » de Marivaux romancier : réalisme psychologique et social dans la peinture des comportements et des situations qui ne sont jamais simples et univoques, se transforment et se retournent ; réalisme du langage, toujours direct, pittoresque, pris sur le vif, différent selon les personnages ; réalisme philosophique enfin car, comme dans la vie, rien n'est jamais définitif et achevé. La seule « fin heureuse » que se permet de nous offrir le romancier, c'est cette forme d'équilibre et d'accord avec soi-même qui donne à chacun de ses héros, l'âge venant, l'idée de prendre la plume et de retracer, avec émotion mais sans emphase, le parcours, accidenté mais riche, de sa jeunesse.

UNE TRENTAINE DE COMÉDIES.   Les titres des comédies de Marivaux sont à peu près interchangeables, tant il est vrai qu'il y a partout double inconstance, fausses confidences, jeu de l'amour et du hasard, heureux stratagème, épreuve, etc. Mais, s'il faut choisir celui qui définit le mieux l'événement clé de ce théâtre, c'est bien « la surprise de l'amour ». Ce qui se passe d'essentiel, et dont Marivaux excelle à faire sentir toute la force comme à peindre toutes les nuances, c'est l'aventure bouleversante de la rencontre avec l'autre, auquel immédiatement un sentiment inconnu et irrépressible vous attache pour la vie. Toutes les autres réalités (obstacles intérieurs et extérieurs, convenances, rivalités, amours-propres, ruses et détours) ne sont que circonstances, où bien sûr l'action dramatique et la verve comique trouvent aliment, mais qui ne font que tourner autour de ce foyer central comme les planètes autour du Soleil.

Chaque titre est suivi de l'indication du théâtre où fut créée la pièce, Français (F) ou Italien (I), et de l'accueil bon (+) ou mauvais (−) qui lui fut réservé.

1720. *Arlequin poli par l'amour* (I, +).

1722. *La Surprise de l'amour* (I, +).

1723. *La Double Inconstance* (I, +).

1724. *Le Prince travesti* (I, +) ; *la Fausse Suivante* (I, +) ; *le Dénouement imprévu* (F, −).

1725. *L'Île des esclaves* (I, +) ; *l'Héritier de village* (I, −).

1727. *L'Île de la Raison ou les Petits Hommes* (F, −) ; *la Seconde Surprise de l'amour* (F, +).

1728. *Le Triomphe de Plutus* (I, +).

1729. *La Nouvelle Colonie ou la Ligue des femmes*, texte remanié et publié dans le *Mercure* en 1750 sous le titre *la Colonie* (I, −).

1730. *Le Jeu de l'amour et du hasard* (I, +).

1731. *La Réunion des amours* (F, +).

1732. *Le Triomphe de l'amour* (I, −) ; *les Serments indiscrets* (F, −) ; *l'École des mères* (I, +).

1733. *L'Heureux Stratagème* (I, +).

1734. *La Méprise* (I, −) ; *le Petit-Maître corrigé* (F, −).

1735. *La Mère confidente* (I, +).

1736. *Le Legs* (F, +).

1737. *Les Fausses Confidences* (I, −).

1738. *La Joie imprévue* (I, −).

1739. *Les Sincères* (I, −).

1740. *L'Épreuve* (I, +).

1744. *La Dispute* (F, −).

1746. *Le Préjugé vaincu* (F, +).

1755-1763. *La Femme fidèle* ; *Félicie* ; *l'Amante frivole* ; *la Provinciale* ; *les Acteurs de bonne foi* (non représentées).

LA VIE DE MARIANNE (1731).　Ce roman relate l'histoire d'une orpheline — racontée par elle-même — dont on ne connaît pas les parents. La jeune fille est recueillie par un curé et sa sœur, qui la mènent à Paris et la confient, avant de mourir, à un religieux. Celui-ci la place sous la protection de M. de Climal, un homme bordant la soixantaine, noble, riche et charitable qui se

propose en effet de « protéger » cette fille de quinze
ans et commence par lui acheter des vêtements : des
gants, un habit, puis de la lingerie féminine...

« Allez vous regarder dans le miroir »

Oh ! pour le coup, ce fut ce beau linge qu'il voulut que je prisse qui me mit au fait de ses sentiments ; je m'étonnai même que l'habit, qui était
très propre [1], m'eût encore laissé quelque doute, car
5   la charité n'est pas galante dans ses présents ; l'amitié même, si secourable, donne du bon et ne songe
point au magnifique. Les vertus des hommes ne
remplissent que bien précisément leur devoir ; elles
seraient plus volontiers mesquines que prodigues
10 dans ce qu'elles font de bien : il n'y a que les vices
qui n'ont point de ménage [2]. Je lui dis tout bas que je
ne voulais point de linge si distingué, je lui parlai sur
ce ton-là sérieusement ; il se moqua de moi et me
dit : « Vous êtes une enfant, taisez-vous, allez vous
15 regarder dans le miroir, et voyez si ce linge est trop
beau pour votre visage. » Et puis, sans vouloir
m'écouter, il alla son train [3].

Je vous [4] avoue que je me trouvais bien embarras-

---

1. Élégant, raffiné.
2. Ménagements, réserves.
3. Il continua à choisir.
4. La narratrice s'adresse à l'amie à qui elle envoie le récit de sa propre
histoire.

sée, car je voyais qu'il était sûr qu'il m'aimait, qu'il
20   ne me donnait qu'à cause de cela, qu'il espérait me
gagner par là, et qu'en prenant ce qu'il me donnait,
moi je rendais ses espérances assez bien fondées.

Je consultais donc en moi-même ce que j'avais à
faire ; et, à présent que j'y pense, je crois que je ne
25   consultais que pour perdre du temps : j'assemblais
je ne sais combien de réflexions dans mon esprit ; je
me taillais de la besogne[1], afin que, dans la confusion de mes pensées, j'eusse plus de peine à prendre
mon parti, et que mon indétermination en fût plus
30   excusable. Par là je reculais une rupture avec M. de
Climal, et je gardais ce qu'il me donnait.

Cependant j'étais bien honteuse de ses vues[2][...]

LA VIE DE MARIANNE, *1731,*
Première partie.

Guide de lecture
....

**1. Relever précisément
ce qui renvoie au « je »
de la jeune héroïne et
ce qui est le fait du
« je » de la narratrice
(voir p. 322). Quel jeu
s'instaure entre les
deux ?**
**2. Quoique naïve et
inexpérimentée,**

la jeune fille ne montre-
t-elle pas une bonne
connaissance du cœur
humain et des détours
de la morale ?
Comment ?
**3. Étudier l'importance
du regard dans le mi-
roir, au milieu du texte.**

---

1. Je me rendais le problème difficile à résoudre.
2. Ses intentions, telles que je pouvais les deviner.

LE PAYSAN PARVENU (1735).   Marianne, fraîche et jolie jeune fille de quinze ans, plaît aux hommes : situation sans surprise. Plus original est le cas de Jacob dans *le Paysan parvenu*. Venu de Champagne à Paris pour livrer du vin au seigneur de son père, il s'aperçoit vite qu'il plaît aux femmes, et ne néglige pas d'en profiter pour se faire une situation. Il épousera une bourgeoise riche et dévote et, grâce à elle, deviendra financier et seigneur à son tour. Dans cet extrait, tiré du début du roman, après avoir fait la cour aux servantes de la femme de son seigneur, une coquette assez libertine, c'est auprès d'elle-même qu'il pousse son avantage.

« Une petite scène muette »

C ette dame alors me fit approcher, examina ma parure ; j'avais un habit uni et sans livrée[1]. Elle me demanda qui m'avait frisé, et me dit d'avoir toujours soin de mes cheveux, que je les avais beaux, et
5 qu'elle voulait que je lui fisse honneur. Notez que Madame venait de se mettre à sa toilette, et que sa figure[2] était dans un certain désordre assez piquant pour ma curiosité.

Je n'étais pas né indifférent, il s'en fallait de beau-
10 coup ; cette dame avait de la fraîcheur et de l'embonpoint[3], et mes yeux la lorgnaient volontiers.

---

1. Tenue distinctive des domestiques.

2. L'ensemble de sa personne.

3. Des formes.

Elle s'en aperçut, et sourit de la distraction qu'elle me donnait ; moi, je vis qu'elle s'en apercevait, et je me mis à rire aussi d'un air que la honte d'être pris sur le fait et le plaisir de voir rendaient moitié niais et moitié tendre ; et la regardant avec des yeux mêlés de tout ce que je dis là, je ne lui disais rien.

Il se passa alors entre nous deux une petite scène muette qui fut la plus plaisante chose du monde ; et puis, se raccommodant[1] ensuite assez négligemment : « À quoi penses-tu, Jacob ? me dit-elle.

— Eh ! Madame, repris-je, je pense qu'il fait bon vous voir, et que Monsieur a une jolie femme. »

Je ne saurais dire dans quelle disposition d'esprit cela la mit ; mais il me parut que la naïveté de mes façons ne lui déplaisait pas.

Les regards amoureux d'un homme du monde n'ont rien de nouveau pour une jolie femme ; elle est accoutumée à leur expression, et ils sont dans un goût de galanterie qui lui est familier ; de sorte que son amour-propre s'y amuse comme à une chose qui lui est ordinaire, et qui va quelquefois au-delà de la vérité[2].

Ici ce n'était pas de même ; mes regards n'avaient rien de galant, ils ne savaient être que vrais. J'étais paysan, j'étais jeune, assez beau garçon ; et l'hommage que je rendais à ses appas venait du pur plaisir qu'ils me faisaient. Il était assaisonné d'une ingé-

---

1. Rajustant les vêtements légers qu'elle portait.
2. Qui semble témoigner de sentiments qui ne sont pas vraiment éprouvés.

nuité rustique, plus curieuse à voir, et d'autant plus
40 flatteuse qu'elle ne voulait point flatter.

C'étaient d'autres yeux, une autre manière de
considérer, une autre tournure de mine ; et tout cela
ensemble me donnait apparemment des agréments
singuliers dont je vis que Madame était un peu tou-
45 chée.

LE PAYSAN PARVENU, *1735,*
Première partie.

Guide de lecture
....

1. **Caractériser les
divers points de vue
adoptés tour à tour
par le narrateur (voir
p. 322) de ce récit.**
2. **Relever tous les
termes qui montrent la**
« naïveté » du jeune
paysan.
3. **Qu'est-ce qui rend
cette naïveté plus
efficace que l'exercice
codé de la « galante-
rie » (voir p. 322) ?**

ARLEQUIN POLI PAR L'AMOUR (1720). C'est la découverte
de l'amour qui vient illuminer Arlequin dans cette première comédie parisienne de Marivaux. On y voit une
fée séduite par la figure d'Arlequin — qui est pourtant
un garçon niais, balourd et puéril — et prête à trahir
pour lui l'amour qu'elle portait à l'enchanteur Merlin. La
rencontre de la bergère Silvia donne tout à coup à Arlequin des grâces et de l'esprit. Dépitée, la fée cherchera à
empêcher leur idylle, mais l'amour sera le plus fort, et
munira Arlequin et Silvia de la baguette magique qui fait
plier tous les obstacles et rend maître de son destin.

« Faisons connaissance, voulez-vous ? »

Silvia.   Que ce berger me déplaît avec son amour !
Toutes les fois qu'il me parle, je suis toute de méchante humeur. *(Et puis voyant Arlequin.)* Mais
qui est-ce qui vient là ? Ah ! mon Dieu ! le beau gar-
5   çon !

Arlequin *entre en jouant au volant ; il vient de cette façon jusqu'aux pieds de Silvia ; là, en jouant, il laisse
tomber le volant, et, en se baissant pour le ramasser, il
voit Silvia. Il demeure étonné et courbé ; petit à petit et*
10   *par secousses, il se redresse le corps ; quand il s'est entièrement redressé, il la regarde ; elle, honteuse[1], feint de
se retirer ; dans son embarras, il l'arrête, et dit :*   Vous
êtes bien pressée !

Silvia.   Je me retire, car je ne vous connais pas.

15   Arlequin.   Vous ne me connaissez pas ! tant pis ;
faisons connaissance, voulez-vous ?

Silvia, *encore honteuse.*   Je le veux bien.

Arlequin *alors s'approche d'elle et lui marque sa joie par
de petits ris[2], et dit :*   Que vous êtes jolie !

20   Silvia.   Vous êtes bien obligeant.

Arlequin.   Oh ! point ; je dis la vérité.

Silvia, *en riant un peu à son tour.*   Vous êtes bien joli
aussi, vous.

Arlequin.   Tant mieux ! Où demeurez-vous ? Je
25   vous irai voir.

---

1. Intimidée.
2. Rires.

SILVIA. Je demeure tout près ; mais il ne faut pas venir ; il vaut mieux nous voir toujours ici, parce qu'il y a un berger qui m'aime ; il serait jaloux et il nous suivrait.

30 ARLEQUIN. Ce berger-là vous aime !

SILVIA. Oui.

ARLEQUIN. Voyez donc cet impertinent ! je ne le veux pas, moi. Est-ce que vous l'aimez, vous ?

SILVIA. Non, je n'en ai jamais pu venir à bout[1].

35 ARLEQUIN. C'est bien fait[2] ; il faut n'aimer personne que nous deux ; voyez si vous le pouvez.

SILVIA. Oh ! de reste[3] ; je ne trouve rien de si aisé.

ARLEQUIN. Tout de bon ?

SILVIA. Oh ! je ne mens jamais. Mais où demeurez-
40 vous aussi ?

ARLEQUIN POLI PAR L'AMOUR, *1720,*
scène 5.

Guide de lecture
....

I. **Quel rôle joue la longue didascalie (voir p. 322) de la deuxième réplique ?**

2. **Comment se marque précisément la nouvelle assurance d'Arlequin ?**

3. **À quoi tient le charme de cette scène ?**

----

1. Je ne suis jamais parvenue à l'aimer, malgré mes efforts.
2. C'est bien, parfait (sans nuance de vengeance).
3. S'il n'y a que cela.

L'ÎLE DES ESCLAVES (1725). Le personnage d'Arlequin,
présent dans treize des comédies de Marivaux, y subit
toutes sortes de transformations auxquelles le prédis-
posait le type de la commedia dell'arte (voir p. 322)
que les Italiens avaient légué à la France. Ici, il est le
valet d'un noble seigneur grec, jeté avec lui par un naufrage sur une île de la Méditerranée.

« Nous sommes dans l'île des Esclaves »

IPHICRATE, *après avoir soupiré.* Arlequin !

ARLEQUIN, *avec une bouteille de vin qu'il a à sa cein-
ture.* Mon patron !

IPHICRATE. Que deviendrons-nous dans cette île ?

5 ARLEQUIN. Nous deviendrons maigres, étiques[1], et
puis morts de faim ; voilà mon sentiment et notre
histoire.

IPHICRATE. Nous sommes seuls échappés du naufrage ; tous nos camarades ont péri, et j'envie main-
10 tenant leur sort.

ARLEQUIN. Hélas ! ils sont noyés dans la mer, et
nous avons la même commodité[2].

IPHICRATE. Dis-moi ; quand notre vaisseau s'est
brisé contre le rocher, quelques-uns des nôtres ont
15 eu le temps de se jeter dans la chaloupe ; il est vrai
que les vagues l'ont enveloppée : je ne sais ce qu'elle
est devenue ; mais peut-être auront-ils eu le bon-

---

1. Très maigres, décharnés.
2. Rien ne nous empêche de nous noyer aussi.

heur d'aborder en quelque endroit de l'île et je suis d'avis que nous les cherchions.

20 ARLEQUIN.   Cherchons, il n'y a point de mal à cela ; mais reposons-nous auparavant pour boire un petit coup d'eau-de-vie[1]. J'ai sauvé ma pauvre bouteille, la voilà ; j'en boirai les deux tiers, comme de raison, et puis je vous donnerai le reste.

25 IPHICRATE.   Eh ! ne perdons point de temps ; suis-moi : ne négligeons rien pour nous tirer d'ici[2]. Si je ne me sauve[3], je suis perdu ; je ne reverrai jamais Athènes, car nous sommes dans l'île des Esclaves.

ARLEQUIN.   Oh ! oh ! qu'est-ce que c'est que cette
30 race-là ?

IPHICRATE.   Ce sont des esclaves de la Grèce révoltés contre leurs maîtres, et qui depuis cent ans sont venus s'établir dans une île, et je crois que c'est ici : tiens, voici sans doute quelques-unes de leurs
35 cases ; et leur coutume, mon cher Arlequin, est de tuer tous les maîtres qu'ils rencontrent, ou de les jeter dans l'esclavage.

ARLEQUIN.   Eh ! chaque pays a sa coutume, ils tuent les maîtres, à la bonne heure ; je l'ai entendu dire
40 aussi ; mais on dit qu'ils ne font rien aux esclaves comme moi.

IPHICRATE.   Cela est vrai.

ARLEQUIN.   Eh ! encore vit-on[4].

---

1. Toute boisson alcoolisée. Ici, il s'agit de vin.
2. Nous en aller (terme alors sans vulgarité).
3. M'éloigne.
4. Ce n'est déjà pas mal d'être en vie.

IPHICRATE.   Mais je suis en danger de perdre la li-
45   berté et peut-être la vie : Arlequin, cela ne suffit-il
pas pour me plaindre ?

ARLEQUIN, *prenant sa bouteille pour boire.*   Ah ! je vous
plains de tout mon cœur, cela est juste.

L'ÎLE DES ESCLAVES, *1725,*
scène première.

Guide de lecture
....

1. **Préciser la valeur,**
à la fois comique et
philosophique, de la
disponibilité d'Arlequin
devant la situation
nouvelle, en contraste
avec l'inquiétude fébrile
d'Iphicrate.
2. **La bouteille de vin,**
accessoire traditionnel
d'Arlequin, ne prend-
elle pas ici une fonction
et une signification
nouvelles ? Pourquoi ?
3. **Naufrage, île,**
Grèce... : commenter
l'aspect romanesque
de ce début de pièce
de théâtre.

LA COLONIE (1750).   D'une île à l'autre... Dans celle-ci,
où se sont retrouvés loin de leur patrie des gens de
toutes conditions, une femme noble, Arthénice, et une
femme d'artisan, Mme Sorbin, prennent la tête d'une
sorte de révolution : les femmes veulent changer
l'ordre ancestral qui les subordonne aux hommes.
Pour se préparer à une lutte de libération qui promet
de ne pas être simple, et pas seulement à cause de la
résistance masculine, elles s'échauffent mutuellement
dans cette scène, passant en revue les motifs de leur

indignation et les décisions qui s'imposent : parmi celles-ci, le refus de participer désormais au jeu des « agréables passions », c'est-à-dire ici de la galanterie (voir p. 322).

« Je fais vœu d'être laide… »

ARTHÉNICE. Il est vrai qu'on[1] nous traite de charmantes, que nous sommes des astres, qu'on nous distribue des teints de lis et de roses, qu'on nous chante dans les vers, où le soleil insulté pâlit de
5 honte à notre aspect[2], et comme vous voyez, cela est considérable ; et puis les transports[3], les extases, les désespoirs dont on nous régale, quand il nous plaît.
MADAME SORBIN. Vraiment, c'est de la friandise qu'on donne à ces enfants.
10 UNE AUTRE FEMME. Friandise, dont il y a plus de six mille ans que nous vivons.
ARTHÉNICE. Et qu'en arrive-t-il ? que par simplicité[4] nous nous entêtons du vil honneur de leur plaire, et que nous nous amusons bonnement à être co-
15 quettes, car nous le sommes, il en faut convenir.
UNE FEMME. Est-ce notre faute ? Nous n'avons que cela à faire.
ARTHÉNICE. Sans doute ; mais ce qu'il y a d'admirable, c'est que la supériorité de notre âme est si

---

1. Les hommes.
2. Apparition.
3. Violents élans du cœur.
4. Naïveté, bêtise (même sens pour « bonnement »).

20 invincible, si opiniâtre, qu'elle résiste à tout ce que
je dis là, c'est qu'elle éclate et perce encore à travers
cet avilissement où nous tombons ; nous sommes
coquettes, d'accord, mais notre coquetterie même
est un prodige.

25 UNE FEMME. Oh ! tout ce qui part de nous est parfait.

ARTHÉNICE. Quand je songe à tout le génie, toute la
sagacité, toute l'intelligence que chacune de nous y
met en se jouant[1], et que nous ne pouvons mettre
30 que là, cela est immense ; il y entre plus de profondeur d'esprit qu'il n'en faudrait pour gouverner
deux mondes comme le nôtre, et tant d'esprit est en
pure perte.

MADAME SORBIN, *en colère.* Ce monde-ci n'y gagne
35 rien ; voilà ce qu'il faut pleurer[2].

ARTHÉNICE. Tant d'esprit n'aboutit qu'à renverser
de petites cervelles qui ne sauraient le soutenir[3], et
qu'à nous procurer de sots compliments, que leurs
vices et leur démence, et non pas leur raison, nous
40 prodiguent ; leur raison ne nous a jamais dit que des
injures.

MADAME SORBIN. Allons, point de quartier ; je fais
vœu d'être laide, et notre première ordonnance sera
que nous tâchions de l'être toutes. *(À Arthénice.)*
45 N'est-ce pas, camarade ?

ARTHÉNICE. J'y consens.

---

1. Avec facilité.
2. Déplorer.
3. Lutter à armes égales, être à la hauteur (il s'agit des hommes).

UNE DES FEMMES.   D'être laides ? Il me paraît à moi
que c'est prendre à gauche[1].

UNE AUTRE FEMME.   Je ne serai jamais de cet avis-là,
non plus.

UNE AUTRE FEMME.   Eh ! mais qui est-ce qui pourrait
en être ? Quoi ! s'enlaidir exprès pour se venger des
hommes ? Eh ! tout au contraire, embellissons-nous,
s'il est possible, afin qu'ils nous regrettent davantage.

UNE AUTRE FEMME.   Oui, afin qu'ils soupirent plus
que jamais à nos genoux, et qu'ils meurent de douleur de se voir rebutés[2] ; voilà ce qu'on appelle une
indignation de bon sens, et vous êtes dans le faux,
Madame Sorbin, tout à fait dans le faux.

LA COLONIE, *1750,*
scène 9.

Guide de lecture

1. **Pourquoi la proposi-
tion que fait Madame
Sorbin à la fin, et qui
est bien dans la logique
du discours d'Arthé-
nice, brise-t-elle la belle
unanimité du début ?
2. N'y a-t-il pas, dans
les interventions qui
interrompent le dis-
cours d'Arthénice, et** dans ce discours même,
des éléments qui jettent
un doute sur la pureté
de la cause qui est
défendue et sur ses
chances de succès ?
**3. Peut-on dire que
cette scène est anti-
féministe ? Pourquoi ?**

---

1. Prendre la chose de travers, par un mauvais angle.

2. Repoussés.

Le Jeu de l'amour et du hasard (1730). Plus de fées, plus d'îles lointaines : avec cette pièce, nous sommes dans une bonne famille de Paris. Silvia a obtenu de son père la permission de recevoir le mari qu'on lui destine (Dorante) déguisée en Lisette, sa servante, pour pouvoir l'observer avant de l'accepter. Or Dorante a eu la même idée, et se présente déguisé en valet, sous le nom de Bourguignon, cependant que son vrai valet, Arlequin, doit jouer son propre rôle. Par taquinerie, le père et le frère de Silvia, avertis du double déguisement, insistent pour destiner l'un à l'autre celui qui se fait passer pour le valet Bourguignon et celle qui se fait passer pour la servante Lisette. Bourguignon (Dorante) entre dans le jeu, et fait sa cour à celle vers laquelle il se sent attiré, toute servante qu'elle est (croit-il), cependant que Lisette (Silvia) résiste, ne pouvant aimer un valet (croit-elle)... vers lequel elle se sent pourtant elle aussi attirée.

« Je t'en prie, changeons d'entretien »

Silvia, *à part.* [...] Bourguignon, je ne saurais me fâcher des discours que tu[1] me tiens ; mais, je t'en prie, changeons d'entretien ; venons à ton maître ; tu peux te passer de me parler d'amour, je pense ?

5 Dorante. Tu pourrais bien te passer de m'en faire sentir, toi.

---

1. Le tutoiement est d'usage entre valet et servante.

SILVIA.   Aïe ! je me fâcherai ; tu m'impatientes. Encore une fois, laisse là ton amour.

DORANTE.   Quitte donc ta figure.

10   SILVIA, *à part.*   À la fin, je crois qu'il m'amuse[1]...
(Haut.) Eh bien, Bourguignon, tu ne veux donc pas
finir ? faudra-t-il que je te quitte ? *(À part.)* Je devrais
l'avoir fait.

DORANTE.   Attends, Lisette, je voulais moi-même te
15   parler d'autre chose ; mais je ne sais plus ce que
c'est.

SILVIA.   J'avais de mon côté quelque chose à te dire ;
mais tu m'as fait perdre mes idées aussi, à moi.

DORANTE.   Je me rappelle de t'avoir demandé si ta
20   maîtresse te valait.

SILVIA.   Tu reviens à ton chemin par un détour ;
adieu.

DORANTE.   Eh ! non, te dis-je, Lisette ; il ne s'agit ici
que de mon maître.

25   SILVIA.   Eh bien, soit ! je voulais te parler de lui
aussi, et j'espère que tu voudras bien me dire confi-
demment[2] ce qu'il est ; ton attachement pour lui
m'en donne bonne opinion ; il faut qu'il ait du mérite, puisque tu le sers.

30   DORANTE.   Tu me permettras peut-être de te remer-
cier de ce que tu me dis là, par exemple ?

SILVIA.   Veux-tu bien ne prendre pas garde à l'im-
prudence que j'ai eue de le dire ?

---

1. Se moque de moi, plaisante avec moi (mais de façon agréable).
2. En confidence, sincèrement.

DORANTE.   Voilà encore de ces réponses qui m'em-
35 portent[1]. Fais comme tu voudras, je n'y résiste
point, et je suis bien malheureux de me trouver arrêté par tout ce qu'il y a de plus aimable au monde.

SILVIA.   Et moi, je voudrais bien savoir comment il
se fait que j'ai la bonté de t'écouter, car assurément,
40 cela est singulier.

DORANTE.   Tu as raison, notre aventure est unique.

LE JEU DE L'AMOUR ET DU HASARD, *1730,*
acte I, scène 7.

---

1. Me ravissent, me mettent hors de moi d'admiration et d'enthousiasme.

Guide de lecture
....

I. **Parler des maîtres,**
est-ce « changer d'en-
tretien » ? Pourquoi ?
2. **Montrer comment**
Silvia ne cesse de don-
ner des armes à celui
qui la courtise.

3. **Trouver ici quelques**
exemples d'une des
composantes du « mari-
vaudage » : le jeu sur les
mots, et avec les mots.

LA DISPUTE (1744).   Le côté expérimental de Marivaux
trouve son accomplissement dans cette pièce, l'une des
dernières. Pour savoir si l'inconstance en amour est
plutôt une conduite masculine ou féminine, un prince a
fait élever à l'écart de toute société (à l'exception d'un
couple de serviteurs noirs, Mesrou et Carise) deux
garçons et deux filles. La pièce se réduit à les mettre
tour à tour en présence l'un de l'autre, pour observer
leur comportement, et en déduire celui des humains,

dans « le premier âge du monde ». Églé tombe d'abord amoureuse d'Azor qu'elle rencontre, cependant qu'Adine et Mesrin, mis en présence l'un de l'autre, s'aiment. Mais un instinct de jalousie s'éveille entre Églé et Adine, et une ombre de rivalité sépare Azor et Mesrin. Dans cet extrait, Églé et Mesrin se jettent délibérément dans l'infidélité, ce qui amènera la conclusion suivante : « Les deux sexes n'ont rien à se reprocher : vices et vertus, tout est égal entre eux. »

« Mesrin, venez que je vous aime »

MESROU, *de loin, voulant retenir Mesrin, qui se dégage.* Il s'échappe de moi, il veut être inconstant ; empêchez-le d'approcher.

CARISE, *à Mesrin.* N'avancez pas.

5 MESRIN. Pourquoi ?

CARISE. C'est que je vous le défends ; Mesrou et moi, nous devons avoir quelque autorité sur vous ; nous sommes vos maîtres.

MESRIN, *se révoltant.* Mes maîtres ? Qu'est-ce que 10 c'est qu'un maître ?

CARISE. Eh bien ! je ne vous le commande plus, je vous en prie, et la belle Églé joint sa prière à la mienne.

ÉGLÉ. Moi ! point du tout, je ne joins point de 15 prière.

CARISE, *à Églé, à part.* Retirons-nous ; vous n'êtes pas encore sûre qu'il vous aime.

ÉGLÉ. Oh ! je n'espère pas le contraire ; il n'y a qu'à lui demander ce qui en est. Que souhaitez-vous, le
20 joli camarade ?

MESRIN. Vous voir, vous contempler, vous admirer, vous appeler « mon âme ».

ÉGLÉ. Vous voyez bien qu'il parle de son âme ; est-ce que vous m'aimez ?

25 MESRIN. Comme un perdu.

ÉGLÉ. Ne l'avais-je pas bien dit ?

MESRIN. M'aimez-vous aussi ?

ÉGLÉ. Je voudrais bien m'en dispenser si je le pouvais, à cause d'Azor qui compte sur moi.

30 MESROU. Mesrin, imitez Églé ; ne soyez point infidèle.

ÉGLÉ. Mesrin ! l'homme s'appelle Mesrin !

MESRIN. Eh ! oui.

ÉGLÉ. L'ami d'Adine ?

35 MESRIN. C'est moi qui l'étais, et qui n'ai plus besoin de son portrait.

ÉGLÉ *le prend.* Son portrait et l'ami d'Adine ! il a encore ce mérite-là ; ah ! ah ! Carise, voilà trop de qualités, il n'y a pas moyen de résister ; Mesrin, venez
40 que je vous aime.

LA DISPUTE, *1744,*
scène 16.

Guide de lecture
....

1. Quels obstacles précis les deux jeunes gens bousculent-ils tour à tour ?

2. Expliquer pourquoi exactement les révélations finales emportent la décision d'Églé.

PRÉVOST *(1697-1763)*

∙∙

UNE VIE MOUVEMENTÉE. Antoine François Prévost d'Exiles, dit l'abbé Prévost, né à Hesdin en Artois, mène une vie aussi tourmentée et romanesque que celle des nombreux héros qu'il invente. Novice chez les jésuites, il les abandonne (1717) ; engagé dans l'armée, il déserte (1719) ; entré dans l'ordre des Bénédictins, il le quitte en « faisant le mur » de l'abbaye de Saint-Germain-des-Prés (1728). Réfugié à Londres, il se fait un moment anglican (fidèle de la religion protestante anglaise), séduit la fille de son protecteur et doit fuir en Hollande (1730). Le succès de ses premières œuvres romanesques ne le stabilise pas. Un amour fou pour une aventurière, « Lenki », l'entraîne dans une vie dissipée et dispendieuse. Poursuivi pour dettes, incarcéré pour faux, accusé d'abandon volontaire de sa religion (apostasie), il invente mille ruses pour garantir sa liberté. À Londres, il publie un journal, le *Pour et Contre* (1733-1740), qui lui permet de se faire de riches relations, parfois orageuses, comme celle qu'il entretient avec Voltaire.

En 1742 enfin, sa rupture avec Lenki, sa réconciliation avec les bénédictins et avec sa famille lui procurent une vie plus calme, entièrement consacrée à l'écriture. De 1745 à 1760, il assure l'édition française de l'*Histoire générale des voyages,* qui comprendra quinze volumes de traductions de l'anglais et d'adaptations de tous les grands textes de voyageurs. Lui-même donne des traductions des grand auteurs anglais du temps (Hume, Richardson, Sheridan), et meurt d'apoplexie près de

Chantilly où il s'était retiré avec Mme de Genty, la « gentille veuve » (qui restera activement fidèle à sa mémoire jusqu'en 1791), et où il se livrait à un travail harassant d'édition.

LES ROMANS DE PRÉVOST.

1728-1731. *Mémoires et aventures d'un homme de qualité.*

1731. *Histoire du chevalier des Grieux et de Manon Lescaut* (morceau du précédent, ensuite détaché).

1731-1739. *Histoire de W. Cleveland, fils naturel de Cromwell, écrite par lui-même, ou le Philosophe anglais.*

1735-1740. *Le Doyen de Killerine.*

1740. *Histoire d'une Grecque moderne.*

1741. *Mémoires pour servir à l'histoire de Malte ou la Jeunesse du Commandeur. Campagnes philosophiques ou Mémoires de M. de Montcal.*

1744. *les Voyages du capitaine Robert Lade.*

1745. *Mémoires d'un honnête homme.*

Le premier roman de Prévost, *Mémoires et aventures d'un homme de qualité,* donne la parole à cet homme, le marquis de Renoncour, qui raconte longuement les péripéties d'une vie fertile en voyages, en amours, en rencontres. L'une de ces rencontres est celle qu'il fait du chevalier des Grieux, à qui il porte assistance. L'état pitoyable dans lequel il retrouve ce jeune homme, quelques mois après, pousse Renoncour à lui demander de raconter sa propre histoire : c'est ainsi que commence *Manon Lescaut,* petit roman dans le grand. On y retrouve, mais concentrés et enlevés sur un rythme allègre, les mêmes thèmes, qu'on retrouvera aussi, avec bien des variations, dans les romans ultérieurs : la force irrépressible et lumineuse de la passion amoureuse, les obstacles extérieurs qu'elle rencontre dans les conventions sociales et les interdits religieux, les obstacles intérieurs provoqués par le mystère que chacun des sexes oppose incessamment à l'autre, la perplexité devant ce que décide la destinée — appelée tantôt « l'Étoile », tantôt « le Ciel » ou « la Providence ».

Histoire du chevalier des Grieux et de Manon Lescaut (1731). Jeune homme promis à l'ordre de Malte (ordre religieux, militaire et hospitalier), le chevalier des Grieux, après de brillantes études, rencontre à Amiens jeune femme que ses parents destinent au couvent. Un amour si violent et si soudain les saisit tous deux qu'ils s'enfuient ensemble, s'installent à Paris où ils mènent une vie clandestine et joyeuse. L'argent venant à manquer, Manon cède aux avances de M. de B., riche financier, en écrivant à son amant qu'elle ne l'en aime pas moins. Sur les instances de son entourage, il entre au séminaire de Saint-Sulpice. Deux ans se passent, au terme desquels il soutient brillamment ses examens de fin d'études théologiques.

« L'air de l'amour même... »

J e retournai à Saint-Sulpice, couvert de gloire et chargé de compliments. Il était six heures du soir. On vint m'avertir, un moment après mon retour, qu'une dame demandait à me voir. J'allai au parloir
5 sur-le-champ. Dieux ! quelle apparition surpre-

nante ! j'y trouvai Manon. C'était elle, mais plus aimable et plus brillante que je ne l'avais jamais vue.
Elle était dans sa dix-huitième année. Ses charmes
surpassaient tout ce qu'on peut décrire. C'était un
10 air si fin, si doux, si engageant, l'air de l'Amour
même. Toute sa figure[1] me parut un enchantement.

Je demeurai interdit à sa vue, et ne pouvant conjec-
turer[2] quel était le dessein de cette visite, j'attendais,
les yeux baissés et avec tremblement, qu'elle s'ex-
15 pliquât. Son embarras fut, pendant quelque temps,
égal au mien, mais, voyant que mon silence continuait, elle mit la main devant ses yeux, pour cacher
quelques larmes. Elle me dit, d'un ton timide,
qu'elle confessait que son infidélité méritait ma
20 haine ; mais que, s'il était vrai que j'eusse jamais eu
quelque tendresse pour elle, il y avait eu, aussi, bien
de la dureté à laisser passer deux ans sans prendre
soin de m'informer de son sort, et qu'il y en avait
beaucoup encore à la voir dans l'état où elle était en
25 ma présence, sans lui dire une parole. Le désordre
de mon âme, en l'écoutant, ne saurait être exprimé.

Elle s'assit. Je demeurai debout, le corps à demi
tourné, n'osant l'envisager[3] directement. Je
commençai plusieurs fois une réponse, que je n'eus
30 pas la force d'achever. Enfin, je fis un effort pour
m'écrier douloureusement : Perfide Manon ! Ah !
perfide ! perfide ! Elle me répéta, en pleurant à

---

1. Aspect général, visage compris.
2. Deviner.
3. Tourner les yeux vers son visage.

chaudes larmes, qu'elle ne prétendait point justifier sa perfidie. Que prétendez-vous donc ? m'écriai-je

35 encore. Je prétends mourir, répondit-elle, si vous ne me rendez votre cœur, sans lequel il est impossible que je vive. Demande donc ma vie, infidèle ! repris-je en versant moi-même des pleurs, que je m'efforçai en vain de retenir. Demande ma vie, qui est

40 l'unique chose qui me reste à te sacrifier ; car mon cœur n'a jamais cessé d'être à toi. À peine eus-je achevé ces derniers mots, qu'elle se leva avec transport[1] pour venir m'embrasser.

HISTOIRE DU CHEVALIER DES GRIEUX ET DE MANON LESCAUT, *1731*,
Première partie.

---

1. Avec les signes d'une violente agitation (ici sous l'effet de la joie).

Guide de lecture

....

1. Préciser les causes du trouble de des Grieux, à chacun des trois stades de cette entrevue inattendue.

2. Comment se manifeste ce trouble, à chaque fois (signes extérieurs, état intérieur, paroles) ?

Ressaisi par une passion invincible, le chevalier pardonne. Nouvelle fuite, nouvelle vie clandestine, nouveaux soucis d'argent, que des Grieux cherche à dissiper en trichant au jeu, et Manon en acceptant une nouvelle fois d'être entretenue par un riche vieillard, puis par son fils. Une tentative d'escroquerie envers ces protecteurs fait enfermer des Grieux et mène aussi Manon en prison, où on la traite comme une prostituée et d'où on la déporte en Amérique. Le chevalier suit le convoi qui l'emmène au Havre, tente en vain de la délivrer, s'embarque avec elle, et, en Louisiane, tue le neveu du gouverneur qui avait des vues sur Manon. Ils doivent fuir, et c'est dans la solitude d'un désert américain que Manon, épuisée, expire. L'extrait qui suit représente à la fois une fin et un début, puisque c'est dans la vision inoubliable des derniers instants de Manon que des Grieux raconte toute leur histoire, que cet épisode conclut à peu près.

« Je la perdis »

P ardonnez, si j'achève en peu de mots un récit qui me tue[1]. Je vous raconte un malheur qui n'eut jamais d'exemple. Toute ma vie est destinée à le pleurer. Mais, quoique je le porte sans cesse dans
5 ma mémoire, mon âme semble reculer d'horreur, chaque fois que j'entreprends de l'exprimer.

Nous avions passé tranquillement une partie de la nuit. Je croyais ma chère maîtresse endormie et je n'osais pousser le moindre souffle, dans la crainte
10 de troubler son sommeil. Je m'aperçus dès le point du jour, en touchant ses mains, qu'elle les avait froides et tremblantes. Je les approchai de mon sein[2], pour les échauffer. Elle sentit ce mouvement, et, faisant un effort pour saisir les miennes, elle me

---

1. Des Grieux s'adresse à Renoncour, à qui il raconte son histoire.
2. De ma poitrine.

15 dit, d'une voix faible, qu'elle se croyait à sa dernière heure. Je ne pris d'abord ce discours[1] que pour un langage ordinaire dans l'infortune, et je n'y répondis que par les tendres consolations de l'amour. Mais, ses soupirs fréquents, son silence à mes interroga-
20 tions, le serrement de ses mains, dans lesquelles elle continuait de tenir les miennes me firent connaître que la fin de ses malheurs approchait. N'exigez point de moi que je vous décrive mes sentiments, ni que je vous rapporte ses dernières expressions. Je la
25 perdis ; je reçus d'elle des marques d'amour, au moment même qu'elle expirait. C'est tout ce que j'ai la force de vous apprendre de ce fatal[2] et déplorable[3] événement.

Mon âme ne suivit pas la sienne. Le Ciel ne me
30 trouva point, sans doute, assez rigoureusement puni. Il a voulu que j'aie traîné, depuis, une vie languissante et misérable. Je renonce volontairement à la mener jamais plus heureuse.

HISTOIRE DU CHEVALIER DES GRIEUX ET DE MANON LESCAUT, *1731,*
Deuxième partie.

Guide de lecture

1. Quelle dimension le premier et le dernier paragraphe de cet extrait donnent-ils au « fatal et déplorable événement » ?

2. À quoi tient le caractère pathétique de cette mort douce ?

3. Expliquer l'écho : « il a voulu »/« volontairement » (l. 31 et 32).

---

1. Cette formule, cette façon de s'exprimer.
2. Commandé par un destin meurtrier (sens fort).
3. Qui fait couler des larmes douloureuses (sens fort).

HISTOIRE D'UNE GRECQUE MODERNE (1740). La
« Grecque moderne », Théophé, ne ressemble certes
pas à Manon, sinon par sa beauté, son attrait, son
mystère. Le narrateur raconte l'histoire qui lui est arrivée dans les derniers temps de son ambassade à
Constantinople. Visitant le harem d'un bacha (digni-
taire musulman) de ses amis, il y remarque une jeune
Grecque qui lui paraît mériter un meilleur sort, la ra-
chète au bacha au nom des valeurs occidentales de liberté et de vertu, et lui enseigne ces valeurs au point
de lui faire concevoir un autre idéal de vie que celui qui
en a fait une courtisane. La jeune Théophé entre si bien
dans ces vues et les adopte avec une sagesse si charmante qu'il ne tarde pas à éprouver pour elle une admiration qui le mène bientôt au désir amoureux. Elle le
refuse, au nom même de ce qu'il lui a enseigné, et veut
lui conserver la qualité de bienfaiteur et de second
père. Commence alors pour lui une longue épreuve,
où, alternativement, il accepte la simple amitié protectrice et il sent renaître son désir de possession charnelle. Mille aventures, au cours desquelles Théophé est
courtisée par un grand nombre d'hommes, renou-
vellent les occasions de ses doutes, les tourments de sa
jalousie, les projections de son désir. Il vivra de nombreuses années auprès d'elle sans avoir pu jamais
résoudre l'énigme quasi policière (Théophé a-t-elle ou
non eu des amants ?), ni surtout percer le mystère de
l'intériorité féminine.

Après deux ans de ces épreuves, le narrateur est
résolu à lui demander de l'épouser. Elle répète les
motifs qu'elle a de refuser. Anéanti, il se retire dans son

appartement. L'extrait qui suit détaille les divers mouvements qui l'agitent alors, et décrit l'incertitude où il est encore, au moment où il écrit son histoire.

« Comme une femme unique... »

J' y passai plus de deux heures, qui ne furent pour moi qu'un instant. Que de réflexions amères et que de violentes agitations ! Mais elles aboutirent enfin à me faire reprendre le parti dont je m'étais
5   écarté[1]. Je demeurai convaincu que le cœur de Théophé était à l'épreuve de tous les efforts des hommes, et soit caractère naturel, soit vertu acquise par ses études et par ses méditations, je la regardai comme une femme unique, dont la conduite et les
10 principes devaient être proposés à l'imitation de son sexe et du nôtre. La confusion qui me restait de son refus me devint facile à dissiper lorsque je me fus arrêté invariablement à cette résolution. Je voulus même me faire un mérite auprès d'elle d'être entré si
15 promptement dans ses vues. Je la rejoignis dans son cabinet[2], et lui déclarant que je me rendais à la force de ses exemples, je lui promis de me borner aussi longtemps qu'elle le souhaiterait à la qualité du plus tendre et du plus ardent de ses amis. Que cette pro-
20 messe était combattue néanmoins par les mouve-
ments de mon cœur, et que sa présence était propre

1. Celui de rester son ami, sans liaison charnelle.
2. Petite pièce de son appartement privé.

à me faire rétracter ce que j'avais reconnu juste et
indispensable dans un moment de solitude ! Si
l'idée que j'ai à donner d'elle dans la suite de ces
25   mémoires ne répond pas à celle qu'on en a dû
prendre jusqu'ici sur des épreuves si glorieuses pour
sa vertu, n'ai-je point à craindre que ce ne soit de
mon témoignage qu'on se défie, et qu'on n'aime
mieux me soupçonner de quelque noir sentiment de
30   jalousie qui aurait été capable d'altérer mes propres
dispositions, que de s'imaginer qu'une fille si confir-
mée dans la vertu ait pu perdre quelque chose de
cette sagesse que j'ai pris plaisir jusqu'à présent à
faire admirer ? Quelque opinion qu'on en puisse
35   prendre, je ne fais cette question que pour avoir occasion de répondre qu'on me trouvera aussi sincère
dans mes doutes et dans mes soupçons que je l'ai
été dans mes éloges, et qu'après avoir rapporté ingé-
nument [1] des faits qui m'ont jeté moi-même dans les
40   dernières incertitudes, c'est au lecteur que j'en veux
laisser le jugement.

HISTOIRE D'UNE GRECQUE MODERNE, *1740,*
livre second.

Guide de lecture
....

1. **Comment le texte
rend-il la solidité et la
fragilité du « parti » que
le héros décide de
reprendre ?
2. Analyser la longue**

phrase « labyrinthe »
des lignes 23 à 34.
3. **Étudier l'habileté et
la modernité de cet
appel final au jugement
du lecteur.**

---

1. Sans préjugé ni calcul, sincèrement.

CRÉBILLON FILS   *(1707-1777)*

CLAUDE PROSPER JOLYOT DE CRÉBILLON.   Il est dit Crébillon fils, ayant en effet pour père le dramaturge Crébillon (1674-1762), avec lequel il entretient de bonnes relations, malgré la différence de leur inspiration. Il se rend célèbre par des contes très licencieux (*l'Écumoire ou Tanzaï et Néadarné,* 1734 ; *le Sopha,* 1740), qui lui valent la prison, puis cinq années d'exil, mais obtiennent un énorme succès dans le public. On leur préfère aujourd'hui d'autres textes, courts récits-Mémoires comme *les Égarements du cœur et de l'esprit* (1736-1738), ou dialogues comme *la Nuit et le moment* (publié en 1755) et *le Hasard du coin du feu* (publié en 1763), où l'érotisme est plus raffiné, plus pervers aussi, en ce qu'il entrelace impudemment le ton d'une analyse scientifique objective des comportements amoureux et la mauvaise foi parfaitement de mise dans la stratégie du discours de séduction et de conquête. Crébillon fils mène pourtant une vie très rangée, et est même, comme son père, censeur de la librairie, c'est-à-dire chargé d'accepter ou de refuser la publication des ouvrages proposés.

L'ÉCUMOIRE OU TANZAÏ ET NÉADARNÉ (1734).   Dans ce conte, l'auteur mêle l'exotisme (l'histoire est « japonaise ») et la féerie à une satire d'actualité (on y reconnaît le cardinal Dubois, la bulle *Unigenitus* — voir p. 10 —, le style de Marivaux), et surtout à une grivoiserie dont un langage châtié ne peut entièrement dissimuler la verdeur. Pourquoi la dissimulerait-il, d'ailleurs ? Toute l'époque raffole de ce mélange troublant des allusions les plus grossières aux réalités charnelles, et des exquises politesses dont on les entoure.

Le prince Tanzaï a reçu de la fée Barbacela une écumoire, et une puissance sexuelle hors du commun. Lors de sa nuit de noces avec Néadarné, cette puissance lui fait soudain et durablement défaut. Néadarné croit trouver un moyen de sortir de cet embarras.

« Le funeste présent de Barbacela »

« L a fée, en vous donnant l'écumoire, a sans doute eu ses raisons : un présent de cette nature serait trop ridicule, si elle ne lui avait pas attaché une vertu particulière. Ce qui vous arrive, est
5   l'effet de la colère de l'infernale Concombre [1]. Je suis sûre que l'écumoire, convenablement appliquée, détruirait l'enchantement.

— Puissent les dieux, s'écria Tanzaï, vous payer de ce conseil ! que vous êtes heureuse d'avoir dans
10   une si grande calamité l'esprit aussi présent ! » Il courut alors avec empressement détacher l'écumoire, et se frottant de toute sa force, il demanda à la princesse si rien ne s'offrait à ses regards. Dans l'instant qu'elle lui répondait non, le prince voulant
15   continuer le frottement, trouva l'écumoire immo-

---

1. Autre fée, mauvaise, celle-là, au nom évocateur.

bile ; elle s'était incrustée dans sa peau, et nuls efforts ne purent l'en arracher. De sorte qu'après des douleurs excessives, il fut contraint de la laisser, fort embarrassé cependant de ce qu'il en ferait, supposé qu'elle lui restât. Le jour vint enfin. Néadarné, accablée de fatigue, se laissa aller au sommeil, en exhortant le prince à en faire autant. Ses aventures l'occupaient trop pour qu'il pût profiter de ce conseil, et il employa le reste de la nuit à de vains efforts. Ce qui l'inquiétait le plus, était la façon dont il pourrait porter cette écumoire sans devenir la risée de toute la cour. Il tâcha de la plier pour la porter plus décemment : mais toutes ses forces réunies ne purent jamais la faire pencher. Si à force il l'approchait de lui, elle lui couvrait entièrement le visage ; ce qui lui était d'une incommodité insupportable. En se perdant dans ces désagréables idées, il s'endormit. La douleur et l'accablement lui procurèrent un sommeil si long que Néadarné, éveillée avant lui, eut tout le temps de contempler le funeste présent de Barbacela. Tanzaï, après avoir essayé différentes postures, s'était enfin couché sur le dos, et peu s'en fallait que dans cette situation l'écumoire ne touchât à l'impériale[1]. Elle était abîmée dans les idées que cette vue lui donnait, et doutait en elle-même si ce que le prince avait perdu valait, quoi qu'il en dît, ce qu'il venait d'acquérir.

L'ÉCUMOIRE OU TANZAÏ ET NÉADARNÉ, *1734*.

---

1. Le dais qui surmonte un lit couvert, le ciel de lit.

Guide de lecture
....

1. Analyser le caractère grotesque de la série de gags auxquels se livre le héros.

2. Suivre les métamorphoses de l'objet magique, de la première à la dernière phrase.

3. Discuter l'apparente « innocence » de Néadarné.

LES ÉGAREMENTS DU CŒUR ET DE L'ESPRIT (1738).   À côté de l'écriture du conte, genre libre par définition, Crébillon fils pratique celle du récit romanesque, dont l'action se situe cette fois dans l'époque et dans le cadre contemporains. Moins directement évocatrice, du côté érotique, cette écriture est tout aussi fondée sur les réalités brutales du désir et de la conquête, faisant alterner, non sans plaisir pervers, la naïveté et le cynisme, tant chez les hommes que chez les femmes. Dans *les Égarements du cœur et de l'esprit*, on ne sait qui, de la mûre Mme de Lursay, qui se charge de l'initiation du jeune Meilcour, ou de celui-ci, qui ne s'y prête qu'avec calcul, « possède » l'autre. Il semble que tous deux, et les autres personnages aussi, « s'égarent ». En tout cas, on verra poindre, dans l'extrait qui suit, la cruauté de l'analyse généralisante que fait un homme à propos de l'âge d'une femme.

« La dernière fantaisie d'une femme »

Une femme, quand elle est jeune, est plus sensible au plaisir d'inspirer des passions qu'à celui d'en prendre[1]. Ce qu'elle appelle tendresse n'est le plus souvent qu'un goût vif, qui la détermine plus promptement que l'amour même, l'amuse pendant quelque temps, et s'éteint sans qu'elle le sente ou le regrette. Le mérite de s'attacher un amant pour toujours ne vaut pas à ses yeux celui d'en enchaîner plusieurs. Plutôt suspendue que fixée, toujours livrée au caprice, elle songe moins à l'objet[2] qui la possède qu'à celui qu'elle voudrait qui la possédât. Elle attend toujours le plaisir, et n'en jouit jamais : elle se donne un amant, moins parce qu'elle le trouve aimable[3], que pour prouver qu'elle l'est. Souvent elle ne connaît pas mieux celui qu'elle quitte que celui qui lui succède. Peut-être si elle avait pu le garder plus longtemps, l'aurait-elle aimé ; mais est-ce sa faute si elle est infidèle ? Une jolie femme dépend bien moins d'elle-même que des circonstances ; et par malheur il s'en trouve tant, de si peu prévues, de si pressantes, qu'il n'y a point à s'étonner si, après plusieurs aventures, elle n'a connu ni l'amour, ni son cœur.

Est-elle parvenue à cet âge où ses charmes commencent à décroître, où les hommes indiffé-

1. D'en éprouver.
2. La personne, quelle qu'elle soit.
3. Digne d'être aimé.

rents pour elle lui annoncent par leur froideur que
bientôt ils ne la verront qu'avec dégoût, elle songe à
prévenir[1] la solitude qui l'attend. Sûre autrefois
qu'en changeant d'amants, elle ne changeait que de
30 plaisirs ; trop heureuse alors de conserver le seul
qu'elle possède, ce que lui a coûté sa conquête la lui
rend précieuse. Constante par la perte qu'elle ferait
à ne l'être pas, son cœur peu à peu s'accoutume au
sentiment. Forcée par la bienséance d'éviter tout ce
35 qui aidait à la dissiper et à la corrompre, elle a besoin
pour ne pas tomber dans la langueur de se livrer tout
entière à l'amour, qui, n'étant[2] dans sa vie passée
qu'une occupation momentanée et confondue avec
mille autres, devient alors son unique ressource :
40 elle s'y attache avec fureur ; et ce qu'on croit la dernière fantaisie d'une femme est bien souvent sa première passion.

LES ÉGAREMENTS DU CŒUR ET DE L'ESPRIT, *1738*.

Guide de lecture

1. **Comment la compa-**
raison des deux
comportements de la
femme, selon son âge,
détruit-elle *toute* possi-
bilité de déceler, chez
elle, une sincérité en
amour ?

2. **Par quels procédés**
Crébillon parvient-il
à éviter la froide
monotonie du style
de l'analyse ?
3. **Relever des éléments**
qui donnent à ce texte
une forme de cruauté.

---

1. Éviter (en prenant des précautions).
2. Alors qu'il n'était.

VOLTAIRE   *(1694-1778)*

La biographie de Voltaire ne se présente pas comme les autres. D'abord parce que son activité d'écrivain, s'étendant sur près de soixante-dix ans, le situe à cheval sur trois périodes du siècle (voir p. 62 et 155) ; ensuite parce que sa vie est vite devenue une conséquence de son engagement philosophique, et qu'il a lui-même aidé à sa transformation en légende.

UN ESPRIT ANTICONFORMISTE. François Marie Arouet, dit Voltaire (à partir de 1718), est né à Paris, troisième enfant d'un notaire aisé. Il fait de brillantes études chez les jésuites du collège Louis-le-Grand, qui repèrent très tôt ses dons exceptionnels. Mais c'est dans la société des joyeux poètes libertins, puis dans les salons qu'il préfère exercer son esprit non conformiste et son talent poétique. L'impertinence de ses vers contre le Régent lui vaut un premier séjour à la Bastille (1717). Il fait une entrée fracassante en littérature avec sa tragédie *Œdipe* (1718). S'ouvre alors une période très mondaine : il est reçu à la Cour, chargé des divertissements organisés pour le mariage de Louis XV (1725), pensionné par la reine, choyé des salons. Il commence, avec l'héritage paternel bien placé dans le négoce, à édifier une fortune qui deviendra considérable, et qui lui donne une parfaite indépendance. Mais un incident vient lui rappeler qu'il n'est qu'un roturier et qu'il vit dans un monde où le préjugé aristocratique sévit encore. En 1726, le chevalier de Rohan-Chabot, qu'il s'était permis de contredire dans un salon, le fait battre à coups de bâton par ses laquais. Il veut le provoquer en duel : on l'enferme encore à la Bastille, d'où il ne peut sortir qu'à condition de partir pour l'Angleterre.

Or cet exil est pour lui une bénédiction. Il découvre le pays de la philosophie, où il reste deux ans et demi, apprend la langue, se fait de nombreuses relations. Il voit de près le fonctionnement d'un gouvernement parlementaire, d'une économie marchande et prospère, d'une société où le mérite personnel est reconnu. Il y publie une épopée en vers, *la Henriade,* et met au point les *Lettres philosophiques* ou *Lettres anglaises,* qui proposeront à la France rétrograde le modèle dynamique des Anglais. Quand il les publie en France, en 1734, elles font l'objet d'une lettre de cachet, et il n'échappe à un troisième séjour à la Bastille qu'en se réfugiant à Cirey, près de la Lorraine, pays alors indépendant où il peut fuir en cas de danger. Accueilli là par sa maîtresse, Mme du Châtelet, elle-même versée dans les sciences et la philosophie, il se livre avec elle à un abondant travail d'érudition, d'observations de physique, de vulgarisation scientifique (des systèmes de Leibniz et de Newton), et de production (théâtrale, poétique, historique).

Succès et consécration... provisoires. Le succès d'une négociation dont la cour de France l'a chargé auprès de son ami Frédéric II (roi de Prusse depuis 1740) lui vaut un retour en grâce en 1744. Il jouit de l'amitié du ministre d'Argenson, est présenté à Mme de Pompadour, est nommé historiographe de France (1745), célèbre dans un poème la victoire de Fontenoy, est élu à l'Académie française (1746), multiplie les poèmes de circonstance et les livrets d'opéra.

En 1747, nouvel orage : un mot malheureux prononcé chez la reine le rejette dans la disgrâce. C'est l'occasion de son premier conte philosophique, *Zadig*. Ne trouvant ni chez la princesse du Maine, à la cour de Sceaux, ni auprès du roi Stanislas, à celle de Lunéville, un cadre à sa mesure, désespéré par l'infidélité puis par la mort de Mme du Châtelet (1749), il accepte l'invitation que son ami Frédéric II, roi de Prusse, lui adresse depuis longtemps. Nous sommes en 1750. Voltaire, à cinquante-six ans, a derrière lui une carrière bien remplie. Six éditions de ses *Œuvres complètes* ont déjà vu le jour. Il est le grand poète national, le successeur de Racine au théâtre, le maître incontesté de l'esprit philosophique appliqué à l'histoire, à la science, à l'esthétique, à la morale. Malgré ses déboires de courtisan, sa fortune et sa gloire sont solidement assurées. Et voilà que Voltaire commence une seconde carrière, il part pour Berlin et ne reverra plus Paris avant 1778, l'année de sa mort.

Principales œuvres de Voltaire jusqu'en 1750.

1718. *Œdipe*, tragédie.

1723. *La Ligue*, poème épique qui deviendra *la Henriade* en 1728.

1730. *Ode sur la mort de Mlle Lecouvreur.*

1731. *Histoire de Charles XII.*

1732. *Zaïre*, tragédie.

1733. *Le Temple du Goût*, sorte d'art poétique en vers et en prose.

1734. *Lettres philosophiques*.

1736. *Le Mondain*, poème.

1738. *Éléments de la philosophie de Newton*, essai de vulgarisation scientifique.

1739. *Discours en vers sur l'Homme*, poèmes philosophiques.

1741. *Mahomet ou le Fanatisme*, tragédie.

1743. *Mérope*, tragédie.

1747. *Memnon*, conte philosophique qui deviendra *Zadig* en 1748.

ŒDIPE (1718). L'extrait qui suit est le dernier monologue du héros de cette tragédie. Œdipe vient d'apprendre que le roi qu'il a tué, en arrivant à Thèbes, était son père, et la reine qu'il a épousée, sa mère.

Le ton, le souffle, la musique ne sont pas inférieurs à ce qu'on trouve chez Racine, mais l'objet précis de l'émotion tragique a changé : le héros racinien se savait impuissant contre la volonté des dieux, mais il portait cette condition comme une faute, ou comme la conséquence d'une faute antérieure ; le héros voltairien ressent la même impuissance, mais sa douleur se double d'indignation.

Œdipe revendique son innocence et dénonce l'arbitraire d'une punition qu'il subit en clamant qu'elle n'est pas méritée.

« Impitoyables dieux, mes crimes sont les vôtres »

ŒDIPE, *seul.*

Le voilà donc rempli, cet oracle exécrable
Dont ma crainte a pressé l'effet inévitable[1] ;
Et je me vois enfin, par un mélange affreux,
Inceste, et parricide, et pourtant vertueux.
5   Misérable vertu, nom stérile et funeste,
Toi par qui j'ai réglé des jours que je déteste,
À mon noir ascendant[2] tu n'as pu résister :
Je tombais dans le piège en voulant l'éviter.
Un dieu plus fort que toi m'entraînait vers
                                    [le crime ;
10   Sous mes pas fugitifs il creusait un abîme ;
Et j'étais, malgré moi, dans mon aveuglement,
D'un pouvoir inconnu l'esclave et l'instrument.
Voilà tous mes forfaits, je n'en connais point
                                    [d'autres.
Impitoyables dieux, mes crimes sont les vôtres,
15   Et vous m'en punissez... Où suis-je ? Quelle nuit
Couvre d'un voile affreux la clarté qui nous luit ?
Ces murs sont teints de sang ; je vois les
                                    [Euménides[3]
Secouer leurs flambeaux vengeurs des parricides.

---

1. C'est pour éviter de tuer son père et d'épouser sa mère, comme l'avait annoncé l'oracle, qu'il avait quitté ceux qu'il prenait pour tels et était venu, « fugitif », à Thèbes.
2. À la force mauvaise qui agissait sur moi.
3. Divinités infernales qui tourmentaient, selon la mythologie grecque, ceux qui avaient tué leur père.

Le tonnerre en éclats semble fondre sur moi ;
20 L'enfer s'ouvre... Ô Laïus, ô mon père ! est-ce toi ?
Je vois, je reconnais la blessure mortelle
Que te fit dans le flanc cette main criminelle.
Punis-moi, venge-toi d'un monstre détesté,
D'un monstre qui souilla les flancs qui l'ont porté[1].
25 Approche, entraîne-moi dans les demeures
                                            [sombres,
J'irai de mon supplice épouvanter les ombres.
Viens, je te suis.

Œdipe, *1718,*
acte V, scène 4.

---

1. Allusion au deuxième crime, après le parricide : l'inceste (l'union charnelle avec sa mère).

Guide de lecture

I. Identifier tous les éléments d'une telle scène de dénouement qui sont traditionnels dans une tragédie (par exemple en comparant avec la « folie » d'Oreste, dans la dernière scène d'*Andromaque* de Racine).

2. Outre les « je » et les « moi », **relever** et analyser les différentes manières dont Œdipe se désigne lui-même.
3. Commenter la violence du vocabulaire de cette tirade.

ODE SUR LA MORT DE Mlle LECOUVREUR (1730). À l'occasion d'un fait divers de l'actualité, la mort de l'actrice Adrienne Lecouvreur, qui avait interprété les grands rôles de ses tragédies avec un naturel qu'il appréciait, Voltaire écrivit ce poème en 1730. Quoique d'une forme assez emphatique et conventionnelle, il est intéressant à bien des égards. Outre l'émotion sensible dont il témoigne chez un homme qu'on voit trop souvent comme sec et froid, il illustre le prestige du théâtre chez les gens du XVIIIᵉ siècle, leur indignation devant l'intolérance cruelle de l'Église qui excommunie les comédiens et leur refuse la sépulture, et l'appel — d'une portée politique plus large — au modèle de l'Angleterre, qui sait reconnaître et honorer les vrais talents sans discrimination.

« Tous les cœurs sont émus de ma douleur mortelle »

Que vois-je ! Quel objet ! Quoi ! ces lèvres
                        [charmantes,
Quoi ! ces yeux d'où partaient ces flammes
                        [éloquentes,
Éprouvent du trépas les livides horreurs !
Muses, Grâces, Amours, dont elle fut l'image,
5 Ô mes dieux et les siens, secourez votre ouvrage !
Que vois-je ? c'en est fait, je t'embrasse et tu
                        [meurs !
Tu meurs ; on sais déjà cette affreuse nouvelle ;
Tous les cœurs sont émus de ma douleur mortelle,
J'entends de tous côtés les beaux-arts éperdus

10　S'écrier en pleurant : « Melpomène[1] n'est plus ! »
　　　　　Que direz-vous, race future,
　　Lorsque vous apprendrez la flétrissante injure
　　Qu'à ces arts désolés font des hommes cruels ?
　　　　　Ils privent de la sépulture
15　Celle qui dans la Grèce aurait eu des autels[2]. [...]

　　Ah ! verrai-je toujours ma faible nation,
　　Incertaine en ses vœux, flétrir ce qu'elle admire,
　　Nos mœurs avec nos lois toujours se contredire,
　　Et le Français volage endormi sous l'empire
20　　　　　De la superstition ?
　　　　　Quoi ! n'est-ce donc qu'en Angleterre
　　　　　Que les mortels osent penser ?
　　Ô rivale d'Athène, ô Londre ! heureuse terre !
　　Ainsi que les tyrans[3] vous avez su chasser
25　Les préjugés honteux qui vous livraient la guerre.
　　C'est là qu'on sait tout dire et tout récompenser ; [...]

　　Et Lecouvreur à Londres aurait eu des tombeaux
　　Parmi les beaux-esprits, les rois et les héros.
　　Quiconque a des talents à Londre est un grand
　　　　　　　　　　　　　　　　　[homme ;
30　　　　　L'abondance et la liberté
　　Ont, après deux mille ans, chez vous ressuscité
　　　　　L'esprit de la Grèce et de Rome.
　　Des lauriers d'Apollon[2] dans nos stériles champs

---

1. Nom de la muse de la Tragédie, chez les Grecs.
2. Aurait été vénérée à l'égal d'un dieu.
3. Allusion à la chute de Charles Ier (1649) et à celle de Jacques II (1688).
4. Couronne attribuée, dans la société grecque, aux poètes et plus généralement aux artistes.

La feuille négligée est-elle donc flétrie ?
35   Dieux ! pourquoi mon pays n'est-il plus la patrie
Et de la gloire et des talents ?

ODE SUR LA MORT DE Mlle LECOUVREUR, 1730.

Guide de lecture
....

**1. Relever les procédés
rhétoriques dans les
sept premiers vers.
2. En quoi le vers 8
recharge-t-il d'émotion
sincère ce début de
poème très rhétorique ?**

**3. Quelle force parti-
culière la référence
à la Grèce et à Rome
donne-t-elle à l'attaque
contre l'Église et à
l'éloge de l'Angleterre.**

LETTRES PHILOSOPHIQUES (1734).   Cet ouvrage développe et fait valoir, pour un destinataire français,
l'exemple de l'Angleterre en matière religieuse (tolérance), politique (monarchie constitutionnelle), artistique (vraie politique culturelle), mais aussi
économique. L'extrait qui suit attaque le préjugé français, issu de la tradition aristocratique, qui considère
comme non nobles, et donc comme déshonorantes,
les activités de l'argent et du commerce.

« Lequel est le plus utile à un État... »

Tout cela donne un juste orgueil à un marchand
anglais, et fait qu'il ose se comparer, non
sans quelque raison, à un citoyen romain. Aussi le

cadet[1] d'un pair[2] du royaume ne dédaigne point le
5 négoce. Milord Townshend, ministre d'État, a un
frère qui se contente d'être marchand dans la Cité[3].
Dans le temps que Milord Oxford gouvernait l'Angleterre, son cadet était facteur à Alep[4], d'où il ne
voulut pas revenir, et où il est mort.

10 Cette coutume, qui pourtant commence trop à se
passer, paraît monstrueuse à des Allemands entêtés
de leurs quartiers[5] ; ils ne sauraient concevoir que le
fils d'un pair d'Angleterre ne soit qu'un riche et
puissant bourgeois, au lieu qu'en Allemagne tout est
15 prince ; on a vu jusqu'à trente Altesses du même
nom n'ayant pour tout bien que des armoiries et de
l'orgueil.

En France est marquis qui veut ; et quiconque arrive à Paris du fond d'une province avec de l'argent à
20 dépenser et un nom en *Ac* ou en *Ille,* peut dire « un
homme comme moi, un homme de ma qualité », et
mépriser souverainement un négociant ; le négociant entend lui-même parler si souvent avec mépris
de sa profession, qu'il est assez sot pour en rougir. Je
25 ne sais pourtant lequel est le plus utile à un État, ou
un seigneur bien poudré qui sait précisément à
quelle heure le roi se lève, à quelle heure il se

---

1. Le deuxième fils.

2. Membre de la haute noblesse et de la Chambre des lords, au Parlement anglais.

3. La *City,* centre des affaires à Londres.

4. Fondé de pouvoir, pour des affaires commerciales à Alep, ville de l'Empire ottoman.

5. « Quartiers » de noblesse : nombre des ascendants nobles de la famille.

couche, et qui se donne des airs de grandeur en
jouant le rôle d'esclave dans l'antichambre d'un mi-
30   nistre, ou un négociant qui enrichit son pays, donne
de son cabinet des ordres à Surate et au Caire[1], et
contribue au bonheur du monde.

Lettres philosophiques, *1734,*
dixième lettre, « Sur le commerce ».

----

1. Des ordres d'achat ou de vente de produits dans des grands centres
d'échanges commerciaux de l'Inde (Surate) et de l'Égypte (Le Caire).

Guide de lecture
....

1. **Comment Voltaire
exalte-t-il dans ce texte
la dimension politique
de l'activité écono-
mique ?**
2. **À quoi tient l'habi-
leté, dans la comparai-**
son France-Angleterre,
**du passage par
l'exemple allemand ?**
3. **Relever dans ce texte
les différents éléments
d'une critique
de l'aristocratie.**

Le Mondain (1736).   Ce poème fit scandale, lors de sa
publication, tout simplement parce que, dans la ligne du
poète anglais Pope, Voltaire y chantait les plaisirs de la
vie, dans un temps où la civilisation, le progrès des
sciences et des arts la rendaient plus facile et plus
douce. C'était s'opposer au vieux mythe de l'âge d'or,
selon lequel le présent est toujours la détérioration
d'un bonheur ancien et perdu. C'était aussi contredire
le discours chrétien, selon lequel le vrai bonheur de
l'homme ne saurait être de ce monde.

« Le paradis terrestre est où je suis »

[...] J'aime le luxe, et même la mollesse,
Tous les plaisirs, les arts de toute espèce,
La propreté[1], le goût, les ornements :
Tout honnête homme[2] a de tels sentiments. [...]

5   Or maintenant, voulez-vous, mes amis,
Savoir un peu, dans nos jours tant maudits,
Soit à Paris, soit dans Londre, ou dans Rome,
Quel est le train des jours d'un honnête homme ?
Entrez chez lui : la foule des beaux-arts,

10   Enfants du goût, se montre à vos regards.
De mille mains l'éclatante industrie
De ces dehors[3] orna la symétrie.
L'heureux pinceau, le superbe dessin
Du doux Corrège[4] et du savant Poussin[5]

15   Sont encadrés dans l'or d'une bordure ;
C'est Bouchardon[6] qui fit cette figure,
Et cet argent fut poli par Germain[7].
Des Gobelins l'aiguille et la teinture
Dans ces tapis surpassent la peinture. [...]

20   Or maintenant, Monsieur du Télémaque[8],
Vantez-nous bien votre petite Ithaque,

---

1. L'élégance.
2. Homme de bien et de goût, en accord avec le cadre où il vit.
3. Extérieurs (de la maison).
4. Peintre italien du XVIᵉ siècle (1489-1534).
5. Peintre français du XVIIᵉ siècle (1594-1665).
6. Sculpteur français du XVIIIᵉ siècle (1698-1762).
7. Orfèvre français de l'époque Régence.
8. Fénelon (voir p. 38).

Votre Salente[1], et vos murs malheureux,
Où vos Crétois, tristement vertueux,
Pauvres d'effets et riches d'abstinence,
25 Manquent de tout pour avoir l'abondance. [...]
C'est bien en vain que, par l'orgueil séduits,
Huet, Calmet[2], dans leur savante audace,
Du paradis ont recherché la place :
Le paradis terrestre est où je suis.

LE MONDAIN, *1736.*

Guide de lecture

1. Relever les indices du caractère provocateur de ce poème.
2. En quoi le dernier vers précise-t-il le caractère anti chrétien de ce discours épicurien ?

3. Apprécier la saveur gourmande des mots de cette poésie.
4. Comment le contenu du poème correspond-il à son titre, *le Mondain* ?

---

1. Ithaque et Salente sont des endroits de la Grèce antique que vantait l'auteur des *Aventures de Télémaque* (voir p. 39).
2. Ecclésiastiques érudits en matière biblique.

GRESSET   *(1709-1777)*

JEAN-BAPTISTE GRESSET.   Né à Amiens, il est élève des jésuites puis professeur au collège Louis-le-Grand. Poète satirique, il est l'auteur, en particulier, d'un célèbre poème parodique (voir p. 322), *Ver-Vert* (1734), qui raconte les troubles de toutes sortes que jette, dans un couvent de Visitandines, un perroquet qui à la fois ravit et scandalise les bonnes sœurs par son langage cru. Il donne au théâtre trois pièces qui font de lui un témoin important de l'évolution des formes et des thèmes dramatiques : une tragédie (*Édouard III,* 1740) — forme théâtrale du passé —, un drame (*Sidney,* 1745) qui annonce le drame bourgeois lancé dix ans plus tard par Diderot, et une comédie, *le Méchant,* qui, en 1747, est tout à fait la comédie du temps présent. Comédie de caractère, mais aussi de mœurs, car ce caractère est un type social d'époque. Cléon, le « méchant », n'agit ni par désir ni par intérêt, mais gratuitement, par goût ludique de la méchanceté. À travers lui sont dénoncés l'ennui, la platitude et la nocivité qui peuvent se cacher sous les dehors brillants et spirituels de la société mondaine du premier XVIIIᵉ siècle.

LE MÉCHANT (1747).   Dans cette scène, Ariste tente de convaincre le jeune Valère de cesser de prendre pour modèle et pour guide ce Cléon dont la méchanceté a jeté la perturbation dans toute la maison. Après avoir mis en doute la sincérité de son amitié et la valeur des jugements péremptoires qu'il porte sur les pièces nouvelles, il en vient à attaquer ce qui caractérise l'homme du monde au XVIIIe siècle : l'art de la plaisanterie spirituelle. Malgré tout l'agrément de l'esprit, Ariste lui préfère le cœur, selon une opposition qui se retrouve dans tout le siècle. Certes, on n'était pas dénué de sentiment avant 1750, et on ne renonça pas tout à fait à l'esprit après, mais on a coutume de voir deux grandes orientations qui se seraient succédé : la première, plus rationaliste, intellectuelle, critique et sarcastique, la deuxième plus sentimentale, émotive, voire larmoyante. Avec *le Méchant,* Gresset se situerait au moment où le goût général bascule de l'une à l'autre, comme si le public sentait que la période de déconstruction critique des abus avait assez duré, et devait faire place à une phase de redécouverte positive et enthousiaste des vraies richesses du cœur humain.

« Le véritable esprit marche avec la bonté »

VALÈRE

[...] mais enfin Cléon est respecté,
Et je vois les rieurs toujours de son côté.

ARISTE

De si honteux succès ont-ils de quoi vous plaire ?
Du rôle de plaisant[1] connaissez[2] la misère :

---

1. De celui qui tourne tout à la plaisanterie.
2. Prenez conscience de.

5   J'ai rencontré souvent de ces gens à bons mots,
    De ces hommes charmants qui n'étaient que des
    [sots ;
    Malgré tous les efforts de leur petite envie[1],
    Une froide épigramme[2], une bouffonnerie
    À ce qui vaut mieux qu'eux n'ôtera jamais rien,
10 Et malgré les plaisants le bien est toujours bien.
    J'ai vu d'autres méchants d'un grave caractère,
    Gens laconiques, froids, à qui rien ne peut plaire ;
    Examinez-les bien : un ton sentencieux[3]
    Cache leur nullité sous un air dédaigneux.
15 Cléon souvent aussi prend cet air d'importance[4] ;
    Il veut être méchant jusque dans son silence ;
    Mais, qu'il se taise ou non, tous les esprits bien faits
    Sauront le mépriser jusque dans ses succès.

                    VALÈRE
    Lui refuseriez-vous l'esprit ? j'ai peine à croire...

                    ARISTE
20 Mais à l'esprit méchant je ne vois point de gloire.
    Si vous saviez combien cet esprit est aisé,
    Combien il en faut peu, comme il est méprisé !
    Le plus stupide obtient la même réussite :
    Eh ! pourquoi tant de gens ont-ils ce plat mérite ?
25 Stérilité de l'âme et de ce naturel
    Agréable, amusant, sans bassesse et sans fiel.

---

1. De leur jalousie mesquine.
2. Petit poème écrit pour attaquer quelqu'un, se moquer de lui.
3. Énonçant gravement des vérités générales.
4. Cet air de celui qui sait beaucoup de choses.

On dit l'esprit commun ! Par son succès bizarre,
La méchanceté prouve à quel point il est rare.
Ami du bien, de l'ordre, et de l'humanité,
30 Le véritable esprit marche avec la bonté.
Cléon n'offre à nos yeux qu'une fausse lumière.
La réputation des mœurs est la première[1] ;
Sans elle, croyez-moi, tout succès est trompeur :
Mon estime toujours commence par le cœur ;
35 Sans lui l'esprit n'est rien, et malgré vos maximes
Il produit seulement des erreurs et des crimes.

LE MÉCHANT, *1747,*
acte IV, scène 4.

Guide de lecture
....

1. **Montrer comment le texte dissocie le « succès » en société et les valeurs sur lesquelles il se fonde.**

2. **Préciser les divers visages qu'Ariste donc à la « nullité » de Cléon.**

3. **Quelle est l'importance du mot « lumière » au vers 31 ?**

---

1. La plus importante.

VAUVENARGUES *(1715-1747)*

VAUVENARGUES. Luc de Clapiers, marquis de Vauvenargues, né à Aix-en-Provence, fait, malgré une santé fragile, une carrière militaire rude et ingrate (campagne d'Italie en 1734, garnisons à Dijon, Besançon, Arras, Reims, Verdun et Metz, campagne de Bohême en 1741-1742, campagne du Rhin en 1743). Les jambes gelées après le siège de Prague, puis atteint par la petite vérole, il doit renoncer à cette carrière. Il s'installe à Paris en 1745 et, avec les encouragements de Voltaire et de Mirabeau (père du futur orateur révolutionnaire), il se met à organiser les notes qu'il n'a cessé de prendre sur des sujets moraux, philosophiques et esthétiques, depuis son jeune âge. Il en sort un livre, immédiatement apprécié par les philosophes, *Introduction à la connaissance de l'esprit humain* (1746), dont la meilleure partie est constituée de « réflexions » et de « maximes ». Il meurt l'année suivante, d'une maladie de poitrine, à trente-deux ans.

À la charnière centrale du siècle, cet homme maltraité par la vie tire de son expérience des conclusions ambiguës. Comme Pascal (1623-1662) et La Rochefoucauld (1613-1680), il est sans illusions à l'égard de la « petitesse » de l'homme, des mensonges de la vie sociale et des valeurs établies, des aléas de la fortune ; pourtant, il défend l'authenticité de certaines vertus, la légitimité de l'ambition et du désir de gloire, qui poussent à l'action, et la nécessité de faire confiance, non seulement à la raison, mais aussi aux passions, à l'enthousiasme, à ce qu'il appelle « le cœur ». Cette réhabilitation de l'amour-propre bien compris, du « génie » instinctif, du « sentiment » comme on disait alors, dans un siècle qui avait semblé miser surtout, en son début, sur la raison critique, fait de lui un chaînon important entre Fénelon et Jean-Jacques Rousseau.

Introduction à la connaissance de l'esprit humain (1746). Les maximes qui suivent illustrent surtout l'aspect non pessimiste d'une pensée qui, de ce point de vue, partageait les idéaux des Lumières naissantes. Elles sont regroupées ici dans un ordre différent de celui de l'édition (indiqué par un numéro entre crochets).

« Les grandes pensées viennent du cœur »

Lorsqu'une pensée est trop faible pour porter[1] une expression simple, c'est la marque pour la rejeter[2]. [3]

La clarté orne les pensées profondes. [4]

5 L'obscurité est le royaume de l'erreur. [5]

Il ne faut point juger les hommes par ce qu'ils ignorent, mais par ce qu'ils savent et par la manière dont ils savent. [267]

Avant d'attaquer un abus, il faut voir si on peut ruiner[3] ses fondements. [25]

10

---

1. Supporter.
2. Le signe qu'il faut la rejeter.
3. Détruire.

Il faut tout attendre et tout craindre du temps et des hommes. [102]

Ce n'est pas un grand avantage d'avoir l'esprit vif, si on ne l'a juste : la perfection d'une pendule n'est pas d'aller vite, mais d'être réglée. [204]

C'est un grand signe de médiocrité de louer[1] toujours modérément. [12]

Les femmes et les jeunes gens ne séparent point leur estime[2] de leurs goûts. [38]

On doit se consoler de n'avoir pas les grands talents comme on se console de n'avoir pas les grandes places. On peut être au-dessus de l'un et de l'autre par le cœur. [68]

Les grandes pensées viennent du cœur. [127]

La raison et la liberté sont incompatibles avec la faiblesse. [20]

Le sentiment[3] de nos forces les augmente. [75]

Si la passion conseille quelquefois plus hardiment que la réflexion, c'est qu'elle donne plus de force pour exécuter. [125]

Pour exécuter de grandes choses, il faut vivre comme si on ne devait jamais mourir. [142]

L'activité fait plus de fortunes que la prudence. [181]

Qui condamne l'activité condamne la fécondité.

Agir n'est autre chose que produire ; chaque action

---

1. Donner des louanges, approuver.
2. L'évaluation rationnelle qu'ils font des choses ou des gens.
3. La conscience que nous avons.

est un nouvel être qui commence, et qui n'était pas. Plus nous agissons, plus nous produisons, plus nous vivons, car le sort des choses humaines est de ne pouvoir se maintenir que par une génération conti-
40 nuelle. [594]

INTRODUCTION À LA CONNAISSANCE DE L'ESPRIT HUMAIN, *1746*.

Guide de lecture
....

1. Trouver un mot ou une formule pour caractériser le point commun de chacun de ces différents groupements de maximes.
2. Relever les expressions « il faut » et « on doit » et commenter leur nombre.
3. Montrer comment la forme brève de ces maximes augmente leur énergie.

Elles sont nées
les Lumières !

« Quel est ce jeune homme qui, pour me contredire, parle si haut ? — Monsieur le chevalier, c'est un homme qui ne traîne pas un grand nom, mais qui honore celui qu'il porte. » Toute la période des Lumières naissantes est dans cette réplique de Voltaire au chevalier de Rohan-Chabot, qui porte un des plus grands noms de France mais ne brille pas par l'intelligence. C'est l'irrespect envers des valeurs établies que ne fonde pas la raison et que ne soutient aucun mérite ; c'est la vivacité de repartie qui trouve instantanément la formule piquante, et met les rieurs de son côté ; c'est le sens de la dignité personnelle, qui doit l'emporter sur l'arbitraire du rang social ; c'est surtout l'idée que quelque chose commence qui, comme la gloire de Voltaire, ne cessera de grandir dans le siècle à venir. Et, même si la vengeance du chevalier pousse son contradicteur à l'exil en Angleterre, c'est encore la philosophie qui y trouvera son compte puisque, comme Montesquieu, comme Prévost, l'auteur des *Lettres philosophiques* y puisera des exemples d'une société plus juste et plus prospère.

Mémoire du passé...

C e n'est pas qu'on ait oublié le XVIIᵉ siècle qui vient de s'achever. Les *Mémoires* du cardinal de Retz (publiés en 1717), les *Lettres* de Mᵐᵉ de Sévigné (publiées en 1725), les *Mémoires* du duc de Saint-Simon (écrits entre 1739 et 1750, mais publiés seulement en 1830), Corneille, Racine et Molière dans le répertoire du Théâtre-Français, Pascal et Bossuet dans les consciences chrétiennes, La Rochefoucauld et La Bruyère chez les moralistes en perpétuent le souvenir admiratif. Mais on se sent capable de rivaliser avec le siècle précédent comme pour justifier d'avance la boutade de Michelet : « le Grand Siècle, c'est le XVIIIᵉ que je veux dire ».

... et souci de l'avenir

L es extraits proposés ici témoignent tous, chacun à sa manière, de cette confiance qu'on accorde à la littérature pour faire avancer le progrès des esprits et des mœurs. Au théâtre, les grands genres sont respectés dans leurs formes, mais leurs contenus sont profondément nouveaux. La tragédie voltairienne abandonne le sens du sacré et du mystère, et fait porter l'émotion sur des malheurs dont les causes pourraient être supprimées (superstition, fanatisme, préjugés...). Marivaux déplace l'intérêt de la comédie sur les surprises de la découverte de soi à travers les épreuves de l'amour. Dans les années 1730, sous l'influence anglaise, un genre nouveau apparaît : la comédie sentimentale (Destouches, *le Glorieux,* 1732), ou larmoyante (Nivelle de La Chaussée, *le Préjugé à la mode,* 1735), dont les tirades moralisatrices annoncent le drame de Diderot. On a vu dans Gresset un bon témoin de cette évolution.

Malgré l'exception de *la Henriade* de Voltaire, très admirée à l'époque mais qu'on ne lit plus aujourd'hui, les grands genres poétiques ne font plus recette ; mais toute circonstance est bonne pour faire entendre en vers les accents de la provocation libératrice *(le Mondain)* ou ceux de l'indignation émue *(Poème sur la mort de Mlle Lecouvreur)...* à moins qu'on ne fasse servir une muse facile et fugitive à la plaisanterie moqueuse ou à la joyeuse animation des soupers (Desforges-Maillard, Piron).

Dynamique du roman

L e roman est le genre roi d'une époque que son intérêt pour les réalités n'éloigne pas du goût de la fiction. Celle-ci fait d'ailleurs aisément reconnaître celles-là, que ce soit à travers les aventures pseudo-espagnoles des héros de Lesage ou le parcours de ceux de Marivaux dans une société décrite avec une précision lucide mais indulgente ; témoins également de ces réalités, les souffrances des personnages de Prévost, poursuivant à travers le monde un bonheur qui leur est refusé de manière incompréhensible, ou enfin les ballets amoureux des héros de Crébillon fils, qui participent à la fête tout en laissant apercevoir l'envers de son décor. Fiction réaliste donc, mais qui ne donne à voir les conduites du cœur et les pratiques du monde que pour les interroger, en démonter les mécanismes et aider à s'en rendre maître.

On voit qu'il n'y a plus de coupure entre les textes donnés comme « romanesques » et les textes d'idées. Les journaux de Marivaux sont remplis d'anecdotes saisies sur le vif, que l'auteur prend autant de plaisir à commenter qu'à narrer. Les *Lettres persanes* sont, dit Montesquieu, « une espèce de roman » où « l'auteur s'est donné l'avantage de pouvoir joindre de la philosophie, de la politique et de la morale à un roman, et de lier le tout par une chaîne secrète et, en quelque façon, inconnue ». Cette chaîne mène tout droit à *De l'esprit des lois*. De même les *Lettres philosophiques* peuvent être lues comme un roman épistolaire (voir p. 322) dont le destinataire n'est autre que le lecteur, ainsi associé à l'aventure intellectuelle qui lui est confiée.

Une prise d'élan

Ce n'est pourtant pas un roman que l'œuvre de Vauvenargues, mais bien une série de réflexions et de maximes, comme on les faisait à l'époque de La Rochefoucauld (1613-1680) : est-ce une œuvre tournée vers le passé, et qui, en 1746, juste avant *De l'esprit des lois* et le premier conte philosophique de Voltaire, ferait une tache rétrograde dans le tableau d'un siècle en marche ? ou ne serait-ce pas une autre façon de lui redonner de l'élan ? Avec Vauvenargues, cet être souffrant et stoïque, que protégea et aima Voltaire, avec son unique livre, lucide et sans illusion, mais tonique et sans démission, quelque chose en effet se termine de la période heureuse des Lumières naissantes, qui en concentre l'énergie : elle sera bien utile à la période suivante, période des grands conflits et des grands combats.

Lumières
militantes

Lumières militantes

« N ous approchons de l'état de crise et du siècle des révolutions. » J.-J. Rousseau justifie ainsi dans l'*Émile* l'apprentissage d'un métier manuel, le seul qui garantisse la subsistance et l'indépendance, en cas de grands bouleversements de l'ordre social. Cette phrase représente peut-être une sorte de prophétie qu'on peut mettre au crédit de sa lucidité ; mais elle témoigne surtout d'une prise de conscience générale : contrairement à ce qu'on s'était plu à penser dans la première partie du siècle, le monde existant n'est pas du tout satisfaisant, et le rôle de la philosophie n'est pas seulement de l'aménager mieux en corrigeant tel ou tel de ses abus, mais de mettre radicalement en question les valeurs sur lesquelles il se fonde.

Valeurs religieuses ? En 1751 meurt Julien de La Mettrie, dont *l'Homme-machine* (1747) va devenir la bible du matérialisme anthropologique (ce qu'on appelle « l'âme » n'est qu'un effet de l'organisation physique et de la composition chimique du corps). On ne s'opposera plus seulement, désormais, aux pratiques obscurantistes, brutales et intolérantes par lesquelles la religion prétend faire passer son message, mais à ce message même.

Valeurs sociales ? Le fossé se creuse entre les nantis (souvent immensément riches, car les affaires marchent) et les autres. Une des dernières chances de le limiter est perdue lorsque les privilégiés parviennent en 1750 à bloquer la réforme fiscale qu'envisageait le ministre Machault : établir un impôt du Vingtième sur tous les revenus sans exception.

Valeurs politiques ? La faveur dont jouissait le roi décroît, et les parlements s'agitent de plus en plus, jusqu'à ce que le chancelier Maupeou les dissolve (1771), créant un malaise grave dans tout le pays.

Valeurs nationales ? La guerre de Sept Ans est un désastre pour nos troupes, malmenées par le roi de Prusse Frédéric II (Rossbach, 1757), et le traité de Paris (1763) abandonne aux Anglais une grande partie des colonies françaises (Canada, Inde, Antilles, Sénégal). C'est contre un pouvoir disqualifié que s'élève, plus hardiment que jamais, la « famille » philosophique regroupée dans des salons moins purement mondains et plus subversifs que naguère (Mme Geoffrin, Mlle de Lespinasse, Helvétius, d'Holbach, Mme Necker).

Les enjeux du combat

L a lutte est d'autant plus âpre que, sans doctrine et sans courage, le pouvoir fait alterner la tolérance et la répression, comme le montrent les différentes phases de l'affaire encyclopédique (voir p. 198). L'attentat de Damiens (1757) n'arrange rien : peu après, une ordonnance punit de mort quiconque aura produit un écrit « tendant à émouvoir les esprits » ! La peine ne fut jamais appliquée (on s'arrangeait pour que les écrivains décrétés « de prise de corps » aient le temps de s'enfuir), mais elle mettait les philosophes en situation de risquer leur vie, comme des soldats.

Il faut dire que les enjeux sont de taille : l'option athée vide de toute légitimité l'immense appareil de la puissance catholique, les privilèges dont elle jouit et l'autorité morale qu'elle s'arroge ; or, avec l'Autel, c'est le Trône qui vacille, avec l'édifice religieux, l'édifice politique de la monarchie de droit divin.

D'autre part, ce ne sont plus seulement les cercles intellectuels et mondains qui sont touchés, mais une partie importante de la population : les femmes trouvent dans les principes philosophiques des raisons d'espérer une moins grande dépendance ; les bourgeois, une plus grande liberté d'entreprendre et de prospérer.

Une armée divisée

Il ne faudrait pourtant pas croire que tous les philosophes combattent au coude à coude. Contre l'ennemi commun, il y a bien une

« famille » (l'expression est de Voltaire, qui en est effectivement le patriarche incontesté), mais elle est elle-même divisée. Voltaire ne suit pas la voie du matérialisme athée que fraie courageusement Diderot, et il reste sur des positions déistes (voir p. 322).

Diderot ne peut empêcher son ami Rousseau de rompre avec lui : c'est que, en dépit de leur estime réciproque, leurs conceptions sont vraiment divergentes. L'un couronne, avec l'*Encyclopédie,* trois siècles de progrès techniques et philosophiques, et fait entendre, en mots et en dessins, une vibrante poésie des sciences et des arts ; l'autre met toute son éloquence à accuser les sciences et les arts d'avoir jeté les hommes dans l'aliénation, l'inégalité et le malheur.

Quant au tête-à-tête Voltaire-Rousseau, qui n'a pas cessé jusqu'à nos jours, il fut, bien sûr, affaire de tempérament et de style, mais il reposait plus profondément sur des options en tout point opposées : quand Voltaire, d'instinct, attend des grands — dont il connaît les travers, mais qui sont les plus aptes à apprécier son esprit — qu'ils organisent un monde un peu moins stupide et cruel, Rousseau n'attend rien d'eux, mais tout du peuple ; dans son système, celui-ci, comme l'enfant, est le plus capable de retrouver au fond de lui la vérité originelle, la simplicité de la nature, la voix de la conscience, sans lesquelles l'espèce humaine se fourvoie dans la voie d'un faux progrès, et d'une vraie misère morale.

Mobilisation générale de la littérature

On l'aura compris : la philosophie a tout envahi. Il n'y a plus de production littéraire où elle ne soit, non seulement présente, mais active. Pendant cette période des Lumières militantes, toute écriture est engagée. Les êtres les plus pacifiques, comme le naturaliste Buffon, même en se tenant à l'écart de toute polémique, ne peuvent éviter de se voir enrôler et de participer au grand combat. Ce phénomène confère aux textes une vigueur et une dignité admirables. Il les colore aussi d'un esprit de sérieux qui nuirait au charme qu'on attend de toute production littéraire si les séductions de l'esprit n'étaient relayées par celles du cœur : c'est toute la richesse de leur sensibilité que Diderot et surtout Rousseau font passer dans leurs œuvres, et qui enchante leurs contemporains. Le goût des larmes a remplacé, comme critère de vérité, celui de la moquerie spirituelle, et la nature n'est plus un concept mais un paysage, suggérant l'émotion, l'admiration et le rêve.

VOLTAIRE   *(1694-1778)*

....

L'EXPÉRIENCE DE LA COUR DE PRUSSE.   Quoique friand d'honneurs et de vie mondaine, et d'autre part adepte, en politique, du despotisme éclairé — c'est-à-dire d'un pouvoir fort, confié à un monarque intelligent et de bonne volonté, capable de s'entourer de conseillers philosophes —, Voltaire connaît les plus grands déboires dans sa vie de courtisan. La faveur dont il jouit, entre 1745 et 1747, à la cour de Louis XV — qui ne l'aime pas — est, on l'a vu (p. 123), de courte durée. Avec Frédéric II à Berlin, c'est pire encore : après les grandes amitiés de l'accueil, Voltaire se sent vite relégué à l'état de curiosité et d'utilité. Diverses vexations de la part du roi, une brouille avec Maupertuis, président de l'Académie de Berlin, le poussent à repartir (1753). Le voyage est accidenté, le roi faisant poursuivre le philosophe par sa police. D'Alsace, Voltaire tente de négocier son retour à Paris, et se le voit refuser. En 1755, il s'installe près de Genève, aux Délices, avec Mme Denis, sa nièce, qui est sa maîtresse depuis dix ans.

PRÉSENCE SUR TOUS LES FRONTS.   Malgré ces pérégrinations, la présence de Voltaire à la vie du monde est intense. Intéressé par le projet encyclopédique, auquel il collabore, il le trouve trop « lourd » et conçoit l'idée d'un dictionnaire beaucoup plus militant et commode, parce que « portatif » (ce sera le *Dictionnaire philosophique*). Bouleversé par le tremblement de terre de Lisbonne (1755), il écrit un poème qui sera l'occasion d'une longue polémique avec J.-J. Rousseau. Pendant la guerre de Sept Ans, il maintient des contacts diplomatiques avec Frédéric II. Enfin, en 1760, juste après *Candide,* il s'installe dans son « jardin », à Ferney, territoire libre près de la Suisse d'où il va exercer sur toute l'Europe une sorte de royauté intellectuelle.

À FERNEY. Il s'y occupe de l'exploitation de ses terres, de l'amélioration du sort des paysans, y reçoit un grand nombre d'hôtes de marque, y compose et y monte des pièces de théâtre, s'y tient au courant de l'actualité à l'aide d'une importante correspondance, et y écrit sans discontinuer. Outre la controverse avec J.-J. Rousseau, et bientôt avec la tendance athée du groupe encyclopédiste, il poursuit à grande échelle sa lutte contre les exactions de « l'Infâme » (il appelle ainsi l'Église catholique) ; en particulier, il travaille par tous les moyens en son pouvoir (pamphlets [voir p. 322], interventions judiciaires, appels à l'opinion européenne) à la défense des victimes de l'intolérance dont cette Église fait preuve : Calas (1762-1765), Sirven (1764-1771), La Barre (1765-1775), Lally-Tollendal (1766-1778), Delisle de Sales (1776-1778). Fervent partisan des réformes envisagées par Turgot, au début du règne de Louis XVI, il déplore sa chute. Au début de 1778, il revient enfin à Paris, qui lui fait une apothéose de trois mois. Ovationné à l'Académie française et à la Comédie-Française où, après la représentation de sa dernière tragédie, *Irène,* il est couronné sur la scène devant un public enthousiaste, il meurt le 30 mai. Ses cendres seront transférées au Panthéon le 11 juillet 1791.

Uɴ ᴛʀᴇ̀s ɢʀᴀɴᴅ ᴇ́ᴄʀɪᴠᴀɪɴ ᴅ'ʜɪsᴛᴏɪʀᴇ. Voltaire investit dans la discipline historique tous les aspects de sa philosophie : sa curiosité pour tout ce qui a pu arriver, depuis les origines, à cet « être à deux pieds, sans plumes » qu'est l'homme ; sa foi dans le progrès qui lui fait chercher dans le passé des exemples de crimes, de sottises et de ratages, dont on peut espérer que le temps est révolu ; son goût de la vérité qui lui fait réunir une documentation très large, faite d'archives, de textes et de témoignages, et exercer sur toutes ces sources un choix critique scrupuleux ; son talent de conteur enfin, qui remplace les dissertations par des anecdotes signifiantes et sait animer les tableaux d'un mouvement dramatique qui en rend la lecture passionnante. Ses trois grands ouvrages dans ce domaine marquent une évolution de l'idée qu'il se fait de ce qui est à retenir dans l'histoire des hommes : l'*Histoire de Charles XII* met l'accent sur une personnalité d'exception dont le génie et le courage ont marqué son temps et son pays ; *le Siècle de Louis XIV* insiste davantage sur l'excellence de toute une civilisation, dont Louis XIV n'a eu que le mérite d'orchestrer — comme autrefois Périclès ou Auguste — les productions techniques et artistiques ; l'*Essai sur les mœurs* enfin embrasse toute l'histoire du monde depuis le ɪxᵉ siècle, relativise par la comparaison (avec les Indes, la Chine, le monde musulman) l'importance démesurée que l'Occident accorde à sa propre histoire, et, au lieu des événements politiques et guerriers, privilégie les manières de vivre et de penser, les productions de l'esprit et de l'art, les moments de la mentalité collective.

Le conte voltairien. Le conte philosophique constitue la plus grande invention littéraire de Voltaire, et celle
dans laquelle il a produit ses textes les plus célèbres.
Héritier de la veine du conte merveilleux, exotique ou
utopique (voir p. 322), il exploite aussi la vogue du récit
de voyage et celle du récit libertin ; mais de toutes ces
sources il fait un ensemble allègre, drôle et sérieux, qui
parle à chacun, de façon résolument moderne et sur un
tempo inimitable, de ce qu'il y a d'essentiel dans la vie : le
scandale de la souffrance, l'appétit du bonheur, la joie de
la découverte, le sens de la relativité, le profit de l'expérience, l'acceptation de l'autre, l'appel à la justice et à la
fraternité. Tout cela, bien sûr, dans « le monde comme il
va » (c'est le titre de l'un de ces contes), c'est-à-dire sans
trop d'illusions, mais aussi avec courage, réalisme et
bonne humeur.

Continuation d'une œuvre multiforme. Cette liste
présente non la totalité, mais l'essentiel de la production
voltairienne de 1750 à sa mort.
1752. *Micromégas*, conte philosophique ; *le Siècle de
Louis XIV*, ouvrage historique.
1756. *Poème sur le désastre de Lisbonne* ; *Essai sur l'histoire générale et sur les mœurs et l'esprit des nations*, dit
« *Essai sur les mœurs* ».
1759. *Candide*, conte philosophique.
1762. *La Pucelle*, poème héroï-comique.
1763. *Traité sur la tolérance*.
1764. *Dictionnaire philosophique portatif*.
1767. *L'Ingénu*, conte philosophique.

1768. *L'Homme aux quarante écus ; la Princesse de Baby-
lone*, contes philosophiques.
1770. *Questions sur l'Encyclopédie.*
1775. *Histoire de Jenni ou le Sage et l'Athée*, conte philosophique.
1778. *Irène*, tragédie.

Essai sur les mœurs (1756).   Si l'homme, en tant qu'individu, ne peut pas grand-chose sur le déroulement d'une
histoire livrée au hasard (et non plus à la Providence
divine comme le voulait Bossuet), si les prétendus héros ne sont que des « saccageurs de provinces », l'*Essai
sur les mœurs* propose cependant des noms qui restent,
comme des phares.

« Galilée »

L a vraie philosophie ne commença à luire aux
hommes que sur la fin du XVIᵉ siècle. Galilée[1] fut
le premier qui fit parler à la physique le langage de la
vérité et de la raison : c'était un peu avant que Co-
5   pernic[2], sur les frontières de la Pologne, avait découvert le véritable système du monde. Galilée fut non

---

1. Savant italien (1564-1642), célèbre par ses découvertes en physique et
en hydrostatique (science de l'équilibre des liquides). Il inventa la lunette
astronomique.

2. Astronome polonais (1473-1543) qui, le premier, avança que la Terre et
les planètes tournaient autour du Soleil.

seulement le premier bon physicien, mais il écrivit aussi élégamment que Platon, et il eut sur le philosophe grec l'avantage incomparable de ne dire que
10 des choses certaines et intelligibles. La manière dont ce grand homme fut traité par l'Inquisition[1], sur la fin de ses jours, imprimerait une honte éternelle à l'Italie si cette honte n'était pas effacée par la gloire même de Galilée. Une congrégation de théologiens,
15 dans un décret donné en 1616, déclara l'opinion de Copernic, mise par le philosophe florentin dans un si beau jour, « non seulement hérétique dans la foi, mais absurde dans la philosophie ». Ce jugement contre une vérité prouvée depuis en tant de ma-
20 nières est un grand témoignage de la force des préjugés. Il dut[2] apprendre à ceux qui n'ont que le pouvoir à se taire quand la philosophie parle, et à ne pas se mêler de décider sur ce qui n'est pas de leur ressort. Galilée fut condamné depuis par le même tri-
25 bunal, en 1633, à la prison et à la pénitence, et fut obligé de se rétracter à genoux. Sa sentence est à la vérité plus douce que celle de Socrate[3] ; mais elle n'est pas moins honteuse à la raison des juges de Rome que la condamnation de Socrate le fut aux lu-
30 mières des juges d'Athènes : c'est le sort du genre humain que la vérité soit persécutée dès qu'elle

---

1. Tribunal ecclésiastique qui jugeait et condamnait sévèrement tous ceux dont les actes ou les idées allaient à l'encontre de la doctrine de l'Église.

2. Aurait dû.

3. Socrate fut condamné par un tribunal athénien à boire une coupe de ciguë, poison mortel.

commence à paraître. La philosophie, toujours gênée [1], ne put, dans le XVIe siècle, faire autant de progrès que les beaux-arts.

ESSAI SUR LES MŒURS, *1756,*
chapitre CXXI.

_____

1. Entravée.

Guide de lecture
....

I. **Quelle dignité les références à Platon et à Socrate donnent-elles à Galilée, dans l'histoire des hommes ?**
2. **Montrer comment Voltaire fait servir l'exemple de Galilée à une réflexion générale sur le destin de la philosophie. Cette réflexion pousse-t-elle au pessimisme ? Pourquoi ?**

MICROMÉGAS (1752). Il est question dans ce conte philosophique de proportion. Le héros — dont le nom signifie « petit-grand » — vient de l'étoile Sirius, et sa taille est de quarante mille de nos mètres ! Sur Saturne, il rencontre un être qui, ne mesurant que deux mille mètres, lui paraît un nain. Ils arrivent tous deux sur le globe terrestre : on peut penser quelle importance auront à leurs yeux les grandes affaires qui divisent les hommes ! Et d'abord, y a-t-il des hommes ?

« Bien tâté... mal senti »

Ils firent tout ce qu'ils purent en allant et en revenant dessus et dessous [1] pour tâcher d'apercevoir si ce globe était habité ou non. Ils se baissèrent. Ils se couchèrent, ils tâtèrent partout ; mais leurs yeux
5 et leurs mains n'étant point proportionnés aux petits êtres qui rampent ici, ils ne reçurent pas la moindre sensation qui pût leur faire soupçonner que nous et nos confrères les autres habitants de ce globe avons l'honneur d'exister.

10 Le nain, qui jugeait quelquefois un peu trop vite, décida d'abord qu'il n'y avait personne sur la terre. Sa première raison était qu'il n'avait vu personne. Micromégas lui fit sentir poliment que c'était raisonner assez mal : « Car, disait-il, vous ne voyez pas
15 avec vos petits yeux certaines étoiles de la cinquantième grandeur [2] que j'aperçois très distinctement ; concluez-vous de là que ces étoiles n'existent pas ? — Mais, dit le nain, j'ai bien tâté. — Mais, répondit l'autre, vous avez mal senti. — Mais, dit le nain, ce
20 globe-ci est si mal construit, cela est si irrégulier et d'une forme qui me paraît si ridicule ! Tout semble être ici dans le chaos : voyez-vous ces petits ruisseaux dont aucun ne va de droit fil, ces étangs qui ne sont ni ronds, ni carrés, ni ovales, ni sous aucune
25 forme régulière ; tous ces petits grains pointus dont

---

1. D'un endroit du globe à ses antipodes.
2. Cinquante fois plus petites que les plus grosses.

ce globe est hérissé, et qui m'ont écorché les pieds ?
(Il voulait parler des montagnes.) Remarquez-vous
encore la forme de tout le globe, comme il est plat
aux pôles, comme il tourne autour du soleil d'une
30 manière gauche, de façon que les climats[1] des pôles
sont nécessairement incultes ? En vérité, ce qui fait
que je pense qu'il n'y a ici personne, c'est qu'il me
paraît que des gens de bon sens ne voudraient pas y
demeurer. — Eh bien ! dit Micromégas, ce ne sont
35 peut-être pas non plus des gens de bons sens qui
l'habitent.

MICROMÉGAS, *1752,*
chapitre IV.

_____

1. Régions.

Guide de lecture
....

1. **Montrer comment
ce texte met en scène
les deux moyens de la
connaissance : l'expé-
rience et le raisonne-
ment.**

2. **Quels sont les procédés d'animation du récit
et du dialogue ?**

CANDIDE OU L'OPTIMISME (1759).   Le tremblement de
terre de Lisbonne, qui fit des milliers de victimes en
1755, est peut-être l'événement qui marqua le plus la
carrière de Voltaire, penseur et écrivain. Il fut l'occasion de son grand débat avec J.-J. Rousseau sur la Providence ; il provoqua la remise en cause de cet
optimisme philosophique qu'il avait adopté dans les

cinquante premières années de sa vie ; il est au centre de *Candide,* venant augmenter la somme des malheurs qui s'abattent sur les héros. On peut en attribuer certains à la folie des hommes (la guerre, l'esclavagisme, l'égoïsme, le fanatisme), mais comment expliquer celui-là si Dieu est bon et juste ? L'extrait qui suit fait assister le lecteur, dans la rade de Lisbonne, à la violente tempête qui précéda de peu le tremblement de terre. Comment croire, avec le philosophe allemand Leibniz (1646-1716), le maître à penser de Pangloss, que ces catastrophes font partie du « meilleur des mondes possibles » ?

« La rade de Lisbonne avait été formée exprès... »

La moitié des passagers, affaiblis, expirants de ces angoisses inconcevables que le roulis d'un vaisseau porte dans les nerfs et dans toutes les humeurs du corps agitées en sens contraires, n'avait
5 pas même la force de s'inquiéter du danger. L'autre moitié jetait des cris et faisait des prières ; les voiles étaient déchirées, les mâts brisés, le vaisseau entrouvert. Travaillait qui pouvait, personne ne s'entendait, personne ne commandait. L'anabaptiste[1]
10 aidait un peu à la manœuvre ; il était sur le tillac[2] ;

---

1. Jacques, le négociant hollandais qui a charitablement recueilli Candide et Pangloss après leurs premiers déboires, est d'une secte religieuse qui refuse le baptême, d'où le nom qui lui est donné ici.

2. Le pont.

un matelot furieux le frappe rudement et l'étend sur les planches ; mais du coup qu'il lui donna il eut lui-même une si violente secousse qu'il tomba hors du vaisseau la tête la première. Il restait suspendu et accroché à une partie du mât rompue. Le bon Jacques court à son secours, l'aide à remonter, et de l'effort qu'il fit il est précipité dans la mer à la vue du matelot, qui le laissa périr sans daigner seulement le regarder. Candide approche, voit son bienfaiteur qui reparaît un moment et qui est englouti pour jamais. Il veut se jeter après lui dans la mer ; le philosophe Pangloss l'en empêche, en lui prouvant que la rade de Lisbonne avait été formée exprès pour que cet anabaptiste s'y noyât. Tandis qu'il le prouvait *a priori*[1], le vaisseau s'entrouvre, tout périt à la réserve[2] de Pangloss, de Candide, et de ce brutal de matelot qui avait noyé le vertueux anabaptiste ; le coquin nagea heureusement[3] jusqu'au rivage, où Pangloss et Candide furent portés sur une planche.

Quand ils furent revenus un peu à eux, ils marchèrent vers Lisbonne ; il leur restait quelque argent, avec lequel ils espéraient se sauver de la faim après avoir échappé à la tempête.

À peine ont-ils mis le pied dans la ville en pleurant la mort de leur bienfaiteur, qu'ils sentent la terre trembler sous leurs pas...

CANDIDE OU L'OPTIMISME, *1759,*
chapitre v.

1. En se fondant sur des principes théoriques, indépendamment de l'expérience.

2. À l'exception.

3. Avec succès.

Guide de lecture
....

1. Dans l'extrait précédent, quel point commun ont le déchaînement des éléments, l'inaction des passagers, la méchanceté du matelot, l'attitude de Pangloss, le salut du meurtrier ?

2. Quel effet produit le rapide enchaînement des événements ?

L'INGÉNU.   Le héros de ce conte se croit Huron, et porte comme tel un regard non prévenu sur le monde qu'il découvre en France, mais il est en fait le neveu d'un prieur (prêtre) breton. Son ingénuité n'est pas sans rapport avec la candeur de Candide ; pourtant, ce n'est pas le problème métaphysique du mal qui l'assaille, et c'est dans la France de la fin du XVIIIe siècle qu'il découvre l'absurdité ravageuse des règles qui président à la vie collective quand elle est soumise au pouvoir d'une justice arbitraire et d'une religion exclusive. À Versailles, où il va demander la permission d'épouser Mlle de Saint-Yves quoiqu'elle soit sa marraine, l'Ingénu est arrêté pour avoir porté intérêt au sort des protestants persécutés et chassés de leur pays. On le jette à la Bastille, d'où « la belle Saint-Yves » s'efforce de le faire sortir. Reçue par M. de Saint-Pouange, bras droit du ministre Louvois, elle s'entend proposer un marché qui la fait reculer d'horreur et de honte : elle obtiendra la libération de celui qu'elle appelle son « amant » si elle accorde ses faveurs au sous-ministre ! L'extrait qui suit rapporte le discours que lui tient alors un jésuite ; il vient d'apprendre qui était l'auteur de cette proposition qu'il avait d'abord jugée infâme.

« Je ne vous conseille rien… »

L e père Tout-à-tous tâcha de la calmer par ces
douces paroles :

« Premièrement, ma fille, ne dites jamais ce mot
mon amant ; il y a quelque chose de mondain qui
5 pourrait offenser Dieu. Dites *mon mari* ; car, bien qu'il
ne le soit pas encore, vous le regardez comme tel ; et
rien n'est plus honnête.

« Secondement, bien qu'il soit votre époux en idée,
en espérance, il ne l'est pas en effet[1] : ainsi vous ne
10 commettriez pas un adultère, péché énorme qu'il
faut toujours éviter autant qu'il est possible.

« Troisièmement, les actions ne sont pas d'une ma-
lice de coulpe[2] quand l'intention est pure, et rien
n'est plus pur que de délivrer votre mari.

15 « Quatrièmement, vous avez des exemples dans la
sainte antiquité, qui peuvent merveilleusement servir
à votre conduite. Saint Augustin rapporte que sous le
proconsulat de Septimius Acindynus, en l'an 340 de
notre salut[3], un pauvre homme, ne pouvant payer à
20 César ce qui appartenait à César, fut condamné à la
mort, comme il est juste, malgré la maxime : *Où il n'y
a rien le roi perd ses droits.* Il s'agissait d'une livre d'or ;
le condamné avait une femme en qui Dieu avait mis
la beauté et la prudence. Un vieux richard promit de
25 donner une livre d'or, et même plus, à la dame, à

---

1. En réalité.
2. Ne sont pas l'occasion d'une faute, attribuable à l'esprit du mal.
3. Après la mort du Christ, rédempteur des hommes.

condition qu'il commettrait avec elle le péché im-
monde. La dame ne crut point mal faire en sauvant la
vie à son mari. Saint Augustin approuve fort sa généreuse résignation. Il est vrai que le vieux richard la
30 trompa, et peut-être même son mari n'en fut pas
moins pendu ; mais elle avait fait tout ce qui était en
elle pour sauver sa vie.

« Soyez sûre, ma fille, que quand un jésuite vous
cite saint Augustin, il faut que ce saint ait pleinement
35 raison[1]. Je ne vous conseille rien, vous êtes sage[2] ; il
est à présumer que vous serez utile à votre mari.
Monseigneur de Saint-Pouange est un honnête
homme, il ne vous trompera pas : c'est tout ce que je
puis vous dire : je prierai Dieu pour vous, et j'espère
40 que tout se passera à sa plus grande gloire[3]. »

L'Ingénu, *1767*,
chapitre XVI.

Guide de lecture
....

**1. En quoi le nom du
jésuite annonce-t-il la
teneur de son discours ?
2. Caractériser l'argu-
mentation des quatre
points qu'il développe
successivement.**

**3. Étudier le jeu savant
fait par le jésuite sur
les mots.
4. Rapprocher ce pas-
sage des *Provinciales* de
Pascal (voir volume
xviie siècle).**

---

1. Parce que saint Augustin était la référence privilégiée des jansénistes
(voir p. 322), ennemis des jésuites.
2. Intelligente.
3. Maxime de la Compagnie de Jésus : « pour que la gloire de Dieu en soit
plus grande ».

D<small>ICTIONNAIRE PHILOSOPHIQUE PORTATIF</small> (1764).   Voltaire
excelle à passer de la fiction à la réalité. Dans cet ouvrage, il développe l'exemple d'un abus judiciaire
contre lequel il a effectivement lutté.

« Lorsque le chevalier de La Barre... »

L es Français, qui passent, je ne sais pourquoi,
pour un peuple fort humain, s'étonnent que les
Anglais, qui ont eu l'inhumanité de nous prendre
tout le Canada[1], aient renoncé au plaisir de donner
5 la question[2].

Lorsque le chevalier de La Barre, petit-fils d'un
lieutenant-général des armées, jeune homme de
beaucoup d'esprit et d'une grande espérance[3], mais
ayant toute l'étourderie d'une jeunesse effrénée[4],
10 fut convaincu[5] d'avoir chanté des chansons impies,
et même d'avoir passé devant une procession de ca-
pucins[6] sans avoir ôté son chapeau, les juges d'Ab-
beville, gens comparables aux sénateurs romains,
ordonnèrent, non seulement qu'on lui arrachât la
15 langue, qu'on lui coupât la main, et qu'on brûlât son

1. Par le traité de Paris, en 1763.
2. Soumettre un suspect à la torture pour le faire avouer.
3. Qui avait devant lui un bel avenir.
4. Sans frein, sans retenue.
5. Accusé avec preuves.
6. Ordre religieux qui doit son nom au port d'une capuche
caractéristique.

corps à petit feu ; mais ils l'appliquèrent encore à la torture pour savoir précisément combien de chansons il avait chantées, et combien de processions il avait vues passer, le chapeau sur la tête.

20 Ce n'est pas dans le XIIIᵉ ou dans le XIVᵉ siècle que cette aventure est arrivée, c'est dans le XVIIIᵉ. Les nations étrangères jugent de la France par les spectacles, par les romans, par les jolis vers, par les filles d'Opéra, qui ont les mœurs fort douces, par nos

25 danseurs d'Opéra, qui ont de la grâce, par Mˡˡᵉ Clairon[1], qui déclame des vers à ravir. Elles ne savent pas qu'il n'y a point au fond de nation plus cruelle que la française.

Dᴵᴄᴛᴵᴏɴɴᴀᴵʀᴇ ᴘʜᴵʟᴏꜱᴏᴘʜᴵᑫᵁᴇ ᴘᴏʀᴛᴀᴛᴵꜰ, *1764,*
article « Torture ».

Guide de lecture

I. Montrer comment, à travers la simple description des faits, dans le deuxième paragraphe, Voltaire fait valoir toutes les raisons qui minimisent la faute du jeune chevalier.

2. Faut-il comprendre, dans le troisième paragraphe, que Voltaire est contre le raffinement des mœurs et des arts dans la France du XVIIIᵉ siècle ? **Comment expliquer cette apparente contradiction ?**

3. Au-delà de la satire des mœurs et de la dénonciation d'un complexe de supériorité, la comparaison de la France avec les autres nations n'a-t-elle pas une dimension politique ?

---

1. La plus célèbre tragédienne du temps, qui interpréta en particulier les grands rôles féminins des tragédies de Voltaire.

BUFFON   *(1707-1788)*

BUFFON. Georges Louis Leclerc, comte de Buffon, naît et vit à Montbard, en Bourgogne. Bon mathématicien, il se spécialise vite dans « l'histoire naturelle », c'est-à-dire l'ensemble des sciences de la terre et de la vie (géologie, minéralogie, zoologie, botanique). À une jeunesse mondaine (voyages, salons) succède une grande activité scientifique : nommé surintendant du Jardin du Roi (l'actuel Jardin des Plantes à Paris) en 1739, il s'occupe d'en développer les collections. Mais sa vie est surtout consacrée à la composition d'un ouvrage gigantesque : l'*Histoire naturelle*. Cette somme comprend trente-six volumes illustrés : une *Théorie de la Terre*, des livres sur l'*Homme*, sur les *Quadrupèdes vivipares*, sur les *Oiseaux*, sur les *Minéraux*, et des *Époques de la nature* (hypothèses et calculs sur la chronologie du globe terrestre depuis sa formation), etc. Il l'élabore et la publie de 1749 à sa mort, et elle est un élément de la grande bataille philosophique. Mais Buffon conserve son indépendance d'esprit et de méthode, tant envers les Églises qu'à l'égard des philosophes (Voltaire, les encyclopédistes).

HISTOIRE NATURELLE (1758). Même si toutes ses propositions scientifiques n'ont pas été retenues, Buffon en a fait de fécondes et a pressenti le transformisme des espèces, que professera son disciple Lamarck, et la sélection naturelle, que reprendra Darwin. Il a contribué à l'extension du goût pour les sciences de la nature dans le grand public. D'un point de vue méthodologique, il a rejeté les causes finales et l'esprit de système, a généralisé le recours à l'expérience et à l'observation de ce qu'il appelait joliment « les archives du monde » : débuts de la paléontologie. Enfin, il avait le souci du « style », auquel il a consacré son célèbre *Discours* de réception à l'Académie française (1753). Il est remarquable que ce *Discours* sur l'art d'écrire soit resté un des textes les plus célèbres (« le style, c'est l'homme même ») de ce savant naturaliste, qui a écrit des milliers de pages dans sa spécialité. C'est qu'au fond, au XVIIIᵉ siècle, la science compte moins que le discours qu'on tient sur elle. Buffon a fait avancer la première — comme Diderot et d'Holbach —, mais de très peu par rapport au bond qu'elle devait faire au XIXᵉ siècle. En revanche, il a contribué à établir cette familiarité des hommes avec leur milieu naturel qui, fondant pour ainsi dire leurs droits sur ce milieu, leur a idéologiquement ouvert les portes de l'exploitation industrielle toujours croissante, dont nous voyons aujourd'hui les excès et les périls. L'extrait qui suit explique et célèbre l'équilibre de la vie et de la mort dans la nature.

« Quelle pullulation prodigieuse ! »

L'homme et les animaux carnassiers ne vivent que d'individus tout formés, ou d'individus prêts à l'être ; la chair, les œufs, les graines, les germes de toute espèce font leur nourriture ordi-
5 naire ; cela seul peut borner l'exubérance[1] de la Nature. Que l'on considère un instant quelqu'une de

---

1. La production toujours plus abondante.

ces espèces inférieures qui servent de pâture aux
autres, celle des harengs, par exemple ; ils viennent
par milliers s'offrir à nos pêcheurs, et après avoir
10 nourri tous les monstres des mers du nord, ils four-
nissent encore à la subsistance de tous les peuples
de l'Europe pendant une partie de l'année. Quelle
pullulation prodigieuse parmi ces animaux ! et s'ils
n'étaient en grande partie détruits par les autres,
15 quels seraient les effets de cette immense multipli-
cation ! eux seuls couvriraient la surface entière de
la mer ; mais bientôt, se nuisant par le nombre, ils se
corrompraient[2], ils se détruiraient eux-mêmes ;
faute de nourriture suffisante, leur fécondité dimi-
20 nuerait ; la contagion et la disette feraient ce que fait
la consommation ; le nombre de ces animaux ne serait guère augmenté, et le nombre de ceux qui s'en
nourrissent serait diminué. Et comme l'on peut dire
la même chose de toutes les autres espèces, il est
25 donc nécessaire que les unes vivent sur les autres ;
et dès lors la mort violente des animaux est un usage
légitime, innocent, puisqu'il est fondé dans la Nature, et qu'ils ne naissent qu'à cette condition.

HISTOIRE NATURELLE, *1758,*
tome VII, les Animaux carnassiers.

Guide de lecture
••

**1. Suivre les étapes de
la démonstration.
2. Cette démonstration
nuit-elle à la poésie de
cette « épopée des**

**harengs » ? Pourquoi ?
3. Que penser de la
comparaison établie ici
entre « l'homme » et
« les animaux » ?**

1. Perdraient leur vigueur et leur santé.

DIDEROT *(1713-1784)*

....

UNE JEUNESSE ARDENTE. Fils d'un coutelier de Langres, Denis Diderot est tonsuré à 13 ans et promis à une carrière de jésuite ; mais, venu à Paris à seize ans, il y mène une vie de bohême dont on sait peu de chose, sinon qu'il épouse, en 1743, une lingère, Anne-Toinette Champion, contre la volonté de ses parents. Il se cultive « sur le tas », en lisant et en traduisant pour vivre ; il lie amitié avec J.-J. Rousseau dès 1742, rencontre d'Alembert avec lequel il commence l'immense tâche de l'*Encyclopédie* en 1746. La même année, dans les *Pensées philosophiques*, il utilise une forme qui servira de base à ses futurs écrits : à mi-chemin entre la succession des fragments numérotés et le dialogue, qui met ici aux prises un chrétien, un déiste, un sceptique et un athée. La préférence donnée au dernier s'accuse encore dans la *Lettre sur les aveugles*, pour laquelle Diderot est emprisonné quatre mois au donjon de Vincennes. Il y reçoit la visite de J.-J. Rousseau et l'encourage à mettre en forme la thèse paradoxale qu'il a conçue (1749), voir p. 208.

UN MATÉRIALISME FERVENT. La vision matérialiste de Diderot se précise encore dans *De l'interprétation de la nature* (1753) et nourrit nombre des articles qu'il rédige pour l'*Encyclopédie*. Pourtant, quoiqu'il s'agisse d'une vraie théorie, appuyée sur le raisonnement philosophique et l'observation scientifique les plus avertis, Diderot la vit d'une façon aussi sensuelle qu'intellectuelle. Contrairement au préjugé qui veut que le matérialisme soit triste et sans espoir et que, par le déterminisme qu'il entraîne, il doive rendre passivement fataliste, le sien lui inspire un enthousiasme fervent et de grandes perspectives sur cet univers en perpétuel mouvement, régi par un hasard dont il n'est sans doute pas impossible de calculer la nécessité. Vaste programme auquel il s'attaque, aussi, à travers la fiction, car il ne sépare pas le moral du physique, ni l'art de la technique.

Une écriture inventive.　En 1757, Diderot lance, avec *le Fils naturel* et les *Entretiens avec Dorval,* une réforme du théâtre, visant surtout à fondre les anciens genres (tragédie, comédie, pantomime) dans un seul, le drame, appelé, à ce moment-là non péjorativement, drame « sérieux » ou « bourgeois » (voir p. 322). C'est à propos de ce drame que se déclenchera la rupture — qui menaçait depuis 1752 — avec J.-J. Rousseau.

Diderot met alors en chantier plusieurs romans de formes variées : un récit (épistolaire) de vie, *la Religieuse,* une satire dialoguée, *le Neveu de Rameau,* un récit de voyage dialogué, *Jacques le Fataliste,* textes sur lesquels il reviendra inlassablement pour les étoffer et les remanier. Il collabore à la *Correspondance littéraire,* sorte de journal manuscrit dans lequel son ami Melchior Grimm (1723-1807) renseigne les têtes couronnées de l'Europe sur l'actualité culturelle de Paris. C'est là qu'il donne, en 1759, son premier *Salon,* compte rendu de l'exposition de peinture qui avait lieu tous les deux ans. Il en écrira huit autres, dont le plus important, le cinquième, en 1768, et le dernier en 1781. Enfin, lié en 1755 avec Sophie Volland, il entretient avec elle une longue et superbe correspondance à partir de 1759.

Après l'Encyclopédie. Vers 1769, Diderot prend un nouvel élan. L'*Encyclopédie* terminée, il trouve les images et les formules les plus parlantes, pour définir son matérialisme chimique et biologique, dans les trois dialogues du *Rêve de d'Alembert.* Il s'occupe à cette même époque de marier sa fille Angélique, dont il a lui-même assuré l'éducation.

Jusque-là, c'est surtout dans les salons du baron d'Holbach et de Mme d'Épinay ou dans leurs châteaux des environs de Paris (le Grandval, la Chevrette) qu'il a rencontré ses contemporains marquants ; mais il a aussi d'illustres correspondants, dont Catherine II, impératrice de Russie. Après avoir acheté sa bibliothèque pour l'aider à vivre, celle-ci l'invite à Saint-Pétersbourg (1773-1774). Il y écrit toutes sortes d'ouvrages pour la conseiller dans son gouvernement *(Mémoires pour Catherine II, Observations sur le Nakaz, Plan d'une université pour la Russie).* La fin de sa vie est consacrée à la révision de plusieurs textes restés en portefeuille, à la collaboration à une somme anticolonialiste de l'abbé Raynal (1713-1796), *Histoire des Deux Indes,* et surtout à la composition d'un ouvrage-testament, qui fait le bilan des rapports entre la philosophie et le pouvoir, l'*Essai sur les règnes de Claude et de Néron* (1779). Avec lui, en 1784, c'est le dernier des grands « philosophes » qui disparaît.

LA PHILOSOPHIE DANS TOUS SES ÉTATS.

1745. *Essai sur le mérite et la vertu*, traduction-adaptation de l'Anglais Shaftesbury.

1746. *Pensées philosophiques*.

1747. *La Promenade du sceptique*.

1748. *Les Bijoux indiscrets*, roman libertin et « oriental ».

1749. *Lettre sur les aveugles à l'usage de ceux qui voient*.

1751. *Lettre sur les sourds et muets*.

1753. *De l'interprétation de la nature*.

1757. *Le Fils naturel ou les Épreuves de la vertu*, drame.

1758. *Le Père de famille*, drame, avec un *Discours sur la poésie dramatique*.

1759. Premier *Salon* (il y en aura neuf jusqu'en 1781) et première des *Lettres* conservées *à Sophie Volland*.

1760. *La Religieuse*, roman (première version).

1762. *Le Neveu de Rameau*, satire dialoguée (première version).

1765. *Jacques le Fataliste*, dialogue (première version).

1769. *Le Rêve de d'Alembert*, dialogues.

1770. *Les Deux Amis de Bourbonne*, conte.

1771. *Principes philosophiques sur la matière et le mouvement*.

1772. *Supplément au Voyage de Bougainville*.

1773. *Paradoxe sur le comédien*, dialogue.

1776. *Entretien d'un philosophe avec la Maréchale*.

1777. *Est-il bon ? est-il méchant ?*, comédie.

1779. *Essai sur les règnes de Claude et de Néron*.

LETTRE SUR LES AVEUGLES (1749). Après avoir montré sur plusieurs exemples ce que la pratique des aveugles pouvait nous apprendre sur les moyens de toute connaissance et sa relativité, puisqu'elle passe par la perception sensible, Diderot en vient au cas de l'Anglais Saunderson (1682-1739), aveugle et grand mathématicien. Au moment de sa mort, celui-ci a, avec un ministre (pasteur) anglican, un entretien où il réfute toute preuve de l'existence de Dieu tirée de l'ordre admirable de l'univers, ou, comme on disait alors, des « merveilles de la nature ». Il suppose, par exemple, que les espèces animales actuelles ne sont que le résultat d'une sélection naturelle qui a éliminé peu à peu toutes sortes d'êtres mal formés... Et il en vient à son propre cas.

« Un ordre momentané »

« L'ordre n'est pas si parfait, continua Saunderson, qu'il ne paraisse encore de temps en temps des productions[1] monstrueuses. » Puis, se tournant en face du ministre, il ajouta : « Voyez-moi
5 bien, monsieur Holmes, je n'ai point d'yeux. Qu'avions-nous fait à Dieu, vous et moi, l'un pour avoir cet organe, l'autre pour en être privé ? »

    Saunderson avait l'air si vrai et si pénétré en prononçant ces mots, que le ministre et le reste de l'as-
10 semblée ne purent s'empêcher de partager sa douleur, et se mirent à pleurer amèrement sur lui. L'aveugle s'en aperçut. « Monsieur Holmes, dit-il au ministre, la bonté de votre cœur m'était bien

---

1. Des êtres produits par la nature.

connue, et je suis très sensible à la preuve que vous
m'en donnez dans ces derniers moments : mais si je
vous suis cher, ne m'enviez pas[1] en mourant la
consolation de n'avoir jamais affligé personne. »

Puis reprenant un ton un peu plus ferme, il
ajouta : « Je conjecture donc que, dans le commen-
cement où la matière en fermentation faisait éclore
l'univers, mes semblables[2] étaient fort communs.
Mais pourquoi n'assurerais-je pas des mondes[3], ce
que je crois des animaux ? Combien de mondes es-
tropiés, manqués, se sont dissipés, se reforment et
se dissipent peut-être à chaque instant dans des es-
paces éloignés, où je ne touche point, et où vous ne
voyez pas, mais où le mouvement continue et conti-
nuera de combiner des amas de matière, jusqu'à ce
qu'ils aient obtenu quelque arrangement dans lequel ils puissent persévérer ? Ô philosophes ! trans-
portez-vous donc avec moi sur les confins de cet
univers, au-delà du point où je touche, et où vous
voyez des êtres organisés ; promenez-vous sur ce
nouvel océan, et cherchez à travers ses agitations ir-
régulières quelques vestiges de cet être intelligent
dont vous admirez ici la sagesse !

« Mais à quoi bon vous tirer de votre élément[4] ?
Qu'est-ce que ce monde, monsieur Holmes ? Un
composé sujet à des révolutions, qui toutes in-

---

1. Ne me retirez pas.
2. Les êtres « monstrueux » comme moi.
3. Des différents systèmes sidéraux de l'univers.
4. Du monde dans lequel vous vivez (la Terre).

40 diquent une tendance continuelle à la destruction ;
une succession rapide d'êtres qui s'entre-suivent, se
poussent et disparaissent ; une symétrie passagère ;
un ordre momentané.

Lettre sur les aveugles, 1749.

Guide de lecture

1. **Préciser les trois objets sur lesquels se porte tour à tour le propos de Saunderson.**
2. **De quelle manière le passage par l'émotion, au deuxième paragraphe, contribue-t-il à** conforter les hypothèses de l'aveugle ?
3. **Relever les images par lesquelles Diderot rend sensible l'activité incessante de la matière.**

LE RÊVE DE D'ALEMBERT (1769). Une série de trois dialogues permet à Diderot de préciser sa vision du phénomène vital, en rapport avec l'organisation de la matière, la sensibilité, l'unité organique des êtres, la question de leur reproduction : un *Entretien entre d'Alembert et Diderot*, le *Rêve de d'Alembert* et la *Suite de l'entretien*. C'est, selon ses propres termes, « de la plus haute extravagance et tout à la fois de la philosophie la plus profonde ». Dans ce texte, ébranlé par les hypothèses de son ami Diderot sur la matérialité, non seulement de la vie et de la pensée, mais même de l'âme, d'Alembert, pendant son sommeil, rêve à haute voix devant son médecin Bordeu et sa maîtresse, Mlle de Lespinasse. Et les images du rêve vont, bien sûr, plus loin encore que celles de la veille.

« Un flux perpétuel... »

J e suis donc tel, parce qu'il a fallu que je fusse tel. Changez le tout, vous me changez nécessairement ; mais le tout change sans cesse... L'homme n'est qu'un effet[1] commun, le monstre qu'un effet rare ; tous les deux également naturels, également nécessaires, également dans l'ordre universel et général... Et qu'est-ce qu'il y a d'étonnant à cela ?... Tous les êtres circulent les uns dans les autres, par conséquent toutes les espèces... tout est en un flux perpétuel... Tout animal est plus ou moins homme ; tout minéral est plus ou moins plante ; toute plante est plus ou moins animal. Il n'y a rien de précis en nature... [...] Toute chose est plus ou moins une chose quelconque, plus ou moins terre, plus ou moins eau, plus ou moins air, plus ou moins feu ; plus ou moins d'un règne ou d'un autre... donc rien n'est de l'essence d'un être particulier... Non, sans doute, puisqu'il n'y a aucune qualité dont aucun être ne soit participant... et que c'est le rapport plus ou moins grand de cette qualité qui nous la fait attribuer à un être exclusivement à un autre... Et vous parlez d'individus, pauvres philosophes ! laissez là vos individus ; répondez-moi. Y a-t-il un atome en nature rigoureusement semblable à un autre atome ?... Non... Ne convenez-vous pas que tout tient en nature et qu'il est impossible qu'il y ait un vide dans la chaîne ? Que voulez-vous donc dire

---

1. Un résultat (de ces changements).

avec vos individus ? Il n'y en a point, non, il n'y en a
point... Il n'y a qu'un seul grand individu, c'est le
30   tout. [...] Vivant, j'agis et je réagis en masse... mort,
j'agis et je réagis en molécules... Je ne meurs donc
point ?... Non, sans doute, je ne meurs point en ce
sens, ni moi, ni quoi que ce soit... Naître, vivre et
passer [1], c'est changer de formes... Et qu'importe une
35   forme ou une autre ?

Le Rêve de d'Alembert, 1769.

---

1. Mourir.

Guide de lecture
....

**1. À quels signes
voit-on que c'est un
mathématicien qui
parle ?
2. Montrer comment le
texte opère le passage
de la théorie à la vision.**

**3. Relever, dans ce
texte, tous les emplois
du mot « tout » (ou
« tous », « toute »).
À quels autres termes
s'oppose-t-il ? Que
peut-on en déduire ?**

La Religieuse (1760).   Diderot a beaucoup réfléchi sur
la forme romanesque, les raisons de sa faveur au
XVIIIe siècle, le type de plaisir qu'elle procure au lecteur,
les moyens qui sont à la disposition du romancier.
Avant d'expérimenter avec brio ces réflexions dans
Jacques le Fataliste, il s'est lui-même essayé dans plusieurs des voies en usage alors, en particulier celle du
roman libertin sous un masque oriental, avec *les Bijoux
indiscrets,* et celle du récit de vie, avec *la Religieuse.* L'hé-

roïne de ce roman, Suzanne Simonin, est censée écrire à M. de Croismare, qui s'est intéressé à ses malheurs, pour les lui raconter en détail. Fruit d'un adultère, Suzanne est délaissée par ses parents, qui veulent lui faire prendre le voile malgré elle. De couvent en couvent, sa résistance lui vaut toutes sortes d'avanies et de mauvais traitements. Les plus brutaux ne sont pourtant pas les plus dangereux, et, dans sa critique des mœurs monastiques, Diderot ne craint pas de dénoncer aussi ce scandale-ci : la mère supérieure du couvent de Saint-Eutrope a trop bien accueilli sœur Suzanne, au point de rendre jalouse la petite sœur Thérèse, qui avait jusque-là ses faveurs.

« Quelque faveur innocente... »

Nous sortîmes. Sœur Thérèse voulut nous suivre ; mais la supérieure détournant la tête négligemment par-dessus mon épaule, lui dit d'un ton de despotisme : « Rentrez dans votre cellule, et
5   n'en sortez pas que je ne vous le permette... » Elle obéit, ferma sa porte avec violence, et s'échappa en [1] quelques discours qui firent frémir la supérieure ; je ne sais pourquoi, car ils n'avaient pas de sens ; je vis sa colère, et je lui dis : « Chère mère, si vous avez
10   quelque bonté pour moi, pardonnez à ma sœur Thérèse ; elle a la tête perdue, elle ne sait ce qu'elle dit, elle ne sait ce qu'elle fait.

---

1. Se laissa aller à.

— Que je lui pardonne ! Je le veux bien ; mais que me donnerez-vous ?

15 — Ah ! chère mère, serais-je assez heureuse pour avoir quelque chose qui vous plût et qui vous apaisât ? »

Elle baissa les yeux, rougit et soupira ; en vérité, c'était comme un amant. Elle me dit ensuite, en se
20 rejetant nonchalamment sur moi, comme si elle eût défailli : « Approchez votre front, que je le baise... » Je me penchai, et elle me baisa le front. Depuis ce temps, sitôt qu'une religieuse avait fait quelque faute, j'intercédais pour elle, et j'étais sûre d'obtenir
25 sa grâce par quelque faveur innocente ; c'était toujours un baiser ou sur le front ou sur le cou, ou sur les yeux, ou sur les joues, ou sur la bouche, ou sur les mains, ou sur la gorge, ou sur les bras, mais plus souvent sur la bouche ; elle trouvait que j'avais l'ha-
30 leine pure, les dents blanches, et les lèvres fraîches et vermeilles.

En vérité je serais bien belle, si je méritais la plus petite partie des éloges qu'elle me donnait : si c'était mon front, il était blanc, uni et d'une forme char-
35 mante ; [...] si c'était ma gorge[1], elle était d'une fermeté de pierre et d'une forme admirable ; [...] que sais-je tout ce qu'elle me disait ! Il y avait bien quelque chose de vrai dans ses louanges ; j'en rabattais[2] beaucoup, mais non pas tout. Quelquefois, en me
40 regardant de la tête aux pieds, avec un air de

---

1. Mes seins.
2. J'en enlevais (en les attribuant à l'exagération).

complaisance[1] que je n'ai jamais vu à aucune autre femme, elle me disait : « Non, c'est le plus grand bonheur que Dieu l'ait appelée dans la retraite ; avec cette figure-là, dans le monde, elle aurait damné au-
45 tant d'hommes qu'elle en aurait vu, et elle se serait damnée avec eux. Dieu fait bien tout ce qu'il fait. »

LA RELIGIEUSE, *1760*.

---

1. Un air qui manifestait un très grand plaisir, qu'on souhaitait faire durer et partager.

Guide de lecture
....

1. Jusqu'où peut-on, d'après ce texte, faire aller la naïveté de Suzanne ?
2. Comment Diderot parvient-il, en faisant parler la narratrice (voir p. 322), à suggérer à la fois cette naïveté et la véritable nature des sentiments de la supérieure ?
3. Relever les signes d'une équivoque entre les sentiments religieux et le désir charnel.

LE NEVEU DE RAMEAU (1762). Ce dialogue élargit la satire à la société tout entière, dont, par son statut de marginal parasite, son intelligence et son franc-parler, le pittoresque personnage principal, neveu du grand musicien, rend sensible le fonctionnement, souvent absurde, souvent grotesque, toujours fondé sur des réalités opposées aux valeurs humanistes. Au sujet de l'éducation qu'il donne à son fils, par exemple, le Neveu

(« Lui ») tient au philosophe (« Moi ») des propos in-
habituels, mais conformes à ce qui se passe dans le
monde « comme il va ».

« De l'or, de l'or »

Lui.   De l'or, de l'or. L'or est tout, et le reste, sans or,
n'est rien. Aussi, au lieu de lui farcir la tête de belles
maximes, qu'il faudrait qu'il oubliât sous peine de
n'être qu'un gueux, lorsque je possède un louis[1],
5 ce qui ne m'arrive pas souvent, je me plante devant lui,
je tire le louis de ma poche, je le lui montre avec admiration, j'élève les yeux au ciel, je baise le louis devant lui, et pour lui faire entendre[2] mieux encore
l'importance de la pièce sacrée, je lui bégaye de la
10 voix[3], je lui désigne du doigt, tout ce qu'on en peut
acquérir, un beau fourreau[4], un beau toquet[5], un
bon biscuit ; ensuite je mets le louis dans ma poche,
je me promène avec fierté, je relève la basque[6] de ma
veste, je frappe de la main sur mon gousset[7] ; et c'est
15 ainsi que je lui fais concevoir que c'est du louis qui
est là que naît l'assurance qu'il me voit.

---

1. Pièce d'or de la valeur d'environ 2 500 francs actuels.
2. Comprendre.
3. Je lui nomme rapidement.
4. Robe d'enfant.
5. Bonnet d'enfant.
6. Un des pans ouverts, sous la taille d'une veste.
7. Petite poche où l'on met son argent.

MOI. On ne peut rien de mieux ; mais s'il arrivait que profondément pénétré de la valeur du louis, un jour...

20 LUI. Je vous entends. Il faut fermer les yeux là-dessus. Il n'y a point de principe de morale qui n'ait son inconvénient. Au pis aller, c'est un mauvais quart d'heure et tout est fini.

MOI. Même d'après des vues si courageuses et si
25 sages je persiste à croire qu'il serait bon d'en faire un musicien. Je ne connais pas de moyen d'approcher plus rapidement des grands, de servir leurs vices et de mettre à profit les siens.

LUI. Il est vrai ; mais j'ai des projets d'un succès
30 plus prompt et plus sûr. Ah ! si c'était aussi bien une fille !

LE NEVEU DE RAMEAU, *1762.*

Guide de lecture
··

1. Quelles sont les valeurs morales que le Neveu malmène, d'un bout à l'autre du texte ? 2. Expliciter les allusions du Neveu sur le « mauvais quart d'heure » et sur la « fille ». **3. Le philosophe** semble-t-il s'opposer nettement aux pratiques du Neveu ? Pourquoi ?

JACQUES LE FATALISTE (1765). Ce texte d'une richesse exceptionnelle passe pour une géniale anticipation du roman moderne. Il met en scène un maître et un valet qui voyagent à cheval et se racontent l'histoire de leurs amours ; il propose un grand nombre d'anecdotes imbriquées les unes dans les autres ; il prend sans cesse le lecteur à partie, mettant en opposition comme par plaisanterie taquine son désir de connaître la suite et la souveraine liberté du romancier.

Toutes ces péripéties du texte illustrent de façon contradictoire la thèse philosophique du « grand rouleau » que Jacques tient de son ancien capitaine : tout ce qui nous arrive est comme écrit d'avance, déterminé par un ensemble de causes sur lesquelles nous ne pouvons rien.

À plusieurs reprises, comme dans l'extrait suivant, le maître s'oppose à cette thèse et soutient celle de la liberté.

« je suis libre... »

LE MAÎTRE.   Mais il me semble que je sens au dedans de moi-même que je suis libre, comme je sens que je pense.

JACQUES.   Mon capitaine disait : « Oui, à présent
5 que vous ne voulez rien ; mais veuillez vous précipiter[1] de votre cheval ? »

LE MAÎTRE.   Eh bien ! je me précipiterai.

JACQUES.   Gaiement, sans répugnance, sans effort,

---

1. Vous jeter à bas.

comme lorsqu'il vous plaît d'en descendre à la porte
d'une auberge ?

LE MAÎTRE. Pas tout à fait ; mais qu'importe,
pourvu que je me précipite, et que je prouve que je
suis libre ?

JACQUES. Mon capitaine disait : « Quoi ! vous ne
voyez pas que sans ma contradiction il ne vous serait jamais venu en fantaisie[1] de vous rompre le
cou ? C'est donc moi qui vous prends par le pied, et
qui vous jette hors de selle. Si votre chute prouve
quelque chose, ce n'est donc pas que vous soyez
libre, mais que vous êtes fou. » Mon capitaine disait
encore que la jouissance d'une liberté qui pourrait
s'exercer sans motif serait le vrai caractère d'un ma-
niaque.

LE MAÎTRE. Cela est trop fort pour moi ; mais, en
dépit de ton capitaine et de toi, je croirai que je veux
quand je veux.

JACQUES. Mais si vous êtes et si vous avez toujours
été le maître de vouloir, que ne voulez-vous à
présent aimer une guenon ; et que n'avez-vous
cessé d'aimer Agathe toutes les fois que vous l'avez
voulu ? Mon maître, on passe les trois quarts de sa
vie à vouloir, sans faire.

LE MAÎTRE. Il est vrai.

JACQUES. Et à faire sans vouloir.

LE MAÎTRE. Tu me démontreras celui-ci[2] ?

---

1. Vous n'auriez jamais eu l'idée (étrange).
2. Ce postulat-ci.

> JACQUES. Si vous y consentez.
>
> LE MAÎTRE. J'y consens.
>
> JACQUES.   Cela se fera, et parlons d'autre chose...

JACQUES LE FATALISTE, *1765.*

Guide de lecture
....
1. Étudier l'infériorité
logique du maître.
2. Comment les six
dernières répliques

illustrent-t-elles le
caractère principal d'un
texte fait de ruptures et
de continuité ?

LE FILS NATUREL (1757).   Avec cette pièce, Diderot voulait faire sortir le théâtre des carcans qui l'emprison-
naient depuis l'époque classique : distinction des
genres, priorité du discours sur l'action, des caractères
(types éternels de l'humanité) sur les conditions (situations concrètes des contemporains dans leur famille,
leur métier), des vers sur la prose. Il voulait aussi en
faire une école de vertu, montrer le triomphe — difficile mais méritoire — de celle-ci, tant sur les décrets
du destin que sur les manies individuelles, et pour cela
abandonner les conventions de la tragédie et de la
comédie en créant un genre nouveau, le drame.

L'extrait qui suit est un monologue du protagoniste
de la pièce, Dorval, qui, quoique rempli de belles qualités (honnêteté, générosité, lumières), ne trouve pas sa
place dans le monde parce qu'il est de naissance illégi-
time. Accueilli dans la maison de son ami Clairville, qu'il
a mis sur le chemin de la sagesse et à qui il sauvera la

vie, il est aimé de Constance, sœur de Clairville, et tombe lui-même amoureux de Rosalie, la fiancée de son ami. Ce qu'il ne parvient pas à comprendre ici s'expliquera plus tard : ce n'est pas la fatalité qui se joue de son innocence, ni la voix du mal qui l'emporte sur celle du bien, mais un malentendu qui sera levé à la fin de la pièce, quand il retrouvera son père, apprendra de lui que Rosalie est sa sœur, et choisira en Constance une épouse digne de lui.

« je traîne partout l'infortune... »

Dorval, *seul.*   Suis-je assez malheureux !... J'inspire une passion secrète à la sœur de mon ami[1]... J'en prends une insensée pour sa maîtresse[2] ; elle, pour moi... Que fais-je encore dans une maison que je
5   remplis de désordre ? Où est l'honnêteté ! Y en a-t-il dans ma conduite ?... *(il appelle comme un forcené :)* Charles, Charles[3]... On ne vient point... Tout m'abandonne... *(Il se renverse dans un fauteuil. Il s'abîme dans la rêverie. Il jette ces mots par intervalles :)*... En-
10   core, si c'étaient là les premiers malheureux que je fais !... mais non, je traîne partout l'infortune... Tristes mortels, misérables jouets des événements... soyez bien fiers de votre bonheur, de votre vertu !... Je viens ici, j'y porte une âme pure... oui, car elle l'est

---

1. Constance, sœur de Clairville.

2. Rosalie.

3. Son domestique, qu'il a chargé de préparer son départ.

15 encore... J'y trouve trois êtres favorisés du ciel : une
femme vertueuse et tranquille, un amant passionné
et payé de retour, une jeune amante raisonnable et
sensible... La femme vertueuse a perdu sa tranquillité. Elle nourrit dans son cœur une passion qui la
20 tourmente. L'amant est désespéré. Sa maîtresse devient inconstante, et n'en est que plus malheu-
reuse... Quel plus grand mal eût fait un scélérat ?...
Ô toi qui conduis tout, qui m'as conduit ici, te char-
geras-tu de te justifier ?... Je ne sais où j'en suis. *(Il*
25 *crie encore :)* Charles, Charles.

Le Fils naturel, 1757,
acte II, scène 5.

Guide de lecture
••

1. En quoi ce mono-   2. Quels sont les signes
logue justifie-t-il le   théâtraux du désarroi
sous-titre de la pièce :   de Dorval ?
« les Épreuves de la
vertu » ?

Lettres à Sophie Volland. Dans cette correspondance qu'il entretient avec sa maîtresse, son amie de
cœur et sa confidente en « philosophie », Diderot
aborde toutes sortes de sujets, avec une grande liberté
d'écriture. Grâce à ces lettres nous apprenons beaucoup de choses sur la vie intime du philosophe, sur les
occupations et les conversations des salons qu'il fré-
quentait, sur les détails de son travail pour l'*Encyclo-*

pédie, et sur la genèse de ses ouvrages. Il y prend aussi occasion de la moindre anecdote pour trouver, dans la vie quotidienne, des éléments de réflexion qui n'excluent pas l'enjouement, voire la paillardise.

« Une gaieté franche... »

Dans le petit récit que je vous ai fait de notre voyage à Maisons[1], j'ai oublié de vous dire que, n'ayant trouvé dans le village aucun gîte passable, nous nous adressâmes à un des fermiers du
5 seigneur. Cet homme a cinquante ans, sa femme quarante-deux. Ils ont eu douze enfants, et ils espèrent en avoir encore. Nous fûmes très bien reçus. Nous eûmes chair et poisson[2]. Nous fîmes mettre à table l'hôte et l'hôtesse ; et ces deux convives nous
10 donnèrent une gaieté franche, rustique et d'une autre couleur que celle que nous aurions eue entre nous. Nous avions apporté six bouteilles de vin, parmi lesquelles deux de champagne. Ils y en ajoutèrent deux du leur. Sur la fin du repas, nous étions
15 tous assez chauds. Le bon fermier était devenu galant avec sa femme, et lui faisait des propositions. La bonne fermière n'y voyait qu'un inconvénient, c'est qu'ils n'avaient en vue ni compère ni commère[3].

---

1. Aujourd'hui Maisons-Laffitte, aux environs de Paris.
2. Un repas abondant et varié.
3. Ni parrain, ni marraine.

Madame Duclos et moi, nous levâmes cet obstacle,
20 et l'on nous promit d'honneur que nous n'aurions
pas traversé le bac, que nous aurions un filleul de
commencé ; et je vous assure que ces gens sains et
vigoureux nous auront tenu parole plutôt deux fois
qu'une. Le seigneur de Maisons, celui qui habite
25 cette belle demeure que je vous ai décrite[4], est un
M. de Soyecourt, homme déshonoré, qui s'est caché
là et qui y sèche de honte et d'ennui. Son fermier est
plus heureux sous le chaume que monseigneur sous
ses lambris dorés. C'est que le fermier est bien et
30 que monseigneur est mal avec lui-même. La dou-
ceur qui est au fond de l'âme de Jean Jacques Nicolas
Bled se répand sur tout ce qui l'environne ; le poison
qui est au fond de l'âme de Cæsar Alexandre Victor
de Soyecourt se répand sur tout ce qui l'approche, et
35 vive Jean Jacques Nicolas Bled, et fi de Cæsar
Alexandre Victor de Soyecourt ! Bled est vraiment le
nom de notre fermier.

Lettres à Sophie Volland, dimanche 17 octobre 1762.

Guide de lecture
....

1. **Montrer comment**
l'évocation gauloise des
amours du fermier et
de la fermière découle
tout naturellement du
récit qui la précède.

2. **Comment se trouve**
renouvelé le vieux
thème du riche mal-
heureux et du pauvre
heureux ?

---

1. Le château de Maisons, décrit dans une lettre antérieure.

S<small>UPPLÉMENT AU</small> V<small>OYAGE DE</small> B<small>OUGAINVILLE</small> (1772). Les grands voyages maritimes et les progrès de la colonisation ont alimenté la réflexion des Lumières militantes dans plusieurs directions : l'observation de nouveaux phénomènes naturels, qui participait à une connaissance « encyclopédique » de la nature ; la réactivation du vieux mythe du « bon sauvage », dont l'enjeu a été profondément modifié avec le paradoxe de J.-J. Rousseau ; la critique enfin, de plus en plus véhémente, du fonctionnement brutal des sociétés occidentales imposant, par la force et l'intimidation, des lois et des devoirs désormais devenus, aux yeux de beaucoup, relatifs et discutables.

Parmi ces voyages, ceux de Bougainville aux îles Malouines (1763-1765) et en Océanie (1766-1769) ont frappé l'imagination de tous, enrichi les connaissances des savants et excité la curiosité des philosophes. Bougainville ayant fait paraître la relation de son *Voyage autour du monde* en 1771, Diderot imagine aussitôt de lui ajouter un « Supplément ». L'intérêt qu'il y montre pour les mœurs si différentes des Tahitiens et la critique qu'il ne manque pas d'en tirer envers les mœurs européennes portent essentiellement sur le comportement sexuel : la liberté sexuelle est en effet, à Tahiti, la chose qui frappe immédiatement le voyageur, le séduit et le trouble ; le sexe est aussi un des liens les plus profonds de l'homme avec la nature, puisque, comme chez les animaux, il est régi par un instinct très puissant et assure la reproduction de l'espèce ; c'est enfin l'une des activités les plus surveillées et réprimées par la religion, qui lui attache volontiers la honte du péché.

À partir de cet exemple, où notre civilisation a compliqué et perverti ce qui semblait devoir être tout pur et tout simple, Diderot élargit le problème, dans un dialogue entre A. et B.

« Méfiez-vous de celui qui veut mettre de l'ordre »

A. [...] dites-moi, faut-il civiliser l'homme, ou l'abandonner à son instinct ?

B. Faut-il vous répondre net ?

A. Sans doute.

5   B. Si vous vous proposez d'en être le tyran, civilisez-le ; empoisonnez-le de votre mieux d'une morale contraire à la nature ; faites-lui des entraves de toute espèce ; embarrassez ses mouvements de mille obstacles ; attachez-lui des fantômes qui l'ef-
10   fraient ; éternisez la guerre dans la caverne[1], et que l'homme naturel y soit toujours enchaîné sous les pieds de l'homme moral. Le voulez-vous heureux et libre ? ne vous mêlez pas de ses affaires : assez d'incidents imprévus le conduiront à la lumière et à la
15   dépravation ; et demeurez à jamais convaincu que ce n'est pas pour vous, mais pour eux, que ces sages législateurs vous ont pétri et maniéré comme vous l'êtes. J'en appelle à toutes les institutions poli-

---

1. Allusion au mythe de Platon représentant l'homme enchaîné dans une caverne et ne pouvant voir la lumière de la vérité que par reflet.

tiques, civiles et religieuses : examinez-les profon-
20 dément ; et je me trompe fort, ou vous y verrez
l'espèce humaine pliée de siècle en siècle au joug
qu'une poignée de fripons se promettait de lui im-
poser. Méfiez-vous de celui qui veut mettre de
l'ordre. Ordonner, c'est toujours se rendre le maître
25 des autres en les gênant[1] : et les Calabrais sont
presque les seuls à qui la flatterie des législateurs
n'en ait point encore imposé...[2]

A.   Et cette anarchie de la Calabre vous plaît ?

B.   J'en appelle à l'expérience ; et je gage que leur
30 barbarie est moins vicieuse que notre urbanité.
Combien de petites scélératesses compensent ici
l'atrocité de quelques grands crimes dont on fait
tant de bruit !

SUPPLÉMENT AU VOYAGE DE BOUGAINVILLE, *1772,*
chapitre 5.

Guide de lecture
••

**1. Comment l'en-
semble du texte pré-
cise-t-il l'enjeu de la
question posée au
début par A. ?
2. La démonstration de
B. ne dépasse-t-elle pas
de beaucoup le do-
maine moral ? Préciser
sa valeur subversive.**

**3. Diderot ignore-t-il, à
votre avis, ce qu'a de
mythique, voire de
fantasmatique, cette
liberté sexuelle ? Pour-
quoi, dans ces condi-
tions, B. la valorise-t-il
quand même ?**

---

1. En mettant des obstacles à leur liberté.
2. La Calabre est une région du sud de l'Italie, célèbre par ses bandits.

L'ENCYCLOPÉDIE *(1750-1772)*

UN OUTIL DE PROPAGANDE. C'est un énorme réservoir de connaissances, théoriques et techniques, dans tous les domaines, d'expériences, de descriptions et d'hypothèses, classées, sur le modèle de Bayle, par ordre alphabétique. Tout un système de renvois d'un article à l'autre, et du texte aux planches d'illustration, en fait un instrument incomparable d'initiation, de réflexion, de comparaison. Conçue d'abord comme la traduction d'un ouvrage anglais, elle dépassa vite ce modèle et devint un formidable outil de la propagande philosophique et de l'idéologie bourgeoise du travail, du progrès et de la liberté.

UNE AVENTURE DE VINGT-QUATRE ANS. Chargé de ce projet par le libraire Le Breton dès 1746, Diderot fut, avec d'Alembert, le maître d'œuvre de sa réalisation. Ce fut une aventure de 24 ans, entrecoupée de crises.

1750. Rédigé par Diderot, le *Prospectus* paraît ; il explique le projet aux souscripteurs, qui dépassent bientôt les deux mille et atteindront les quatre mille, chiffre considérable alors pour un tel ouvrage.

1751. Le premier volume est distribué, avec un *Discours préliminaire* de d'Alembert.

1752. Les jésuites (voir p. 322) attaquent les thèses théologiques de l'abbé de Prades, un des collaborateurs de l'ouvrage, et obtiennent sa condamnation. Du coup, la vente des deux premiers volumes est interdite.

1753. Grâce à la protection de Mme de Pompadour et

du directeur de la Librairie (l'édition), Malesherbes, le tome III est distribué, puis les suivants, jusqu'en 1757 (tome VII).

1757. L'attentat de Damiens donne un coup de frein brutal ; on soupçonne l'esprit encyclopédique d'avoir inspiré le geste régicide.

1758. D'Alembert prend peur, et se retire. Une campagne se déchaîne, inspirée par le parti dévot de la reine, et animée par Fréron, Chaumeix et Palissot, écrivains et journalistes ennemis des philosophes. Le livre *De l'esprit* d'Helvétius, un des encyclopédistes, est condamné au bûcher.

1759. La vente de l'ouvrage est de nouveau interdite.

1760. Les attaques continuent, sous la forme d'une comédie *(les Philosophes)* de Palissot et du *Discours* de réception à l'Académie française de Le Franc de Pompignan. Soutenu par Voltaire, par Malesherbes, par les salons de Mme Geoffrin et du baron d'Holbach, Diderot refuse les possibilités qu'on lui offre de terminer l'ouvrage à l'étranger.

1764. L'expulsion des jésuites lui facilite la tâche ; cependant, il découvre que le libraire Le Breton a trafiqué le texte, et supprimé certains passages jugés trop hardis. Il se bat pour que l'ouvrage intégral continue de paraître.

1766. Les tomes VIII à XVII sont distribués aux souscripteurs. Les volumes de planches ont commencé à l'être en 1762 ; les derniers seront fournis en 1772. Cette année-là, l'*Encyclopédie ou Dictionnaire raisonné des sciences, des arts et des métiers,* achevée, comporte vingt-huit volumes et remporte un énorme succès dans toute l'Europe.

DIDEROT, MAÎTRE D'ŒUVRE. Sur les soixante mille articles qu'elle offre, plus de mille ont été rédigés par Diderot (sur la philosophie, la littérature, la morale, la religion, la politique, l'économie, les arts appliqués), les autres par des centaines de collaborateurs, dont d'Alembert (mathématiques), Duclos (morale), Le Roy (astronomie), d'Holbach (chimie), Marmontel (littérature), Blondel (architecture), l'abbé Yvon (métaphysique), mais aussi Buffon (histoire naturelle), Voltaire (histoire) et J.-J. Rousseau (politique, musique), et enfin le chevalier de Jaucourt qui, à lui seul, assura la composition d'un très grand nombre d'articles, dans toutes les disciplines. Les planches sont d'une grande richesse et d'une parfaite précision. Elles reproduisent les outils, les machines, les opérations des divers métiers. Cette exaltation du travail manuel et de la dignité de l'artisan est une des caractéristiques les plus neuves de cet ouvrage. En 1765, Diderot fait le point sur les difficultés qu'a rencontrées l'entreprise encyclopédique, et sur les mérites de tous ceux qui ont réussi, néanmoins, à la mener à bien.

« Tout ne sera pas perdu... »

L orsque nous commençâmes à nous occuper de cette entreprise, la plus vaste peut-être qu'on ait jamais conçue en littérature, nous ne nous attendions qu'aux difficultés qui naîtraient de l'étendue
5 et de la variété de son objet ; mais ce fut une illusion passagère, et nous ne tardâmes pas à voir la multitude des obstacles physiques que nous avions pres-

sentis, s'accroître d'une infinité d'obstacles moraux auxquels nous n'étions nullement préparés. [...]

De toutes les persécutions qu'ont eu à souffrir dans tous les temps et chez tous les peuples, ceux qui se sont livrés à la séduisante et dangereuse émulation d'inscrire leurs noms dans la liste des bienfaiteurs du genre humain, il n'en est presque aucune qu'on n'ait exercée contre nous. Ce que l'Histoire nous a transmis des noirceurs de l'envie, du mensonge, de l'ignorance, et du fanatisme, nous l'avons éprouvé. Dans l'espace de vingt années consécutives, à peine pouvons-nous compter quelques instants de repos. [...] Grâce à nos travaux, ceux qui viendront après nous, pourront aller plus loin. Sans prononcer sur ce qu'ils auront encore à faire, nous leur transmettrons du moins le plus beau recueil d'instruments et de machines qui ait existé, avec les planches relatives aux arts mécaniques, la description la plus complète qu'on en ait encore donnée[1], et sur toutes les sciences une infinité de morceaux précieux. Ô nos compatriotes et nos contemporains, avec quelque sévérité que vous jugiez cet ouvrage, rappelez-vous qu'il a été entrepris, continué, achevé par un petit nombre d'hommes isolés, tarversés[2] dans leurs vues, montrés sous les aspects les plus odieux, calomniés et outragés de la manière la plus atroce, n'ayant d'autre encouragement que l'amour du bien, d'autre appui que quelques suf-

---

1. Qu'on en ait donnée jusqu'aujourd'hui.
2. Freinés par des obstacles volontaires.

frages[1], d'autres secours que ceux qu'ils ont trouvés dans la confiance de trois ou quatre commerçants.

Notre principal objet était de rassembler les découvertes des siècles précédents ; sans avoir négligé
40 cette première vue, nous n'exagérerons point en appréciant à plusieurs volumes in-folio[2] ce que nous avons apporté de richesses nouvelles au dépôt des connaissances anciennes. Qu'une révolution dont le germe se forme peut-être dans quelque canton[3]
45 ignoré de la terre, ou se couve secrètement au centre même des contrées policées[4], éclate avec le temps, renverse les villes, disperse de nouveaux peuples, et ramène l'ignorance et les ténèbres ; s'il se conserve un seul exemplaire entier de cet ouvrage, tout ne
50 sera pas perdu.

L'ENCYCLOPÉDIE, *1765,*
tome VIII, Avertissement.

Guide de lecture
....

1. Comment Diderot rend-il sensible la solidarité des efforts qu'a demandés l'entreprise et les résultats de celle-ci ?

2. Discuter la significa- tion du mot « isolés » (l. 31).

3. Comment le texte inscrit-il cet événement littéraire dans l'histoire des hommes ?

---

1. Approbations.
2. En évaluant à plusieurs volumes de grand format.
3. Région.
4. Des pays civilisés.

SEDAINE

MICHEL JEAN SEDAINE. Ce fils de maçon et lui-même tailleur de pierre, se cultive, malgré sa modeste condition et les difficultés de sa vie : orphelin, il éleva le sept frères et sœurs dont il était l'aîné. Diderot appréciait sa dignité et son sang-froid. Auteur de poèmes et de livrets d'opéra-comique, il reste surtout comme celui qui illustra le drame bourgeois avec la meilleure réussite du genre, *le Philosophe sans le savoir,* joué au Théâtre-Français en 1765. Cette pièce défendait avec intelligence, vigueur et sensibilité les idéaux des philosophes, que Palissot venait de ridiculiser dans une comédie : absence de préjugés, bienveillance envers les plus humbles, tolérance, etc.

LE PHILOSOPHE SANS LE SAVOIR (1765). Le matin des noces de sa sœur, le jeune Vanderk doit se battre en duel avec un officier ayant insulté la profession de son père, lequel est négociant. Ce dernier lui révèle qui il est en réalité : gentilhomme, il s'est battu tout jeune en duel par amour, a dû fuir, a été recueilli par un marchand hollandais qui l'a associé à ses affaires ; à la mort de son protecteur, il a accepté de prendre son nom et son commerce. Il a caché à son fils leur origine noble pour le mettre à l'abri de l'orgueil et afin qu'il ne doive sa réussite qu'à ses propres vertus. Averti du duel et quoiqu'il le désapprouve, il ne veut pas empêcher son fils de tenir sa parole. Il le laisse partir, lui donne les moyens de fuir, s'il est vainqueur, et envoie son domestique pour qu'il revienne le prévenir, si son fils est vaincu et tué : le valet devra alors frapper trois coups à sa porte. Toute la journée, le père fait stoïquement bonne figure auprès de tout le monde, y compris auprès d'un visiteur qui vient lui demander, contre une lettre de change, de l'argent liquide dont il a un besoin urgent. Ce visiteur, M. Desparville, est le père de l'adversaire du jeune Vanderk, et l'argent est destiné à aider son fils à fuir, s'il est vainqueur.

« J'espère que j'ai un fils... »

M. VANDERK PÈRE. *Il sonne :* Monsieur, je vais vous la faire payer.

M. DESPARVILLE PÈRE. À l'instant ?

M. VANDERK PÈRE. Oui, monsieur.

5 M. DESPARVILLE PÈRE. À l'instant ! Prenez, monsieur. Ah ! quel service vous me rendez ! Prenez, prenez, monsieur.

Le domestique entre.

M. VANDER PÈRE. Allez à ma caisse, apportez le
10 montant de cette[1], 2 400 livres.

M. DESPARVILLE PÈRE. Faites retenir, monsieur, le compte, la compte, le...

M. VANDER PÈRE. Non, monsieur, je ne prends point d'escompte[2], ce n'est pas mon commerce ; et, je

---

1. La lettre de change était une sorte de chèque, tirable dans certains établissements, mais aussi négociable.

2. D'intérêt, d'agio.

15 vous l'avoue avec plaisir, ce service ne me coûte
rien : votre lettre vient de Cadix ; elle est pour moi
une rescription[1], elle devient pour moi de l'argent
comptant.

M. Desparville père.   Monsieur, monsieur, voilà de
20 l'honnêteté, voilà de l'honnêteté. Vous ne savez pas
toute l'étendue du service que vous me rendez.

M. Vanderk père.   Je souhaite qu'il soit considérable.

M. Desparville père.   Ah monsieur, monsieur, que
25 vous êtes heureux ! Vous n'avez qu'une fille ?

M. Vanderk père.   J'espère que j'ai un fils.

M. Desparville père.   Un fils ! Mais il est apparemment dans le commerce, dans un état tranquille ;
mais le mien, le mien est dans le service[2] ; à l'instant
30 que je vous parle, n'est-il pas occupé à se battre ?

M. Vanderk père.   À se battre !

M. Desparville père.   Oui, monsieur, à se battre. Un
autre jeune homme, dans un café, un petit brutal, lui
a cherché querelle, je ne sais pourquoi, je ne sais
35 comment ; il ne le sait pas lui-même.

M. Vanderk père.   Que je vous plains ! Et qu'il est à
craindre...

M. Desparville père.   À craindre ! Je ne crains rien :
mon fils est brave, il tient de moi ; et adroit, adroit :
40 à vingt pas il couperait une balle en deux sur une
lame de couteau. Mais il faut qu'il s'enfuie, c'est le

---

1. Une sorte de mandat, facile à toucher.
2. Est militaire.

diable, c'est une mauvaise affaire, vous entendez
bien vous entendez bien ; je me fie à vous, vous
m'avez gagné l'âme.

45 M. VANDERK PÈRE.   Monsieur, je suis flatté de
votre... *(Pan. On frappe un coup à la porte.)* Je suis
flatté de ce que... *(Pan. Un second coup.)*

M. DESPARVILLE PÈRE.   Ce n'est rien, c'est qu'on
frappe chez vous.

50 M. VANDERK PÈRE.   *(Pan. Un troisième coup) :* Ah monsieur ! Tous les pères ne sont pas malheureux.

M. DESPARVILLE PÈRE.   Vous ne vous trouvez pas in-
disposé ?

M. VANDERK PÈRE.   Non, monsieur. *(Le domestique*
55 *entre avec les 2 400 livres.)* Ah ! Voilà votre somme.
Partez, monsieur, vous n'avez pas de temps à
perdre.

LE PHILOSOPHE SANS LE SAVOIR, *1765,*
acte V, scène 4.

Guide de lecture
....
1. Préciser les diffé-
rentes étapes de la
montée dramatique
dans cet extrait.
2. Montrer dans le

détail que les propos
d'un des pères sont
autant de flèches dans
le cœur de l'autre.

ROUSSEAU   *(1712-1778)*

UNE JEUNESSE VAGABONDE. Jean-Jacques Rousseau est né à Genève, d'un père horloger ; il n'a jamais connu sa mère, morte à sa naissance. Son père le met aussitôt en pension chez un pasteur, puis en apprentissage chez un graveur. À seize ans, trouvant un soir fermées les portes de Genève, il s'enfuit, et son errance ne cessera plus. Il est recueilli à Annecy par Mme de Warens, qui l'envoie à Turin pour y recevoir le baptême catholique. Il revient chez elle en 1729 et profitera de sa protection pendant quatorze ans. Ce séjour aux Charmettes, près de Chambéry, est d'abord idyllique, puis entrecoupé de voyages, d'aventures et de tentatives vaines pour faire une carrière (dans le sacerdoce, la musique, le préceptorat). Il est surtout pour Rousseau l'occasion d'une formation sentimentale et intellectuelle tardive, insolite, et d'autant plus riche.

DÉBUTS PARISIENS. C'est un aventurier, un routard, un autodidacte, un plébéien, qui arrive à Paris en 1742 plein d'ambitions. Il fait effectivement un certain chemin dans le monde (secrétaire chez l'épouse d'un fermier général, Mme Dupin ; secrétaire d'ambassade à Venise, en 1743), se trouve un ami (Diderot) et une femme (Thérèse Levasseur, une servante inculte qui passera toute sa vie avec lui et lui donnera cinq enfants, tous abandonnés aux Enfants-Trouvés). Il connaît pourtant les humiliations de la misère et du mépris. Les œuvres qu'il a écrites (une *Dissertation sur la musique française,* un opéra, *les Muses* *galantes,* et une comédie, *Narcisse*) n'ont pas fait l'effet qu'il en attendait. Va-t-il longtemps encore vivre sa différence comme une tare ou va-t-il l'assumer et la brandir comme une arme ?

LE CHOIX DU PARADOXE. L'académie de Dijon lui offre l'occasion de trancher cette question en 1749. Devant le sujet qu'elle propose au concours, « Si le rétablissement des sciences et des arts a contribué à épurer les mœurs », il a une illumination qui donne tout à coup un sens à sa vie passée et engage toute son existence à venir : il faut répondre non. Encouragé par Diderot, alors en prison au donjon de Vincennes, à qui il rend visite, il envoie à Dijon son *Discours sur les sciences et les arts,* qui obtient le premier prix en 1750. En 1755, un deuxième *Discours, sur l'origine et les fondements de l'inégalité parmi les hommes,* approfondit sa thèse, qu'on avait prise pour l'habile paradoxe d'un jeune homme brillant, simplement désireux d'aller contre l'opinion commune. De plus, Rousseau décide de mettre sa vie en conformité avec cette thèse : il rompt avec ses relations mondaines, adopte une tenue austère et décide de vivre simplement de son métier de copiste de musique. Il se rend à Genève, dont il se veut un citoyen libre, et abjure le catholicisme. Il se fâche bruyamment avec Voltaire à propos de la Providence. Tout cela lui donne une réputation de bizarrerie qui va l'enfoncer dans une solitude de plus en plus grande.

LA MATURITÉ. Cette solitude ne va pas sans contradictions. Rousseau continue de nourrir des ambitions pour le théâtre et la musique, donne un opéra, *le Devin du village*, une *Lettre sur la musique française* et des articles musicaux à l'*Encyclopédie* (où il prend parti pour la musique italienne), cependant que sa *Lettre à d'Alembert sur les spectacles* s'élève avec force contre le théâtre, corrupteur des mœurs. Il accepte l'hospitalité de Mme d'Épinay, amie des encyclopédistes, avec lesquels il se brouille en 1757. À l'Ermitage, puis à Montmorency, chez le maréchal de Luxembourg, dans la solitude de maisons retirées en pleine campagne, il conçoit en même temps trois sommes magistrales : le roman de *la Nouvelle Héloïse*, le traité politique *Du contrat social* et l'ouvrage d'éducation *Émile*.

AU BAN DE LA SOCIÉTÉ. *Émile*, surtout à cause des thèses religieuses exposées dans la *Profession de foi du vicaire savoyard*, lui vaut la condamnation et l'oblige à fuir. Il est chassé de tous les asiles qu'il cherche en Suisse, et en particulier de Môtiers — où la population, excitée par son pasteur, lapide sa maison —, puis de l'île de Saint-Pierre (1765). À l'invitation du philosophe Hume (1711-1776), il passe en Angleterre mais, de plus en plus obsédé par la persécution — bien réelle — de ses ennemis (dont Voltaire, acharné), il ne tarde pas à soupçonner son hôte de trahison et rentre en France (1767). Après avoir erré trois ans dans diverses provinces françaises, il revient à Paris en 1770.

Depuis 1762, il a entrepris, pour se défendre des accusations dont il est l'objet, de se justifier en racontant sa vie et en décrivant sincèrement sa vraie nature. Les *Lettres à Malesherbes*, les *Lettres de la montagne*, les

Confessions et les *Dialogues* sont le fruit de cet effort dé-sespéré et de plus en plus délirant. Enfin, en 1776, il re-trouve la paix en rédigeant, pour lui seul, ses *Rêveries du promeneur solitaire,* bilan d'une vie, illuminé de souvenirs heureux et d'un examen de conscience qui le laisse en accord avec lui-même. Il meurt en 1778, deux mois après Voltaire, à Ermenonville. Ses cendres seront dépo-sées au Panthéon en 1794.

Œuvres principales.

1750. *Discours sur les sciences et les arts* (dit « Premier Discours »).

1753. *Lettre sur la musique française.*

1755. *Discours sur l'origine et les fondements de l'inégalité parmi les hommes* (dit « Deuxième Discours »).

1756. *Lettre à Voltaire* (sur la Providence).

1758. *Lettre à d'Alembert sur les spectacles.*

1761. *Julie ou la Nouvelle Héloïse,* roman épistolaire (voir p. 322).

1762. *Du contrat social* et *Émile ou De l'éducation ; Lettres à M. de Malesherbes* (publiées en 1779).

1766-1770. *Confessions* (publiées en 1782 et en 1789).

1772-1776. *Lettres sur la botanique ; Dialogues : Rousseau juge de Jean-Jacques* publiés en 1780 et en 1782).

1776-1778. *Les Rêveries du promeneur solitaire* (publiées en 1782).

Discours sur l'origine et les fondements de l'inéga-lité parmi les hommes **(1755).** Pour approfondir sa ré-flexion sur la civilisation, Rousseau, dans son deuxième

Discours, remonte des effets aux causes et cherche comment a pu naître et s'aggraver la discrimination entre les hommes, d'abord tous égaux. Pour mieux mesurer le malheur de l'homme « policé », c'est-à-dire celui qui vit dans les sociétés organisées, il lui oppose un état de nature qui, dit-il, « n'existe pas, qui n'a peut-être jamais existé, qui probablement n'existera jamais... ». Les critiques qu'il s'attire (« il prend envie de marcher à quatre pattes quand on lit votre ouvrage », écrit Voltaire) ne sont donc pas de bonne foi : l'homme naturel de Rousseau n'est qu'une hypothèse qui doit permettre de concevoir, au sein même de l'état social irréversible, les principes selon lesquels, fidèles à leur vraie nature, les hommes pourraient vivre heureux. Dans l'extrait qui suit, il n'en recourt pas moins au modèle du « bon sauvage » (le Caraïbe, c'est-à-dire l'Indien d'Amérique centrale et des Antilles) pour faire éclater l'absurdité de l'existence européenne.

« L'homme sociable, toujours hors de lui... »

L' homme sauvage et l'homme policé diffèrent tellement par le fond du cœur et des inclinations que ce qui fait le bonheur suprême de l'un réduirait l'autre au désespoir. Le premier ne respire
5   que le repos et la liberté ; il ne veut que vivre et rester oisif, et l'ataraxie[1] même du stoïcien n'approche

---

1. Absence de troubles de l'âme, idéal des stoïciens de la Grèce antique.

pas de sa profonde indifférence pour tout autre objet. Au contraire, le citoyen, toujours actif, sue, s'agite, se tourmente sans cesse pour chercher des

10 occupations encore plus laborieuses ; il travaille jusqu'à la mort, il y court même pour se mettre en état de vivre, ou renonce à la vie pour acquérir l'immortalité ; il fait sa cour aux grands qu'il hait et aux riches qu'il méprise ; il n'épargne rien pour obtenir

15 l'honneur de les servir ; il se vante orgueilleusement de sa bassesse et de leur protection ; et, fier de son esclavage, il parle avec dédain de ceux qui n'ont pas l'honneur de le partager. Quel spectacle pour un Caraïbe que les travaux pénibles et enviés d'un mi-

20 nistre européen ! Combien de morts cruelles ne préférerait pas cet indolent sauvage à l'horreur d'une pareille vie, qui souvent n'est pas même adoucie par le plaisir de bien faire ! Mais, pour voir le but de tant de soins[1], il faudrait que ces mots,

25 *puissance* et *réputation,* eussent un sens dans son esprit ; qu'il apprît qu'il y a une sorte d'hommes qui comptent pour quelque chose les regards du reste de l'univers, qui savent être heureux et contents d'eux-mêmes sur le témoignage d'autrui plutôt que sur le

30 leur propre. Telle est, en effet, la véritable cause de toutes ces différences ; le sauvage vit en lui-même ; l'homme sociable[2], toujours hors de lui, ne sait que vivre dans l'opinion des autres, et c'est pour ainsi dire de leur seul jugement qu'il tire le sentiment de

---

1. Peines, soucis.
2. En société.

35 sa propre existence. Il n'est pas de mon sujet de montrer comment d'une telle disposition naît tant d'indifférence pour le bien et le mal, avec[1] de si beaux discours de morale... Il me suffit d'avoir prouvé que ce n'est point là l'état originel de

40 l'homme, et que c'est le seul esprit de la société et l'inégalité qu'elle engendre qui changent et altèrent ainsi toutes nos inclinations naturelles.

Discours sur l'origine
et les fondements de l'inégalité parmi les hommes, *1755*.

---

1. Malgré.

Guide de lecture
....

1. Montrer que le Caraïbe n'est ici qu'un moyen de rendre sensible le gâchis de l'existence « policée ».
2. Comparer le tableau que fait Rousseau de cette existence à ceux qu'offre la grande tradition des moralistes du xviie siècle, en particulier Pascal et La Bruyère.

Du contrat social (1762). Avec cet ouvrage, Rousseau fait un pas considérable dans l'établissement de sa philosophie politique. Aux deux phases précédentes — la constatation du malaise social et son explication par la perte de la liberté et de l'égalité originelles —, il en ajoute une troisième, constructive : l'aménagement d'une société qui conserve le plus possible ces principes originels. Contrairement à Montesquieu qui décrivait, en historien, et classait les systèmes politiques existants, Rousseau ne considère ni le passé ni le présent, mais l'avenir. Reprenant l'idée du contrat lancée par le philosophe anglais Locke (1632-1704), il s'éloigne définitivement de tout système où l'histoire des hommes en groupe dépend de la Providence, de quelques individus ou du hasard. C'est par un acte délibéré que le citoyen adhère à ce contrat, qu'il passe avec tous les autres et qui le fait libre, c'est-à-dire librement soumis — à égalité avec chacun des autres — à la volonté générale, expression directe de la majorité, dont la portée est universelle et dont le but est l'intérêt commun. Le caractère universel de ce fondement de la loi se reconnaîtra dans la Déclaration des droits de l'homme et du citoyen, et dans les idéaux de la Révolution française. Voici comment Rousseau le précise.

« J'appelle donc République... »

Quand je dis que l'objet des lois est toujours général, j'entends[1] que la loi considère les sujets en corps[2] et les actions comme abstraites, jamais un homme comme individu ni une action particulière.
5 Ainsi la loi peut bien statuer qu'il y aura des privi-

---

1. Je veux dire.
2. En groupe et comme groupe.

lèges, mais elle n'en peut donner nommément à personne ; la loi peut faire plusieurs classes de citoyens, assigner même les qualités qui donneront droit à ces classes, mais elle ne peut nommer tels et tels pour y être admis ; elle peut établir un gouvernement royal et une succession héréditaire, mais elle ne peut élire un roi ni nommer une famille royale ; en un mot toute fonction qui se rapporte à un objet individuel n'appartient point à la puissance législative.

Sur cette idée on voit à l'instant qu'il ne faut plus demander à qui il appartient de faire des lois, puisqu'elles sont des actes de la volonté générale ; ni si le prince est au-dessus des lois, puisqu'il est membre de l'État ; ni si la loi peut être injuste, puisque nul n'est injuste envers lui-même ; ni comment on est libre et soumis aux lois, puisqu'elles ne sont que des registres de nos volontés.

On voit encore que la loi réunissant l'universalité de la volonté et celle de l'objet, ce qu'un homme, quel qu'il puisse être, ordonne de son chef[1] n'est point une loi ; ce qu'ordonne même le souverain[2] sur un objet particulier n'est pas non plus une loi mais un décret, ni un acte de souveraineté mais de magistrature.

J'appelle donc République tout État régi par des lois, sous quelque forme d'administration que ce

---

1. De sa propre initiative.

2. Le peuple souverain, l'ensemble de la communauté, seul détenteur du pouvoir légitime.

puisse être : car alors seulement l'intérêt public gou-
verne, et la chose publique est quelque chose. Tout
35   gouvernement légitime est républicain.

> Du contrat social, *1762*,
> Livre II, chapitre 6.

Guide de lecture
···

1. Analyser dans le détail le balancement entre les deux pôles de l'universalité de la loi : son origine et son application.
2. Selon quelle évidence logique la république surgit-elle à la fin comme le meilleur gouvernement possible ?
3. Relever les signes d'une présence enthousiaste de celui qui écrit. Est-elle habituelle dans ce genre d'écrits théoriques ?

ÉMILE OU DE L'ÉDUCATION (1762).   Bien entendu, la pensée politique de Rousseau étant tout à fait nouvelle,
prospective plus que descriptive, elle appelle une transformation radicale de ce qui existe. Pour qu'un nombre
suffisant de citoyens fassent bien fonctionner le contrat
social — qui va à l'encontre des pratiques qu'ils
connaissent et qu'ils ont vu leurs parents adopter —, il
faut les éduquer d'une manière différente. Par ce biais,
Rousseau rejoint le souci éducatif qui a marqué tout le
siècle, mais il le dépasse, une fois de plus, et le re-
tourne : il s'agit moins pour lui de mettre le plus vite
possible l'enfant au niveau de ce qui existe que de faire
exister les choses autrement, en se mettant au niveau
même de l'enfant, dont la nature n'a pas encore été

déformée par les fausses valeurs qui, dans le monde social des adultes, font oublier l'humanité. L'*Émile* expose cette manière neuve et paradoxale de concevoir et de pratiquer l'éducation.

« Aimez l'enfance... »

Hommes, soyez humains, c'est votre premier devoir ; soyez-le pour tous les états[1], pour tous les âges, pour tout ce qui n'est pas étranger à l'homme. Quelle sagesse y a-t-il pour vous hors de
5   l'humanité ? Aimez l'enfance ; favorisez ses jeux, ses plaisirs, son aimable instinct. Qui de vous n'a pas regretté quelquefois cet âge où le rire est toujours sur les lèvres, et où l'âme est toujours en paix ? Pourquoi voulez-vous ôter à ces petits innocents la
10 jouissance d'un temps si court qui leur échappe, et d'un bien si précieux dont ils ne sauraient abuser ? Pourquoi voulez-vous remplir d'amertume et de douleurs ces premiers ans si rapides, qui ne reviendront pas plus pour eux qu'ils ne peuvent revenir
15 pour vous ? Pères, savez-vous le moment où la mort attend vos enfants ? Ne vous préparez pas des regrets en leur ôtant le peu d'instants que la nature leur donne : aussitôt qu'ils peuvent sentir le plaisir d'être, faites qu'ils en jouissent ; faites qu'à quelque
20 heure que Dieu les appelle, ils ne meurent point sans avoir goûté la vie.

---

1. Conditions, situations de vie.

Que de voix vont s'élever contre moi ! J'entends
de loin les clameurs de cette fausse sagesse qui nous
jette incessamment[1] hors de nous, qui compte tou-
25 jours le présent pour rien et, poursuivant sans re-
lâche un avenir qui fuit à mesure qu'on avance, à
force de nous transporter où nous ne sommes pas,
nous transporte où nous ne serons jamais. [...]

La nature veut que les enfants soient enfants
30 avant que d'être hommes. Si nous voulons pervertir
cet ordre, nous produirons des fruits précoces qui
n'auront ni maturité ni saveur, et ne tarderont pas à
se corrompre : nous aurons de jeunes docteurs[2] et
de vieux enfants.

ÉMILE OU DE L'ÉDUCATION, *1762*.
Livre II.

------

1. Sans cesse, à chaque instant.
2. Savants, érudits.

Guide de lecture
....

1. Quelle est la valeur
démonstrative de la
dérivation (voir p. 322)
employée au début de
ce texte (« hommes »...
« humains ») ?

2. Préciser la nature
des moyens de persua-
sion employés ici.
3. Relever les éléments
d'une véritable poésie
de l'enfance.

JULIE OU LA NOUVELLE HÉLOÏSE (1761).   Cet ouvrage est
un immense roman épistolaire (voir p. 322). Il met en
situation romanesque mais avec une grande précision

sur les réalités du temps, l'inégalité des conditions, les charmes de l'existence rustique et les perversions de la vie urbaine, les leçons de la solitude, de l'absence et du voyage, les grandeurs et les difficultés de l'amitié, l'éducation des enfants... Pourtant, ce qui fait la profondeur et ce qui fit le succès prodigieux du roman, c'est la peinture d'une passion d'autant plus vive, vibrante et durable qu'elle dut se rédoudre à l'abstention charnelle (d'où le titre de l'ouvrage : Héloïse, au Moyen Âge, fut cruellement séparée d'Abélard, son maître et amant, avec lequel elle eut une longue relation épistolaire).

Bien qu'amoureuse de son précepteur roturier, Saint-Preux, Julie d'Étanges a dû épouser M. de Wolmar. Elle ne cesse pourtant d'entretenir avec Saint-Preux une relation tendre et complice, dans le contact épistolaire d'abord, puis dans la présence, lorsque Wolmar a invité Saint-Preux à venir vivre à Clarens, avec sa famille. D'un bout à l'autre du roman, Julie veut donner une valeur positive à cet amour de cœur et de tête.

« Que manque-t-il à notre bonheur ? »

A h mon ami, que ne puis-je faire passer dans votre âme le sentiment de bonheur et de paix qui règne au fond de la mienne ! Que ne puis-je vous apprendre à jouir tranquillement du plus délicieux
5 état de la vie ! Les charmes de l'union des cœurs se joignent pour nous à ceux de l'innocence ; nulle crainte, nulle honte ne trouble notre félicité ; au sein

des vrais plaisirs de l'amour nous pouvons parler de
la vertu sans rougir,

10   *E v'é il piacere con l'onestade accanto*[1].

Je ne sais quel triste pressentiment s'élève dans
mon sein et me crie que nous jouissons du seul
temps heureux que le Ciel nous ait destiné. Je n'en-
trevois dans l'avenir qu'absence, orages, troubles,

15   contradictions. La moindre altération à [2] notre situation présente me paraît ne pouvoir être qu'un mal.
Non, quand un lien plus doux nous unirait à jamais,
je ne sais si l'excès du bonheur n'en deviendrait pas
bientôt la ruine. Le moment de la possession est une

20   crise de l'amour[3], et tout changement est dangereux
au nôtre ; nous ne pouvons plus qu'y perdre.

Je t'en conjure, mon tendre et unique ami, tâche
de calmer l'ivresse des vains désirs que suivent toujours les regrets, le repentir, la tristesse. Goûtons en

25   paix notre situation présente. Tu te plais à m'instruire, et tu sais trop si je me plais à recevoir tes leçons. Rendons-les encore plus fréquentes ; ne nous
quittons qu'autant qu'il faut pour la bienséance ;
employons à nous écrire les moments que nous ne

30   pouvons passer à nous voir, et profitons d'un temps
précieux après lequel, peut-être, nous soupirerons
un jour. Ah puisse notre sort, tel qu'il est durer au-

---

1. Et le plaisir s'unit à l'honnêteté (traduction du poète italien Métastase
[1698-1782], par Rousseau).
2. Le moindre changement dans.
3. Un moment où l'amour est en danger.

tant que notre vie ! L'esprit s'orne, la raison s'éclaire, l'âme se fortifie, le cœur jouit : que manque-t-il à
35   notre bonheur ?

JULIE OU LA NOUVELLE HÉLOÏSE, *1761.*
Première partie, lettre IX.

Guide de lecture

1. Montrer, tant par les arguments du discours de Julie que par sa tonalité, que c'est bien au nom de l'amour qu'est proposé le sacrifice des sens.

2. Relever, dans cette lettre située au début du roman, tout ce qui en fait attendre la suite.

Saint-Preux n'a pas suivi ces conseils sans leur opposer, de temps en temps, des protestations. Il a même songé à enlever Julie. À la fin du roman, alors qu'elle est mariée, fidèle à son époux et qu'elle se dit heureuse, il l'emmène faire une promenade sur le lac. À la vue des lieux qui ont connu les débuts de leur passion, il se déclare encore amoureux comme au premier jour. Julie s'empresse d'abréger ces effusions et lui demande de rentrer.

« L'attendrissement surmonta le désespoir »

Je lui donnai la main pour entrer dans le bateau, et en m'asseyant à côté d'elle je ne songeai plus à quitter sa main. Nous gardions un profond silence.

Le bruit égal et mesuré des rames m'excitait à rêver.
5 Le chant assez gai des bécassines, me retraçant les
plaisirs d'un autre âge, au lieu de m'égayer m'attris-
tait. Peu à peu je sentis augmenter la mélancolie
dont j'étais accablé. Un ciel serein, les doux rayons
de la lune, le frémissement argenté dont l'eau bril-
10 lait autour de nous, le concours des plus agréables
sensations, la présence même de cet objet[1] chéri,
rien ne put détourner de mon cœur mille réflexions
douloureuses.

Je commençai par me rappeler une promenade
15 semblable faite autrefois avec elle durant le charme
de nos premières amours. Tous les sentiments délicieux qui remplissaient alors mon âme s'y retra-
cèrent pour l'affliger [...]. Se trouver auprès d'elle ;
[...] la voir, la toucher, lui parler, l'aimer, l'adorer, et,
20 presque en la possédant encore, la sentir perdue à
jamais pour moi; voilà ce qui me jetait dans des ac-
cès de fureur et de rage qui m'agitèrent par degrés
jusqu'au désespoir. Bientôt je commençai de rouler
dans mon esprit des projets funestes, et dans un
25 transport[2] dont je frémis en y pensant, je fus violemment tenté de la précipiter avec moi dans les flots, et
d'y finir dans ses bras ma vie et mes longs tourments. Cette horrible tentation devint à la fin si
forte que je fus obligé de quitter brusquement sa
30 main pour passer à la pointe du bateau.

---

1. Cette personne.
2. Mouvement intérieur puissant, sous l'effet d'une grande émotion.

Là mes vives agitations commencèrent à prendre un autre cours ; un sentiment plus doux s'insinua peu à peu dans mon âme, l'attendrissement surmonta le désespoir ; je me mis à verser des torrents
35 de larmes, et cet état comparé à celui dont je sortais n'était pas sans quelques plaisirs. Je pleurai fortement, longtemps, et fus soulagé. Quand je me trouvai bien remis, je revins auprès de Julie ; je repris sa main. Elle tenait son mouchoir ; je le sentis fort
40 mouillé. Ah, lui dis-je tout bas, je vois que nos cœurs n'ont jamais cessé de s'entendre ! Il est vrai, dit-elle d'une voix altérée ; mais que ce soit la dernière fois qu'ils auront parlé sur ce ton.

JULIE OU LA NOUVELLE HÉLOÏSE, *1761.*
Quatrième partie, lettre XVII.

Guide de lecture
....

1. **Caractériser les trois états par lesquels passe tour à tour le héros. Quel rôle joue la main de Julie dans cette succession ?**
2. **Pourquoi l'évocation des éléments naturels,** qui emplit le premier paragraphe, est-elle absente dans la suite du texte ?
3. **Quelles interprétations peut-on donner à la dernière réplique de Julie ?**

Militez... il en restera toujours quelque chose

La poésie des Lumières

P as un vers dans les extraits qu'on vient de lire : ce n'est pas un hasard. Certes, on aurait pu y trouver des poèmes de Voltaire, philosophiques, moraux ou satiriques, car il continue d'en écrire jusqu'à sa mort, ainsi que des tragédies en vers ; ou de petites poésies légères signées par Gentil-Bernard, Dorat ou Bernis ; ou des poésies sacrées de Lefranc de Pompignan, un adversaire déclaré des philosophes et une des têtes de Turc de Voltaire ; ou encore l'amorce d'une poésie de la nature, sur le modèle offert par l'Écossais James Thomson, avec *les Saisons* (1769) de Saint-Lambert.

Mais la vraie poésie de l'âge des Lumières militantes se trouve dans le merveilleux scientifique qui exalte, en prose, les fantaisies de Voltaire conteur *(Micromégas),* les descriptions naturalistes de Buffon et, plus encore, la verve de Diderot devant le spectacle imaginaire du mouvement foisonnant de la matière. Elle se trouve aussi dans les évocations qui, sous la plume de Rousseau, font revivre les premiers âges de l'humanité, décrivent le bonheur primitif, animent les catastrophes qui le détruisirent — l'invention de la propriété, de l'agriculture et de l'industrie, l'irruption du luxe et de la civilisation — ou chantent le bonheur des promenades solitaires dans les montagnes ou sur les eaux. Beaucoup plus lu et apprécié à l'époque que Diderot, Rousseau est le grand pionnier de cette prose somptueuse, qui mêle à la rigueur d'une théorie l'intérêt d'un récit, et leur joint les rythmes, les images et les élans de la poésie. Il est remarquable que celui qui annonce ainsi, à travers Chateaubriand, tout un aspect du romantisme ait été un marginal, autodidacte, par principe opposé à la littérature comme « art ».

Le roman au secours de la philosophie

C omme la poésie, le roman survit, pendant cette période, mais on n'accorde plus le même intérêt aux aventures du voyage ou du cœur pour elles-mêmes. La vogue, accrue depuis le succès européen de l'Anglais Richardson (*Paméla ou la Vertu récompensée,* 1740 ; *Clarisse Harlowe,* 1747-1748), du roman sentimental de forme épistolaire inspire à Mme Riccoboni des œuvres estimables et qui comptent dans l'histoire du féminisme (*Lettres de Fanny Butlerd,* 1757) ; le pittoresque et les bons sentiments règnent dans les *Contes moraux* (1759) de Marmontel, ainsi que dans ses récits plus longs (*Bélisaire,* 1767 ; *les Incas,* 1773) ; l'érotisme libertin fait toujours recette chez Dulaurens (*le Compère Mathieu,* 1766), et Jacques Cazotte, avec *le Diable amoureux* (1772), renouvelle la veine fantastique. Mais les seuls grands romans de la période sont ceux qui s'appuient sur les questions brûlantes de la philosophie et qui les illustrent.

C'est pourquoi les véritables romanciers sont alors les grands philosophes, même si sous leur plume le genre romanesque perd son autonomie et se coule dans des formes hybrides : le voyage aventureux prend, dans les contes de Voltaire, des allures de démonstration et de jeu, d'où se déduit une sagesse pratique ; chez Diderot, le récit de vie tourne, dans *la Religieuse,* au réquisitoire contre les couvents et à l'apologie de la liberté individuelle, cependant que la forme dialoguée installe *le Neveu de Rameau* et *Jacques le Fataliste* à cheval sur le récit, le théâtre et l'exposé d'idées. C'est pourtant bien au lecteur de romans que s'adresse l'auteur de *Jacques,* essayant de lui faire prendre conscience de ce qu'il demande aux romans, de ce qu'ils peuvent lui apporter, du caractère foncièrement artificiel de leur composition, et donc de la bonne façon de les lire : travail de critique généralement séparé des œuvres, très rarement intégré à la fiction elle-même, et qui fait de Diderot, avec son contemporain anglais Sterne, un ironique précurseur du roman moderne. Quant à *la Nouvelle Héloïse,* le plus grand succès du siècle, c'est une œuvre sans exemple ni postérité. Il s'agit incontestablement d'un roman, mais ce n'est pas le romanesque qui le nourrit. Les événements y sont réduits à peu de chose, et sur leur ligne mélodique se développe une vaste harmonie où trouvent leur place le raisonnement, l'éloquence, l'utopie et le lyrisme de la passion, de la souffrance, de la vertu et du rêve.

Un théâtre nouveau

Le théâtre jouit toujours d'un grand prestige à Paris. Goldoni renouvelle le succès de la comédie italienne, de nouvelles salles s'ouvrent sur les boulevards, et beaucoup de riches particuliers organisent chez eux un « théâtre de société » pour leurs amis. Voltaire continue à faire de ses tragédies des œuvres de propagande en faveur de la liberté et du droit au bonheur. Même en s'inspirant de Shakespeare, ses jeunes émules (Lemierre, Ducis) ne font pas mieux que lui. La comédie se mêle au combat et tourne souvent à la satire (Palissot : *les Philosophes,* 1760 ; Voltaire : *l'Écossaise,* 1760). Sans produire de réels chefs-d'œuvre, le drame est sans doute la meilleure illustration de l'engagement militant des Lumières : il ne s'agit plus d'utiliser les formes traditionnelles pour faire avancer la bonne cause, mais de modifier profondément ces formes mêmes pour créer un théâtre moderne qui parle réellement d'eux et de leurs problèmes aux contemporains, un théâtre total qui mobilise ensemble tous les moyens d'expression (discours, pantomime, musique, danse, mise en scène) et un théâtre éducatif qui, par l'émotion, attire la sympathie du public sur la vertu, la justice et la solidarité. Diderot — encore lui ! — a eu le mérite de concevoir cette réforme, de l'illustrer et d'inspirer, à travers ses émules (Sedaine, Mercier, Beaumarchais), ce qui deviendra, au siècle suivant, le drame romantique.

À la mort de Louis XV, la philosophie a investi toutes les avenues de la littérature ; mais celle-ci, bientôt, ne révélera plus que ses limites, ses doutes et son déclin.

Lumières
déclinantes

Lumières déclinantes

Les espoirs du nouveau règne

Quand meurt le roi Louis XV, en mai 1774, tous les espoirs se portent sur son successeur, Louis XVI. Dans ses premiers gestes politiques, le nouveau souverain semble l'avoir compris : il rappelle les parlements dissous par Maupeou et forme un ministère résolument tourné vers les nécessaires réformes, avec, aux Finances, Turgot. Dans la mouvance de l'*Encyclopédie* et du groupe des « physiocrates » (voir p. 322), celui-ci a élaboré une véritable doctrine économique novatrice, qui met en doute la seule productivité de l'argent, au profit d'une priorité de la production agricole, d'une liberté du commerce et de l'exportation, d'une suppression des corvées — remplacées par une taxe sur la propriété foncière —, d'une lutte contre les corporatismes, d'une prise en compte des besoins sociaux dans les choix économiques. Il a pu commencer à mettre en pratique avec succès cette théorie comme intendant du Limousin (1761-1774). On attend beaucoup de lui et des autres ministres, dont Malesherbes à la Maison du roi (l'Intérieur) et Vergennes aux Affaires étrangères. Malheureusement, les efforts de ce ministère « philosophique » se heurtent à la tenace résistance des conservateurs (privilégiés, protectionnistes), confortée par une mauvaise récolte qui entraîne spéculation, disette et révoltes (guerre des Farines, 1775). Lorsque tombe Turgot, en mai 1776, les meilleurs esprits, dont Voltaire, estiment que c'en est fini de toute chance d'une réforme profonde à l'intérieur du système monarchique. Les ministres qui suivent (Necker, Calonne, Brienne) ne feront que trouver des expédients provisoires à la crise économique et financière qui, s'aggravant, obligera le roi à convoquer les états généraux (pour la première fois depuis 1615) en 1789.

La politique étrangère est plus brillante. Le soutien accordé aux « insurgents » d'Amérique contre les Anglais (participation de La Fayette et de Rochambeau à la victoire de Yorktown, 1781) aboutit à l'indépendance des États-Unis (1783) et met un frein à la suprématie anglaise. Mais les principes républicains ainsi défendus (et illustrés par Franklin, qui est reçu avec enthousiasme dans les salons parisiens entre 1777 et 1784) font aussi leur chemin dans les têtes françaises. La francmaçonnerie, qui se répand en France à partir de 1774, fait valoir les mêmes idéaux.

Le roi qu'il ne fallait pas

L ouis XVI est un très brave homme, pieux et bienveillant, soucieux du bonheur de son peuple, mais ce n'est ni une tête politique ni un homme de volonté. Son crédit s'effondre très vite, d'autant plus qu'on le sent influençable et qu'on craint que sa femme, « l'Autrichienne » Marie-Antoinette, ne dirige en fait le royaume, tout en étant uniquement préoccupée de ses plaisirs et de ses favoris (la « société Trianon »). Depuis le soupçon d'une incapacité du roi à donner un fils à sa femme et un héritier à la Couronne (cette « affaire » dura de 1770 à 1777 et fut l'objet des moqueries de la France entière) jusqu'à l'affaire du Collier (achat en 1786 par le cardinal de Rohan d'un bijou d'un prix exorbitant destiné à la reine, en pleine période de disette), le couple royal et avec lui la monarchie ne cessent de voir croître leur impopularité.

Combats d'arrière-garde

Devant cette situation, on pouvait penser que la philosophie allait intensifier sa lutte. Il n'en est rien. Certes, après la disparition de Voltaire et de Rousseau (1778), puis celle de Diderot (1784), certains reprennent le flambeau. Mably (*Des droits et des devoirs du citoyen,* 1789) demande l'abolition de la propriété privée ; Delisle de Sales, Raynal, Mercier (*Tableau de Paris,* 1781) continuent d'attaquer le despotisme politique et le fanatisme religieux, au nom des Lumières ; mais leurs contradicteurs conservateurs et catholiques relèvent la tête (l'abbé Bergier, l'abbé Barruel). D'autre part, le rationalisme sur lequel se fondait en grande partie la critique des mœurs et des institutions depuis le début du siècle est battu en brèche par un retour étrange aux approches mystiques, magiques, initiatiques. Il s'appuie sur les œuvres du Suédois Swedenborg et de Saint-Martin, sur les expériences parascientifiques du Suisse Lavater et de l'Allemand Mesmer, et même sur les escroqueries de Saint-Germain et de Cagliostro. Le premier prétendait posséder un élixir de longue vie, le second se disait guérisseur et alchimiste. Le terme d'« illuminisme » qui désigne ce courant dit assez qu'il ne s'agit plus du tout des mêmes « Lumières ».

Au théâtre, si le drame bourgeois se prolonge (Mercier, *la Brouette du vinaigrier,* 1775), c'est en délaissant ce genre qu'il avait d'abord défendu que Beaumarchais obtient ses vrais grands succès, par un retour à la comédie d'intrigue « à l'espagnole ». Enfin, si un certain nombre de fils des Lumières commencent à écrire sous Louis XVI (Condorcet, Brissot, Mirabeau, Marat), ce n'est que dans la tourmente révolutionnaire qu'ils donneront la pleine mesure de leur pensée et de leur talent.

Évasions

L a caractétistique principale de l'époque Louis XVI, c'est le désengagement d'une littérature qui semble chercher toutes les occasions de fuir un présent dont on n'attend plus rien.

Fuite vers les brumes du lointain Moyen Âge : c'est le « genre troubadour », lancé par Tressan, repris par Mme Riccoboni et sur la scène des théâtres ; fuite dans la pastorale (Florian, Bernardin de Saint-Pierre) ; fuite dans le goût de l'antique, qu'illustrent le peintre David (*le Serment des Horaces,* 1785 ; *Mort de Socrate,* 1787), les ruines des toiles d'Hubert Robert, le théâtre de l'Odéon, construit en 1782 comme un temple romain, et le succès du *Voyage du jeune Anacharsis en Grèce* (1788) de l'abbé Barthélemy ; fuite aussi, tout simplement, dans un sentimentalisme vague, où le cœur insatisfait tente d'imaginer un cadre qui lui corresponde et l'apaise. Il y a là tous les éléments d'un romantisme qui se cherche, mais rien du caractère conquérant qu'il aura en 1820. Et ceux qui ne s'évadent pas entretiennent aussi avec le présent une curieuse distance, comme si ce monde, sentant sa fin mais incapable de la vouloir, contemplait lui-même avec étonnement les derniers effets — attendrissants ou désespérants — de cet ordre dans lequel il avait si longtemps vécu et auquel il ne croyait plus pouvoir rien changer.

ROUSSEAU (1712-1778)

....

JEAN-JACQUES ROUSSEAU. S'il est une œuvre qui forme un tout, c'est bien celle de Rousseau. Il est cependant légitime d'inclure ses derniers ouvrages, autobiographiques, dans la période 1774-1789, d'abord parce qu'ils ne furent connus du public qu'à partir de 1782, ensuite parce qu'ils ont marqué cette période de leur empreinte, enfin parce qu'ils constituent un tournant décisif dans l'histoire de la littérature et « militent » d'une tout autre façon que les textes de la période précédente. Pour la première fois, le « sujet écrivant » est non seulement la matière de son livre, comme chez Montaigne, mais l'objet même de l'enquête (une enquête qui sera bientôt celle des « sciences humaines ») et la garantie de son intérêt. L'influence de ce Rousseau-là fut très grande et peut-être plus profonde encore que celle du théoricien politique.

LES CONFESSIONS (1766). Dans cette autobiographie, Rousseau raconte sa vie sans en rien cacher, avouant des fautes qu'on tient en général secrètes, mais tirant parti de ces aveux pour établir la parfaite sincérité des intentions qui ont guidé toute son activité d'homme et d'écrivain : amour de l'humanité, désir de la fraternité et du partage du secret qu'il a découvert. Ce secret est à la fois simple et difficile à transmettre dans le cadre de la vie sociale, faite de mensonge et d'apparences : le bonheur ne se trouve que si l'on écoute en soi la voix de la nature, qui est fondamentalement bonne (inspi-

rant le Bien, le Beau et le Vrai), et non déchue et misérable comme le voulait toute une tradition occidentale,
de Platon à Pascal.

L'extrait qui suit décrit ce bonheur tel que le jeune
Jean-Jacques l'a ressenti dans les premiers temps de
son installation aux Charmettes avec Mme de Warens,
celle qu'il appelait « Maman ».

« ... et j'étais heureux »

Ici commence le court bonheur de ma vie ; ici
viennent les paisibles mais rapides moments qui
m'ont donné le droit de dire que j'ai vécu. Moments
précieux et si regrettés ! Ah ! recommencez pour
5 moi votre aimable cours, coulez plus lentement
dans mon souvenir, s'il est possible, que vous ne
fîtes réellement dans votre fugitive succession.
Comment ferai-je pour prolonger à mon gré ce récit
si touchant et si simple, pour redire toujours les
10 mêmes choses, et n'ennuyer pas plus mes lecteurs
en les répétant que je ne m'ennuyais moi-même en
les recommençant sans cesse ? Encore si tout cela
consistait en faits, en actions, en paroles, je pourrais
le décrire et le rendre en quelque façon ; mais com-
15 ment dire ce qui n'était ni dit, ni fait, ni pensé
même, mais goûté, mais senti, sans que je puisse
énoncer[1] d'autre objet de mon bonheur que ce sen-

---

1. Nommer, désigner.

timent même ? Je me levais avec le soleil et j'étais
heureux ; je me promenais et j'étais heureux ; je
20 voyais Maman et j'étais heureux ; je la quittais et
j'étais heureux ; je parcourais les bois, les coteaux,
j'errais dans les vallons, je lisais, j'étais oisif[1] ; je
travaillais au jardin, je cueillais les fruits, j'aidais au
ménage et le bonheur me suivait partout : il n'était
25 dans aucune chose assignable[2], il était tout en moi-
même, il ne pouvait me quitter un seul instant.

Rien de tout ce qui m'est arrivé durant cette
époque chérie, rien de ce que j'ai fait, dit et pensé
tout le temps qu'elle a duré, n'est échappé de ma
30 mémoire. Les temps qui précèdent et qui suivent
me reviennent par intervalles ; je me les rappelle
inégalement et confusément ; mais je me rappelle
celui-là tout entier comme s'il durait encore. Mon
imagination, qui dans ma jeunesse allait toujours
35 en avant, et maintenant rétrograde, compense par
ces doux souvenirs l'espoir que j'ai pour jamais
perdu. Je ne vois plus rien dans l'avenir qui me
tente ; les seuls retours du passé peuvent me
flatter[3], et ces retours si vifs et si vrais dans l'époque
40 dont je parle me font souvent vivre heureux malgré
mes malheurs.

CONFESSIONS, 1766,
Livre VI.

---

1. Libre de disposer de mes loisirs (et non inactif).

2. Particulière, précise.

3. Me donner du plaisir, me toucher agréablement.

I. **Comment se manifeste, dans ce texte, le souci qu'a l'écrivain de la communication avec son lecteur ?**

2. **Les difficultés qu'il rencontre sur ce plan ne sont-elles pas la meilleure illustration** du message qu'il veut transmettre ?

3. **À quoi tient la poésie du « temps perdu » et du « temps retrouvé » ?**

LES RÊVERIES DU PROMENEUR SOLITAIRE (1777).   Au début de cet ouvrage, Rousseau déclare qu'il abandonne le terrible combat qu'il a livré en vain pour persuader ses contemporains de sa bonne foi et de son innocence. Il n'écrit plus désormais que pour lui, pour revivre les moments heureux de sa vie et jouir de la coïncidence complice entre le vieillard qu'il est devenu et l'homme qu'il a été. En réalité, c'est une sorte de mythe qu'il reconstruit avec les éléments de sa propre vie, destiné à dire — mieux que cette vie même — la vérité profonde et indestructible du message que son œuvre a délivré.

Apparaît ainsi, dans l'extrait qui suit, le sens véritable de son goût pour la solitude et la contemplation de la nature : non pas haine des hommes mais recherche passionnée de ce qu'ils ont trop oublié ; conquête, pour eux, de cette nouvelle terre et désir de la leur restituer.

« Un réduit si caché... »

Je me rappellerai toute ma vie une herborisation[1]
que je fis un jour du côté de la Robaila, montagne
du justicier Clerc[2]. J'étais seul, je m'enfonçai dans
les anfractuosités de la montagne, et de bois en bois,
de roche en roche, je parvins à un réduit si caché que
je n'ai vu de ma vie un aspect plus sauvage. De noirs
sapins entremêlés de hêtres prodigieux dont plusieurs tombés de vieillesse et entrelacés les uns dans
les autres fermaient ce réduit de barrières impéné-
trables ; quelques intervalles que laissait cette
sombre enceinte n'offraient au-delà que des roches
coupées à pic et d'horribles précipices que je n'osais
regarder qu'en me couchant sur le ventre. Le duc, la
chevêche et l'orfraie[3] faisaient entendre leurs cris
dans les fentes de la montagne, quelques petits oiseaux rares mais familiers tempéraient cependant
l'horreur de cette solitude. Là je trouvai la *Dentaire
heptaphyllos,* le *Ciclamen,* le *Nidus avis,* le grand
Lacerpitium[4] et quelques autres plantes qui me char-
mèrent et m'amusèrent[5] longtemps. Mais insensi-
blement dominé par la forte impression des objets,
j'oubliai la botanique et les plantes, je m'assis sur

---

1. Promenade consacrée à recueillir, pour les observer et les classer, des spécimens d'espèces végétales.
2. Magistrat de Neuchâtel, dans le Jura suisse.
3. Trois rapaces nocturnes.
4. Noms savants de plantes des bois du Jura.
5. Occupèrent toute mon attention.

des oreillers de *Lycopodium*[1] et de mousses, et je me
mis à rêver plus à mon aise en pensant que j'étais
25 là dans un refuge ignoré de tout l'univers où les
persécuteurs ne me déterreraient pas. Un mouvement d'orgueil se mêla bientôt à cette rêverie. Je
me comparais à ces grands voyageurs qui dé-
couvrent une île déserte, et je me disais avec
30 complaisance : Sans doute je suis le premier mortel
qui ait pénétré jusqu'ici ; je me regardais presque comme un autre Colomb. Tandis que je me pa-
vanais dans cette idée, j'entendis peu loin de moi un
certain cliquetis que je crus reconnaître ; j'écoute : le
35 même bruit se répète et se multiplie. Surpris et
curieux je me lève, je perce à travers un fourré
de broussailles du côté d'où venait le bruit, et dans
une combe[2] à vingt pas du lieu même où je croyais
être parvenu le premier j'aperçois une manufacture
40 de bas.

Je ne saurais exprimer l'agitation confuse et
contradictoire que je sentis dans mon cœur à cette
découverte. Mon premier mouvement fut un sentiment de joie de me retrouver parmi des humains où
45 je m'étais cru totalement seul.

Les Rêveries du promeneur solitaire, *1777*.
Septième promenade.

---

1. Plante rampante.
2. Un repli de terrain, un vallon.

Guide de lecture
....

1. Faut-il n'attribuer qu'à l'état d'âme du jeune homme, impressionné, le caractère « horrible » et « prodigieux » du cadre ? Pourquoi ?

2. Pourquoi Rousseau nomme-t-il les arbres, les oiseaux et les plantes par leur nom précis ou scientifique ?

3. Étudier l'effet de « chute » humoristique de la fin de cet extrait.

DELILLE   (1738-1813)

·····································

JACQUES DELILLE.   Né à Aigueperse, en Auvergne, cet
enfant naturel fait de brillantes études, est remarqué
dans la société philosophique (chez Mme Geoffrin) et se
voit attribuer un bénéfice ecclésiastique (d'où le titre
d'abbé, bien qu'il ne soit pas prêtre) et la chaire de poésie latine au Collège de France. Il est le poète le plus
célèbre de l'époque, en particulier à cause d'une traduction en vers français des *Géorgiques* de Virgile (1770). Il
suit et illustre la vogue de la poésie descriptive, chantant
les charmes d'une nature qui parle au cœur (dans la
lignée de Rousseau) et qui se prête au travail technique
et artistique de l'homme (dans la lignée de Diderot et de
l'*Encyclopédie*).

LES JARDINS OU L'ART D'EMBELLIR LES PAYSAGES (1782).
Quoique alourdi souvent de rhétorique et de didac-
tisme, ce poème présente des évocations sensibles de
lieux et de moments qui annoncent Lamartine et le romantisme pittoresque, comme annonce le romantisme
philosophique l'inspiration de ses derniers poèmes :
l'*Homme des champs* (1800), l'*Imagination* (1806), *les
Trois Règnes de la nature* (1808). Ainsi que l'indique son
sous-titre, tout le poème des *Jardins* consiste en
conseils que donne le poète au jardinier « paysagiste »
pour composer, à la manière d'un peintre, des ensembles harmonieux. Parfois, pourtant, ce propos didactique s'efface derrière une contemplation directe et
émue de la splendeur naturelle et de ce qu'elle inspire.

« Viens, je me livre à toi, tendre mélancolie »

[...] Observez comme lui[1] tous ces différents verts,
Plus sombres ou plus gais, plus foncés ou plus
                                              [clairs.
Remarquez-les surtout lorsque la pâle automne,
Près de la voir flétrir, embellit sa couronne ;
5   Que de variété ! que de pompe[2] et d'éclat !
Le pourpre, l'orangé, l'opale, l'incarnat,
De leurs riches couleurs étalent l'abondance.
Hélas ! tout cet éclat marque leur décadence.
Tel est le sort commun. Bientôt les aquilons[3]
10 Des dépouilles des bois vont joncher les vallons :
De moment en moment la feuille sur la terre
En tombant interrompt le rêveur solitaire.
Mais ces ruines même ont pour moi des attraits.
Là, si mon cœur nourrit quelques profonds regrets,
15 Si quelque souvenir vint rouvrir ma blessure,
J'aime à mêler mon deuil au deuil de la nature ;
De ces bois desséchés, de ces rameaux flétris,
Seul, errant, je me plais à fouler les débris.
Ils sont passés les jours d'ivresse et de folie :
20 Viens, je me livre à toi, tendre mélancolie ;
Viens, non le front chargé de nuages affreux
Dont marche enveloppé le chagrin ténébreux,
Mais l'œil demi-voilé, mais telle qu'en automne

---

1. Comme le peintre Le Lorrain (1600-1682), que le poème vient
d'évoquer.
2. Faste, somptuosité.
3. Vents froids et violents, venus du nord.

À travers des vapeurs un jour plus doux rayonne ;
25 Viens, le regard pensif, le front calme, et les yeux
Tout prêts à s'humecter de pleurs délicieux.

LES JARDINS, *1782,*
chant II.

Guide de lecture

1. Restituer les étapes de la logique qui conduit ce morceau de l'« observation » initiale à l'invocation finale.
2. Quel tournant marque, au douzième vers, l'expression « le rêveur solitaire » ? À qui peut-elle faire penser ?
3. Comment l'allégorie (voir p. 322) de la mélancolie, à la fin, mêle-t-elle l'intérieur et l'extérieur, le moral et le physique, l'âme et le jardin ?
4. Choisir le vers jugé le plus beau et essayer de dire en quoi consiste sa réussite.

BERNARDIN DE SAINT-PIERRE *(1737-1814)*

....

JACQUES HENRI BERNARDIN DE SAINT-PIERRE. Né au Havre, c'est un grand voyageur : en Europe (1761-1766), comme ingénieur militaire et — peut-être — agent secret, mais aussi « aux îles » comme on dit alors (Martinique, 1749, et île de France, actuelle île Maurice, 1768-1770). Disciple et ami de J.-J. Rousseau, il cherche à illustrer la théorie de son maître sur la bonté de la nature originelle quand elle n'est pas abîmée par la prétendue civilisation. Il le fait en écrivant un journal de son *Voyage à l'île de France* (1773), un texte utopique (*l'Arcadie*, 1781), une somme à mi-chemin entre la description naturelle et la démonstration enthousiaste de l'harmonie et de la beauté que Dieu fait régner dans la création (*Études de la nature*, 1784-1788), des contes édifiants (*la Chaumière indienne, le Café de Surate,* 1790) et, plus tard, des *Harmonies de la nature* (publiées en 1815).

Il n'est pas dans sa vie aussi « bonhomme » que ses œuvres le laissent penser. Soucieux de faire carrière, ombrageux, chimérique (il soutient longtemps une théorie aberrante sur le mouvement des marées), il se montre souvent aigri, importun, quémandeur et, à la fin de sa vie, pontifiant et un peu ridicule. Il faut dire qu'il est alors devenu l'homme d'un énorme succès, celui de *Paul et Virginie,* court récit ajouté en 1787 à ses *Études de la nature* et dont il s'efforce d'exploiter la gloire par tous les moyens. Cette gloire n'était d'ailleurs pas usurpée : *Paul et Virginie* est vraiment un chef-d'œuvre. Ses autres ouvrages comportent des longueurs, de la déclamation, des naïvetés : il soutenait par exemple que la Providence divine veille au moindre détail de l'équilibre naturel pour assurer aux hommes l'existence la plus heureuse, que les melons sont divisés par côtes pour être commodément mangés en famille, que les inondations mêmes permettent de jolies promenades en barque, etc. ! Il voulait croire la nature si constamment bonne que la vertu, pour lui, consistait à la suivre sans réserve et que le bonheur en découlait automatiquement.

PAUL ET VIRGINIE (1787). Deux qualités de ce roman viennent corriger cet optimisme dont l'idéalisme fait sourire : un sens aigu du pittoresque donne à la description des paysages de l'exotique île de France, de sa faune et de sa flore, une beauté authentique et nouvelle, alors, dans la littérature. D'autre part, le récit idyllique de l'existence heureuse organisée par deux femmes dans la nature sauvage, loin de la civilisation, est suivi du constat de sa détérioration, dont la société n'est pas seule responsable. Le dénouement en est pathétique à souhait, selon le goût de l'époque, mais la philosophie n'en est plus du tout simpliste, et le livre est devenu l'un des grands mythes de l'amour impossible, à côté de ceux de Tristan et Iseut, d'Héloïse et Abélard, de Paolo et Francesca.

Chassées d'Europe par des préjugés de classe, deux femmes viennent mettre au monde leur enfant sans père dans l'île. Marguerite y accouche de Paul, et

Mme de La Tour, de Virginie. Elles laissent grandir leurs enfants comme frère et sœur, sans autre éducation que celle que leur dispense la nature bienveillante et plantureuse qui les entoure, les protège et les nourrit, et celle de l'amour qui lie tous les membres de cette petite communauté (y compris les serviteurs noirs, Domingue et Marie). On peut ainsi se croire au paradis terrestre.

« Ainsi des violettes... »

C haque jour était pour ces familles un jour de bonheur et de paix. Ni l'envie ni l'ambition ne les tourmentaient. Elles ne désiraient point au dehors une vaine réputation que donne l'intrigue, et
5   qu'ôte la calomnie ; il leur suffisait d'être à elles-mêmes leurs témoins et leurs juges. Dans cette île, où, comme dans toutes les colonies européennes, on n'est curieux que d'anecdotes malignes[1], leurs vertus et même leurs noms étaient ignorés ; seule-
10 ment quand un passant demandait sur le chemin des Pamplemousses[2] à quelques habitants de la plaine : « Qui est-ce qui demeure là-haut dans ces petites cases ? » ceux-ci répondaient sans les connaître : « Ce sont de bonnes gens. » Ainsi des

---

1. Mal intentionnées.

2. Région de l'île, un peu écartée de la côte, où se sont installées les deux familles.

15 violettes, sous des buissons épineux, exhalent au
loin leurs doux parfums, quoiqu'on ne les voie pas.
[...]

   Paul, à l'âge de douze ans, plus robuste et plus intelligent que les Européens à quinze, avait embelli
ce que le Noir Domingue ne faisait que cultiver. Il
20 allait avec lui dans les bois voisins déraciner de
jeunes plants de citronniers, d'orangers, de tamarins
dont la tête ronde est d'un si beau vert, et d'attiers
dont le fruit est plein d'une crème sucrée qui a le
parfum de la fleur d'orange : il plantait ces arbres
25 déjà grands autour de cette enceinte. Il y avait semé
des graines d'arbres qui dès la seconde année
portent des fleurs ou des fruits [...].

   Il y avait planté encore des pépins et des noyaux
de badamiers, de manguiers, d'avocats, de goya-
30 viers, de jaques et de jambrose. La plupart de ces
arbres donnaient déjà à leur jeune maître de l'om-
brage et des fruits. Sa main laborieuse avait répandu
la fécondité jusque dans les lieux les plus stériles de
cet enclos. Diverses espèces d'aloès, la raquette
35 chargée de fleurs jaunes fouettées de rouge, les
cierges[1] épineux, s'élevaient sur les têtes noires des
roches, et semblaient vouloir atteindre aux longues
lianes, chargées de fleurs bleues ou écarlates, qui
pendaient çà et là le long des escarpements de la
40 montagne.

PAUL ET VIRGINIE, *1787.*

---

1. La raquette et le cierge sont les noms usuels de deux espèces d'aloès.

Guide de lecture
....

1. **Quel rapport harmonieux peut-on voir entre les deux parties de cet extrait ?**

2. **Comment se ma-** nifeste, dans le deuxième paragraphe, la générosité de la nature ?

C'est de l'intérieur que cette vie idyllique se fêle. De même que la nature extérieure se fait parfois brutale et hostile, de même, l'âge de l'adolescence arrivant, il faut se résoudre à perdre quelque chose de l'innocence enfantine, à entrer dans le monde complexe, conflictuel et risqué du sexe, de la société, de l'histoire.

« Un mal inconnu »

C ependant depuis quelque temps Virginie se sentait agitée d'un mal inconnu. Ses beaux yeux bleus se marbraient de noir ; son teint jaunissait ; une langueur universelle abattait son corps. La
5 sérénité n'était plus sur son front, ni le sourire sur ses lèvres. On la voyait tout à coup gaie sans joie, et triste sans chagrin. Elle fuyait ses jeux innocents, ses doux travaux, et la société de sa famille bien-aimée. Elle errait çà et là dans les lieux les plus solitaires de
10 l'habitation, cherchant partout du repos, et ne le trouvant nulle part. Quelquefois, à la vue de Paul,

elle allait vers lui en folâtrant ; puis tout à coup, près
de l'aborder, un embarras subit la saisissait ; un
rouge vif colorait ses joues pâles, et ses yeux
15 n'osaient plus s'arrêter sur les siens. Paul lui disait :
« La verdure couvre ces rochers, nos oiseaux
chantent quand ils te voient ; tout est gai autour de
toi, toi seule es triste. » Et il cherchait à la ranimer
en l'embrassant ; mais elle détournait la tête, et
20 fuyait tremblante vers sa mère. L'infortunée se sentait troublée par les caresses de son frère. Paul ne
comprenait rien à des caprices si nouveaux et si
étranges. Un mal n'arrive guère seul.

Un de ces étés qui désolent de temps à autre les
25 terres situées entre les tropiques vint étendre ici ses
ravages. C'était vers la fin de décembre, lorsque le
soleil au capricorne échauffe pendant trois semaines
l'île de France de ses feux verticaux. Le vent du sud-
est qui y règne presque toute l'année n'y soufflait
30 plus. De longs tourbillons de poussière s'élevaient
sur les chemins, et restaient suspendus en l'air. La
terre se fendait de toutes parts ; l'herbe était brûlée ;
des exhalaisons chaudes sortaient du flanc des montagnes, et la plupart de leurs ruisseaux étaient dessé-
35 chés. Aucun nuage ne venait du côté de la mer.
Seulement pendant le jour des vapeurs rousses
s'élevaient de dessus ses plaines, et paraissaient au
coucher du soleil comme les flammes d'un incendie.
La nuit même n'apportait aucun rafraîchissement à
40 l'atmosphère embrasée. L'orbe[1] de la lune, tout

---

1. Le disque (surface circulaire).

rouge, se levait, dans un horizon embrumé, d'une grandeur démesurée. Les troupeaux abattus sur les flancs des collines, le cou tendu vers le ciel, aspirant l'air, faisaient retentir les vallons de tristes mugisse-
45 ments. Le Cafre[1] même qui les conduisait se cou-chait sur la terre pour y trouver de la fraîcheur ; mais partout le sol était brûlant, et l'air étouffant retentis-sait du bourdonnement des insectes qui cherchaient à se désaltérer dans le sang des hommes et des ani-
50 maux.

Dans une de ces nuits ardentes, Virginie sentit re-doubler tous les symptômes de son mal. Elle se levait, elle s'asseyait, elle se recouchait, et ne trou-vait dans aucune attitude ni le sommeil ni le repos.
55 Elle s'achemine, à la clarté de la lune, vers sa fon-taine ; elle en aperçoit la source qui, malgré la séche-resse, coulait encore en filets d'argent sur les flancs bruns du rocher. Elle se plonge dans son bassin. D'abord la fraîcheur ranime ses sens, et mille souve-
60 nirs agréables se présentent à son esprit. Elle se rap-pelle que dans son enfance sa mère et Marguerite s'amusaient à la baigner avec Paul dans ce même lieu ; que Paul ensuite, réservant ce bain pour elle seule, en avait creusé le lit, couvert le fond de sable,
65 et semé sur ses bords des herbes aromatiques. Elle entrevoit dans l'eau, sur ses bras nus et sur son sein, les reflets des deux palmiers plantés à la naissance de son frère et à la sienne, qui entrelaçaient au-des-sus de sa tête leurs rameaux verts et leurs jeunes

1. Noir venu de l'Afrique orientale.

70 cocos. Elle pense à l'amitié de Paul, plus douce que
les parfums, plus pure que l'eau des fontaines, plus
forte que les palmiers unis ; et elle soupire. Elle
songe à la nuit, à la solitude, et un feu dévorant la
saisit. Aussitôt elle sort, effrayée de ces dangereux
75 ombrages et de ces eaux plus brûlantes que les so-
leils de la zone torride. Elle court auprès de sa mère
chercher un appui contre elle-même. Plusieurs fois,
voulant lui raconter ses peines, elle lui pressa les
mains dans les siennes ; plusieurs fois elle fut près
80 de prononcer le nom de Paul, mais son cœur op-
pressé laissa sa langue sans expression, et posant sa
tête sur le sein maternel elle ne put que l'inonder de
ses larmes.

PAUL ET VIRGINIE, *1787*.

Guide de lecture
....

1. Quel est l'effet de
la concomitance entre
la description de l'été
torride et celle du
trouble de Virginie ?
2. Montrer de quelle
manière c'est toujours
l'évocation de Paul qui
relance le malaise
de la jeune fille.
3. Étudier la richesse
stylistique propre
à chacun des trois
moments de cette
narration-description.

LACLOS   *(1741-1803)*

PIERRE AMBROISE CHODERLOS DE LACLOS. Il est né à Amiens, dans une famille de petite noblesse. Militaire, il s'ennuie dans diverses garnisons. Après quelques œuvres médiocres, petits poèmes galants, contes érotiques, opéra-comique, il publie en 1782 un chef-d'œuvre, *les Liaisons dangereuses*. Spécialiste des fortifications, il critique, dans une lettre à l'Académie française, la manière de Vauban (1786). À partir de 1788, devenu secrétaire du duc d'Orléans (Philippe Égalité), il rédige pour lui plusieurs textes politiques. Nommé commissaire par Danton en 1792, il favorise par ses conseils la victoire de Valmy. Il contribue encore à la fabrication du boulet creux pour l'artillerie, accompagne Bonaparte en Italie comme général de brigade en 1800 et meurt de dysenterie à Tarente trois ans plus tard.

LES LIAISONS DANGEREUSES (1782). Comment expliquer ce chef-d'œuvre isolé parmi des écrits fort convenus ou purement techniques ? Et faut-il le lire comme une satire des mœurs dépravées de l'aristocratie (revanche d'un homme de naissance trop humble pour ses ambitions et fidélité à la leçon rousseauiste)... ou comme une exaltation fascinante de ce libertinage savant, mené comme une série d'opérations militaires, seul terrain laissé à la noblesse pour y montrer sa « valeur », sa différence et y risquer sa vie ? Il reste en tout cas très apprécié aujourd'hui, surtout pour l'extraordinaire perfection de son « montage », qui explique peut-être aussi son succès au cinéma (voir les adaptations de Roger Vadim en 1959, Stephen Frears en 1988, Milos Forman en 1989).

Vingt ans après *la Nouvelle Héloïse, les Liaisons dangereuses* sont aussi un roman épistolaire (voir p. 322), mais d'une tout autre tonalité. Il eut aussi un énorme succès, mais de scandale. Deux anciens amants, qui mènent chacun de son côté une vie libertine, se racontent, par lettres, les détails de cette vie. L'une, la marquise de Merteuil, délaissée par un homme et voulant se venger de lui, demande à l'autre, le vicomte de Valmont, de dépuceler la jeune fille que cet homme doit épouser. Valmont, cependant, a rencontré ce qu'il pense devoir être la conquête la plus difficile, c'est-à-dire aussi la plus glorieuse, de sa carrière de séducteur : la présidente de Tourvel, mariée, sage et pieuse. Mme de Merteuil l'ayant mis au défi de réussir auprès de celle-ci, il engage la bataille. Il essuie d'abord des refus indignés, mais sa conduite et ses discours hypocrites (il s'est laissé conduire, par de mauvais exemples, dans une vie de débauche, mais il sent que seul l'amour profond et sincère qu'il éprouve maintenant peut le sauver) lui attirent peu à peu l'intérêt et la compassion de la présidente. Elle l'éloigne, mais il est sûr d'être aimé. Il poursuit donc son entreprise. Passant une nuit d'amour avec une ancienne maîtresse, il lui demande de lui offrir son corps comme pupitre pour écrire à la présidente. Au matin, il envoie cette lettre à la marquise de Merteuil pour qu'elle la lise puis la poste. Au mensonge et à la trahison s'ajoutent donc encore l'indiscrétion et quelque chose qui ressemble fort à un sacrilège.

« Jamais je n'eus tant de plaisir en vous écrivant »

C' est après une nuit orageuse, et pendant laquelle je n'ai pas fermé l'œil ; c'est après avoir été sans cesse ou dans l'agitation d'une ardeur dévorante, ou dans l'entier anéantissement de
5 toutes les facultés de mon âme, que je viens chercher auprès de vous, Madame, un calme dont j'ai besoin, et dont pourtant je n'espère pas jouir encore. En effet, la situation où je suis en vous écrivant me fait connaître, plus que jamais, la puissance irré-
10 sistible de l'amour ; j'ai peine à conserver assez d'empire[1] sur moi pour mettre quelque ordre dans mes idées ; et déjà je prévois que je ne finirai pas cette lettre, sans être obligé de l'interrompre. Quoi ! ne puis-je donc espérer que vous partagerez quelque
15 jour le trouble que j'éprouve en ce moment ? J'ose croire cependant que, si vous le connaissiez bien, vous n'y seriez pas entièrement insensible. Croyez-moi, Madame, la froide tranquillité, le sommeil de l'âme, image de la mort, ne mènent point au bon-
20 heur ; les passions actives peuvent seules y conduire ; et malgré les tourments que vous me faites éprouver, je crois pouvoir assurer sans crainte que, dans ce moment, je suis plus heureux que vous. En vain m'accablez-vous de vos rigueurs déso-
25 lantes[2] ; elles ne m'empêchent point de m'abandon-

---

1. De pouvoir, de contrôle.
2. Susceptibles d'apporter du chagrin, de consterner.

ner entièrement à l'amour et d'oublier, dans le délire qu'il me cause, le désespoir auquel vous me livrez. C'est ainsi que je veux me venger de l'exil auquel vous me condamnez. Jamais je n'eus tant de plaisir
30 en vous écrivant ; jamais je ne ressentis, dans cette occupation, une émotion si douce, et cependant si vive. Tout semble augmenter mes transports[1] : l'air que je respire est brûlant de volupté ; la table même sur laquelle je vous écris, consacrée pour la première
35 fois à cet usage, devient pour moi l'autel sacré de l'amour, combien elle va s'embellir à mes yeux ! j'aurai tracé sur elle le serment de vous aimer toujours ! Pardonnez, je vous en supplie, au désordre de mes sens. Je devrais peut-être m'abandonner moins
40 à des transports que vous ne partagez pas : il faut vous quitter un moment pour dissiper une ivresse qui s'augmente à chaque instant, et qui devient plus forte que moi.

LES LIAISONS DANGEREUSES, *1782,*
lettre XLVIII.

Guide de lecture

1. Relever les équivoques de langage qui permettent deux lectures de cette lettre.
2. En quoi ce qui apparaît comme un jeu cruel et cynique est-il susceptible, paradoxalement, de faire avancer la cause de Valmont dans le cœur de la présidente ?

---

1. Les mouvements violents qui m'agitent.

RÉTIF DE LA BRETONNE *(1734-1806)*

••

NICOLAS EDME RÉTIF DE LA BRETONNE.   Rétif (ou Restif) passe ses premières années dans la campagne bourguignonne. Devenu ouvrier d'imprimerie à Auxerre puis à Paris, il acquiert assez de culture pour prendre parti dans les grandes questions du temps : civilisation et vertu, ville et campagne, réforme et transgression. Il le fait dans la direction rousseauiste et, comme Rousseau, confond vite sa vie et son œuvre écrite, mais d'une manière bien personnelle : le réalisme indéniable — qui fait tout l'intérêt documentaire de ses textes — s'y colore des fantasmes de cet homme étrange, vertueux et pervers, moraliste et voyeur, ricanant et sentimental.

Rétif est l'auteur d'une œuvre immense et très inégale. Des romans (*le Pied de Fanchette,* 1769 ; *le Paysan perverti,* 1775), des récits autobiographiques (*la Vie de mon père,* 1779 ; *Monsieur Nicolas,* 1797) et, sous le nom d'« Idées singulières », des plans de réforme de tout : de la prostitution, du théâtre, des lois, des relations entre les sexes... On y trouve aussi des fictions utopiques, et surtout des textes à mi-chemin entre le reportage journalistique et l'affabulation visionnaire : *les Nuits de Paris ou le Spectateur nocturne* (1788) nous promènent dans le labyrinthe imprévisible de la capitale et nous y font rencontrer tout un peuple pittoresque d'amoureux, de travailleurs et de marginaux, voleurs, violeurs, prostituées.

LES NUITS DE PARIS (1788). L'auteur se peint ici comme un hibou parcourant chaque nuit le Paris nocturne et y étant le témoin de toutes sortes de spectacles ou d'aventures. Un fil narratif relie ces séquences (comme dans le montage d'un film) : Rétif a rencontré une riche marquise qui s'ennuie et qu'il divertit en lui racontant ses nuits. Dans l'extrait qui suit, il lui rapporte même plus qu'un récit piquant.

« Un objet tout neuf... »

J'allai voir les cabarets des Halles, dont j'avais beaucoup entendu parler. Je croyais y trouver des scènes frappantes. Je n'y vis que de la débauche : des gens qui fumaient, ou qui dormaient ; des filles

5 perdues crapuleuses, avec des escrocs de billard ou d'académie[1], qui se battaient ou se disaient des injures ; quelques tristes libertins, qui étaient venus là croyant s'y divertir, et qui s'ennuyaient. J'allais me retirer, très mécontent de ce repaire du sale liberti-

10 nage, autorisé pour les pourvoyeurs[2], qui ne s'en servent pas, lorsque j'aperçus une jeune blonde très jolie, qu'amenait une espèce de monstre femelle. Elle lui offrit de l'eau-de-vie, et je m'aperçus qu'elle voulait l'enivrer. Je bénis l'Être suprême de me trou-

15 ver là. La jeune fille ne put avaler l'eau-de-vie. Je m'approchai d'elle. Le monstre femelle me tint alors

---

1. Tripot où l'on joue aux cartes et où l'on parie.
2. Entremetteurs, hommes qui procurent, contre de l'argent, une femme.

les propos les plus infâmes, en me faisant observer
que c'était un objet tout neuf. La jeune fille s'effor-
çait d'être effrontée, et ne pouvait y réussir. Je propo-
20 sai de sortir. Ce qui fut accepté. — Menez-nous chez
vous, me dit le monstre. Je marchai, tenant la main
de la jeune fille, et je pris le chemin de la rue
Payenne, persuadé que j'allais faire un grand plaisir à
la généreuse Marquise. Je ne me trompai point. Elle
25 finissait ses lettres, quand je frappai. La femme de
chambre parut au balcon. Je fis le signal, et l'on
m'ouvrit. Je présentai la blonde à la Marquise, dans
mon parloir. Car on se rappelle que je ne la voyais
que par une grille, semblable à celles des religieuses.
30 J'avais laissé le monstre à la porte. On dressa un lit à
la jeune fille, dans le parloir même, et je sortis. La
vieille m'attendait. — Fuyez ! (lui dis-je) ou la Marquise de M****, qui demeure dans cet hôtel, va vous
faire arrêter ! On n'imaginerait jamais avec quelle cé-
35 lérité le gros monstre s'échappa.

LES NUITS DE PARIS, *1788,*
24ᵉ nuit.

Guide de lecture
....

1. **Étudier les phases**
successives de la trans-
formation du specta-
teur en acteur.
2. **Relever les signes**
d'une tonalité
moralisante du récit.

3. **La figure du narra-**
teur ne prend-elle pas
des dimensions plus
qu'humaines ?

CHAMFORT   *(1740-1794)*

SÉBASTIEN-ROCH NICOLAS, DIT NICOLAS DE CHAMFORT.
Il est né à Clermont-Ferrand. Quoique enfant naturel et
sans appui, il se fait, par son intelligence et son esprit, une
réputation dans le monde. Auteur admiré d'*Éloges* académiques (de *La Fontaine,* 1774), membre de l'Académie française (1781), il mène, jusqu'à la Révolution, une
vie brillante et facile sous la protection de quelques
grands. Il est recherché et redouté à la fois pour ses
« mots » percutants qui, sans aucun esprit de système ni
théorie philosophique, disent mieux que de longs discours la décomposition sociale et morale de l'Ancien
Régime finissant.

Partisan de la Révolution à ses débuts (« Guerre aux
châteaux, paix aux chaumières »), il collabore avec
Sieyès pour la fameuse brochure « Qu'est-ce que le tiers
état ? » et avec Mirabeau pour ses discours. Mais, très
vite sa lucidité impitoyable s'exerce sur le nouveau régime (« Sois mon frère, ou je te tue ! »), et il est emprisonné comme suspect en 1793. Après sa mort (des
suites d'une tentative de suicide faite en prison) en 1794,
son ami Ginguené réunit les fragments que Chamfort a
accumulés depuis 1780 (pour en faire un livre qu'il aurait
intitulé « Produits de la civilisation perfectionnée »), et il
les publie en 1795 sous un titre de sa composition.

MAXIMES, PENSÉES, CARACTÈRES ET ANECDOTES (1795).
Chamfort ne démontre rien, ne suggère aucune réforme, ne prêche aucun idéal, sinon celui de l'indépendance d'esprit. Simplement, il décrit, il peint, il saisit sur

le vif des comportements, des pensées, des faits qui se condamnent eux-mêmes au simple énoncé, lapidaire, qu'en donne ce curieux moraliste sans morale.

« Paris, ville d'amusements... »

Ne tenir dans la main de personne, être *l'homme de son cœur,* de ses principes, de ses sentiments, c'est ce que j'ai vu de plus rare.

5 Quand on veut éviter d'être charlatan, il faut fuir les tréteaux ; car si l'on y monte on est bien forcé d'être charlatan, sans quoi l'assemblée[1] vous jette des pierres.

Il est plus facile de légaliser[2] certaines choses que de les légitimer[3].

10 Peu de personnes peuvent aimer un philosophe. C'est presque un ennemi public qu'un homme qui, dans les différentes prétentions des hommes et dans le mensonge des choses, dit à chaque moment et à chaque chose : « Je ne te prends que pour ce que tu 15 es ; je ne t'apprécie que pour ce que tu vaux ». Et ce n'est pas une petite entreprise de se faire aimer et estimer avec l'annonce de ce ferme propos[4].

---

1. Le public.
2. Prouver qu'une chose est formellement conforme à la loi.
3. Montrer qu'une chose est profondément conforme au droit, à l'équité.
4. Résolution.

Les gens du monde ne sont pas plutôt attroupés qu'ils se croient en société.

20 L'amour n'est que l'échange de deux fantaisies et le contact de deux épidermes.

La société est composée de deux grandes classes : ceux qui ont plus de dîners que d'appétit et ceux qui ont plus d'appétit que de dîners.

25 Paris, ville d'amusements, de plaisirs, etc., où les quatre cinquièmes des habitants meurent de chagrin.

Un malheureux portier à qui les enfants de son maître refusèrent de payer un legs de mille livres
30 qu'il pouvait réclamer par justice me dit : « Voulez-vous, Monsieur, que j'aille plaider contre les enfants d'un homme que j'ai servi vingt-cinq ans, et que je sers eux-mêmes depuis quinze ? » Il se faisait, de leur injustice même, une raison d'être généreux à
35 leur égard.

M... avait, pour exprimer le mépris, une formule favorite : « C'est l'avant-dernier des hommes ! — Pourquoi l'avant-dernier ? lui demandait-on. — Pour ne décourager personne, car il y a presse. »

40 Dialogue. A. « Je lui ferais du mal volontiers.

B. Mais il ne vous en a jamais fait.

A. Il faut bien que quelqu'un commence. »

[...] en vivant et en voyant les hommes, il faut que le cœur se brise ou se bronze.

45 Un jour que quelques conseillers parlaient un peu trop haut à l'audience, M. de Harlay, premier pré-

sident[1], dit : « Si ces messieurs qui causent ne faisaient pas plus de bruit que ces messieurs qui
dorment, cela accommoderait fort ces messieurs qui
50 écoutent. »

« Les athées sont meilleure compagnie pour moi, disait M. D..., que ceux qui croient en Dieu. À la vue
d'un athée, toutes les demi-preuves de l'existence
de Dieu me viennent à l'esprit ; et à la vue d'un
55 croyant, toutes les demi-preuves contre son existence se présentent à moi en foule. »

Un soldat irlandais prétendait dans un combat tenir
un prisonnier. « Il ne veut pas me suivre ! disait-il en
appelant un de ses camarades. — Eh bien ! lui dit
60 celui-ci, laisse-le, si tu ne peux pas l'emmener.
— Mais, reprit l'autre, il ne veut pas me lâcher. »

MAXIMES, PENSÉES, CARACTÈRES ET ANECDOTES, *1795,*
publication posthume.

Guide de lecture
....

**1. Classer ces frag-
ments selon qu'ils
relèvent : d'une vision
pessimiste de l'homme
en général ; d'une
attaque satirique (voir
p. 322) de la société de
l'époque ; du simple
plaisir d'un bon mot.
Peut-on toujours
choisir ?**

**2. Repérer une litote
dans la quatrième
maxime, et une parono-
mase dans la douzième
(voir p. 322).**
**3. Analyser et appré-
cier la variété de ces
diverses « observa-
tions ».**

---

1. Du Parlement de Paris.

BEAUMARCHAIS *(1732-1799)*

PARMI DE MULTIPLES OCCUPATIONS... Pierre-Augustin Caron de Beaumarchais, né à Paris d'un père horloger, déploie dans sa vie encore plus d'activité, d'invention et d'intrigue qu'il n'en prête à son héros Figaro : aventures amoureuses et matrimoniales (trois mariages), inventions techniques (échappement des montres, pédale pour les harpes), voyages (en Espagne pour une mystérieuse affaire d'honneur, en Angleterre et en Allemagne comme agent secret de la cour de France), entreprises financières (de la Compagnie des eaux de Paris à l'édition des œuvres de Voltaire), trafic d'armes (pour les « insurgents » d'Amérique, puis pour la Convention), affaires judiciaires, auxquelles il donne le plus grand retentissement pour alerter en leur faveur l'opinion publique (*Mémoires contre Goëzman,* 1774). Tout cela lui procure la fortune, trois fois faite puis perdue, le plaisir, toujours attrapé au vol, les revers, à chaque fois surmontés : emprisonnement, blâme (c'est-à-dire privation des droits civils), exils, misère.

... LA LITTÉRATURE. Quoiqu'il semble ainsi occupé de mille autres choses, Beaumarchais est avant tout un homme de lettres. C'est lui qui a l'idée de fonder une société des auteurs dramatiques (1777), ancêtre de la SACEM, pour garantir une juste rémunération des auteurs, souvent spoliés alors par les comédiens. Au théâtre, il s'essaie dans tous les genres : la parade, le drame bourgeois (*Eugénie*, 1767 ; *les Deux Amis ou le Négociant de Lyon*, 1770), l'opéra (*Tarare*, 1787) ; mais il triomphe surtout avec les trois pièces de sa trilogie : *le Barbier de Séville* (1775), *le Mariage de Figaro* (1784), *la Mère coupable* (1792), où, en contrepoint de l'évolution historique pendant ces deux décennies, il dessine « le roman de la famille Almaviva ».

Cet ancien maître de harpe des filles de Louis XV (1759), ce protégé et héritier du grand financier Pâris-Duverney (1770), ce propriétaire d'une somptueuse demeure près de la Bastille (1791) ne peut qu'être suspect aux chefs de la Révolution, malgré les insolences de Figaro envers l'ancien ordre. Emprisonné en 1792, échappé de justesse aux massacres de septembre, émigré, ruiné, Beaumarchais ne rentre en France qu'en 1796 et a la joie, avant sa mort, de voir triompher sa *Mère coupable* en 1797 (voir p. 283). Il peut aussi apprécier les opéras que Paisiello (*Il Barbiere di Siviglia*, 1780) et Mozart (*Le Nozze di Figaro*, 1786) ont tirés des ses œuvres, en attendant Rossini (*Il Barbiere di Siviglia*, 1816) et Darius Milhaud (*la Mère coupable*, 1966).

LE BARBIER DE SÉVILLE (1775). **Dans cette comédie, le comte Almaviva, grand seigneur espagnol déguisé en jeune étudiant, réussit, grâce au barbier Figaro, à pénétrer dans la maison de Bartholo pour faire la cour à la jeune pupille de celui-ci, Rosine, que le barbon séquestre et prétend épouser. Il est même parvenu à convaincre Bartholo qu'il est son allié et qu'il peut l'aider dans ses desseins, à condition que Rosine soit** prise au dépourvu. Dans ce but, il s'est fait passer pour l'élève de Don Bazile, maître de musique de Rosine, et a pu communiquer avec elle. Mais survient Bazile lui-même, que Bartholo avait chargé de trouver un homme de loi (notaire) pour son mariage, le soir même. Tous, y compris Bartholo, ont intérêt à ce que Bazile ne parle pas.

« Allez vous coucher... »

BARTHOLO, *haut.* Eh bien, Bazile, votre homme de loi ?...

FIGARO. Vous avez toute la soirée pour parler de l'homme de loi.

5 BARTHOLO, *à Bazile.* Un mot ; dites-moi seulement si vous êtes content de l'homme de loi.

BAZILE, *effaré.* De l'homme de loi ?

LE COMTE, *souriant.* Vous ne l'avez pas vu, l'homme de loi ?

10 BAZILE, *impatienté.* Eh ! non, je ne l'ai pas vu, l'homme de loi.

LE COMTE, *à Bartholo, à part.* Voulez-vous donc qu'il s'explique ici devant elle ? Renvoyez-le.

BARTHOLO, *bas au comte.* Vous avez raison, *(À Ba-*
15 zile.) Mais quel mal vous a donc pris si subitement ?

BAZILE, *en colère.* Je ne vous entends[1] pas.

---

1. Comprends.

Le Comte *lui met, à part, une bourse dans la main.* Oui, monsieur vous demande ce que vous venez faire ici, dans l'état d'indisposition où vous êtes.

Figaro. Il est pâle comme un mort !

Bazile. Ah ! je comprends...

Le Comte. Allez vous coucher, mon cher Bazile : vous n'êtes pas bien, et vous nous faites mourir de frayeur. Allez vous coucher.

Figaro. Il a la physionomie toute renversée. Allez vous coucher.

Bartholo. D'honneur, il sent la fièvre d'une lieue. Allez vous coucher.

Rosine. Pourquoi donc êtes-vous sorti ? On dit que cela se gagne. Allez vous coucher.

Bazile, *au dernier étonnement.* Que j'aille me coucher !

Tous les acteurs ensemble. Eh ! sans doute.

Bazile, *les regardant tous.* En effet, messieurs, je crois que je ne ferai pas mal de me retirer ; je sens que je ne suis pas ici dans mon assiette [1] ordinaire.

Bartholo. À demain, toujours [2], si vous êtes mieux !

Le Comte. Bazile, je serai chez vous de très bonne heure.

Figaro. Croyez-moi, tenez-vous bien chaudement dans votre lit.

---

1. Ma forme, mon équilibre.
2. De toute façon.

ROSINE.   Bonsoir, monsieur Bazile.

45   BAZILE, *à part*.   Diable emporte si j'y comprends rien ! et sans cette bourse...

TOUS.   Bonsoir, Bazile, bonsoir.

BAZILE, *en s'en allant*.   Eh bien, bonsoir donc, bonsoir. *(Ils l'accompagnent tous en riant.)*

LE BARBIER DE SÉVILLE, *1775,*
acte III, scène 11.

Guide de lecture
....

1. Comment est renouvelé, ici, l'habituel procédé du comique de répétition ?

2. En quoi la bourse désamorce-t-elle la gaieté générale qui accompagne cette expulsion ?

LE MARIAGE DE FIGARO (1784).   Lorsque la pièce commence, dans le domaine d'Aguas-Frescas, le comte Almaviva se détache déjà de son épouse, Rosine. Figaro est devenu son valet et s'est épris de Suzanne, suivante de la comtesse. *Le Mariage de Figaro* accumule les péripéties et les rebondissements d'une « folle journée », au terme de laquelle Figaro épousera en effet sa fiancée. Mais le comte s'efforce d'obtenir les faveurs de Suzanne avant d'autoriser son mariage. Par intérêt personnel, mais aussi en faisant retentir une protestation collective contre les abus de pouvoir d'un ordre féodal désuet (le droit de cuissage), Figaro met en œuvre toutes sortes de ruses pour empêcher le comte d'en venir à ses fins. De leur côté, la Comtesse et Suzanne, sans l'en prévenir, préparent un piège au séducteur : Suzanne lui donne un rendez-vous auquel se rendra, déguisée, sa propre femme. Au début du dernier acte, dans la nuit qui tombe, Figaro, qui a surpris l'échange d'un billet entre Suzanne et le Comte, croit à la trahison de sa fiancée. Il se livre alors à un long monologue, où il revient sur l'ensemble de sa vie et s'efforce d'en comprendre le sens. En voici le début.

« Est-il rien de plus bizarre que ma destinée ? »

Figaro, *seul, se promenant dans l'obscurité, dit du ton le plus sombre.* Ô femme ! femme ! femme ! créature faible et décevante !... nul animal créé ne peut manquer à son instinct : le tien est-il donc de tromper ?...
5 Après m'avoir obstinément refusé quand je l'en pressais devant sa maîtresse ; à l'instant qu'elle me donne sa parole, au milieu même de la cérémonie... Il riait en lisant, le perfide ! et moi comme un benêt[1]... Non, monsieur le Comte, vous ne l'aurez
10 pas... vous ne l'aurez pas. Parce que vous êtes un grand seigneur, vous vous croyez un grand génie !... Noblesse, fortune, un rang, des places, tout cela rend si fier ! Qu'avez-vous fait pour tant de biens ? Vous vous êtes donné la peine de naître, et rien de
15 plus. Du reste, homme assez ordinaire ; tandis que moi, morbleu ! perdu dans la foule obscure, il m'a fallu déployer plus de science et de calculs, pour

---

1. Allusions aux événements de l'acte IV, sc. 9.

subsister seulement, qu'on n'en a mis depuis cent
ans à gouverner toutes les Espagnes[1] : et vous voulez jouter[2]... On vient... c'est elle... ce n'est personne. — La nuit est noire en diable, et me voilà faisant le sot métier de mari, quoique je ne le sois qu'à
moitié ! *(Il s'assied sur un banc.)* Est-il rien de plus bizarre que ma destinée ? Fils de je ne sais pas qui, volé
par des bandits, élevé dans leurs mœurs, je m'en dé-
goûte et veux courir une carrière honnête ; et partout je suis repoussé ! J'apprends la chimie, la phar-
macie, la chirurgie, et tout le crédit d'un grand
seigneur[3] peut à peine me mettre à la main une lan-
cette vétérinaire[4] ! — Las d'attrister des bêtes ma-
lades, et pour faire un métier contraire, je me jette à
corps perdu dans le théâtre : me fussé-je mis une
pierre au cou !

Le Mariage de Figaro, *1784,*
acte V, début de la scène 3.

---

1. Toutes les provinces et dépendances de l'Espagne.

2. Lutter, comme avec des lances dans les tournois du Moyen Âge.

3. Le comte Almaviva lui-même qui, ayant eu à son service le jeune
Figaro, l'avait recommandé pour un emploi (voir *le Barbier de Séville,* acte
I, sc. 2).

4. Petit instrument coupant de chirurgien, utilisé ici pour soigner les
animaux.

Guide de lecture
....

1. Relever les éléments qui rattachent les propos de Figaro à la situation dramatique en cours.

2. Comment le personnage, inquiet et malheureux, passe-t-il de cette situation précise à des considérations plus larges ?

3. Sachant que la suite du monologue passe en revue tous les épisodes de la vie aventureuse de Figaro (dont on ne lit ici que les trois premiers), en quoi ce bilan peut-il à la fois illustrer la réflexion sur la bizarrerie du destin et soutenir le défi que le valet vient de lancer à son maître ?

Ce peut être beau, le déclin !

Un jardin

C'est un jardin qu'on vient de traverser. Et ce n'est visiblement plus celui que nous traversions dans les parties précédentes, jardin à la française encore, où l'on rencontrait ici et là des instruments de physique, d'astronomie ou d'histoire naturelle, où les bosquets étaient assez clairs et les allées assez droites pour que s'y pratique quasi publiquement un libertinage complice et sans conséquence. C'est désormais un parc à l'anglaise, accidenté, changeant, où l'homme est plongé dans une nature qu'il n'est plus tout à fait sûr de maîtriser. Le bonheur était partout dans le clos des Charmettes (voir p. 236), mais ce n'est plus qu'un souvenir et, sur les pentes de la Robaila (voir p. 239), l'exaltation se paie de quelque illusion. Le jardin automnal de Delille (voir p. 243) a besoin qu'un artiste le prépare pour n'inspirer qu'une mélancolie « tendre » et point trop ténébreuse. La luxuriance tropicale de l'île de France (voir p. 247), d'abord amicale, sait se muer en enfer torride, à la mesure des tourments intérieurs de Virginie (voir p. 249).

Et c'est au fond du parc d'Aguas-Frescas (voir p. 268), sous les grands marronniers, qu'à la nuit tombée, Figaro entame le sombre bilan d'une existence qui avait paru si brillante et si facile, sous les feux de la rampe, depuis l'ouverture du *Barbier* :

> *Bannissons le chagrin,*
> *Il nous consume...*

Nature et société

Le paysage Louis XVI est ainsi à la fois étrangement familier et amical (car, depuis le début du siècle, les hommes se sont habitués à vivre en harmonie plus ou moins grande avec leur cadre naturel, à en jouir et à l'aimer) et irréductiblement étranger et hostile, au point qu'il faut l'apprivoiser par toutes sortes de temples, de statues et d'inscriptions latines. Tout se passe donc comme si dans cette nature dont, chacun à sa manière, Fontenelle, Buffon, Rousseau ont fait découvrir les beautés, on avait peine à trouver vraiment la sérénité de l'innocence et la vigueur des premiers âges : on ne parvient pas, en effet, à y oublier la vie sociale et toutes les noirceurs dont elle est, de plus en plus, atteinte. L'utopie de Clarens, dans la *Nouvelle Héloïse,* permettait d'échapper à cette hantise en recréant de toutes pièces une petite société différente, dans un cadre naturel qui lui convenait, la protégeait et l'isolait. Mais la période n'est plus à l'utopie (voir p. 322). La tentation de la fuite, signalée dans l'introduction de cette période des Lumières déclinantes, s'accompagne d'un constant souci du réel qu'on évite et, en ce qui concerne la littérature, d'un réalisme tout à fait particulier.

Poésie et théâtre

En poésie, ce réalisme se traduit par la vogue du genre descriptif : description de la nature surtout, des jardins, des champs et des bois à chaque saison de l'année. À la suite de Saint-Lambert, c'est, à côté de Delille, Roucher (*les Mois,* 1779) et Lemierre (*les Fastes,* 1779), cependant que Lebrun, Berquin, Léonard et Parny poursuivent la veine de l'idylle sentimentale inspirée du Suisse Gessner, et que Florian, auteur facile de comédies et de romans pastoraux, écrit aussi des *Fables* (publiées en 1792) charmantes.

Au théâtre ont lieu de nombreuses tentatives, au carrefour de la tragédie revisitée par un Shakespeare affadi, de la comédie (Collin d'Harleville, *Châteaux en Espagne,* 1789) et du drame, dont Louis-Sébastien Mercier (1740-1814) réaffirme, dans *Du théâtre ou Nouvel Essai sur l'art dramatique* (1773), la théorie et la mission éducative. Mais Beaumarchais est le seul qui sache donner aux préoccupations de l'heure l'irrésistible mouvement d'une gaieté insolente et paradoxale : Figaro joue allègrement avec le feu, mais sera le premier surpris de voir soudain tout s'embraser.

Roman

L a prose n'est pas moins explosive, bien qu'elle ne programme pas non plus l'explosion. À côté de Rivarol, dont le *Discours sur l'universalité de la langue française* (1784) est resté célèbre, des moralistes comme Sénac de Meilhan et Chamfort tracent de la société d'Ancien Régime un portrait accablant. Celui que dessine Rétif, d'un pittoresque plus coloré et plus populaire, n'est pas moins sombre. Malgré leurs différences de tonalité, les grands romans du temps font le même constat. Avec la mort pathétique de Virginie, Bernardin de Saint-Pierre met une fin brutale au rêve du bonheur vertueux dans l'île écartée. Quant au libertinage, il a perdu toute légèreté et montre, dans les rapports entre les êtres, la réalité d'une violence qui se déchaînera bientôt, tant dans les événements de la rue que sous la plume de Sade. La fiction libertine produit pourtant, et peut-être à cause précisément d'un tel état de crise, toujours fécond pour la littérature, des œuvres qui comptent parmi les plus caractéristiques du genre : *Point de lendemain* (1777), de Vivant Denon, *les Amours du chevalier de Faublas* (1787-1789), de Louvet de Couvray, et *les Liaisons dangereuses,* de Laclos.

« C'est déjà la Révolution en action »

Cette phrase de Napoléon, à propos du *Mariage de Figaro,* succédera à une autre déclaration qu'aurait faite Louis XVI au sujet de cette comédie décidément explosive : « Il faudrait détruire la Bastille pour que la représentation de cette pièce ne fût pas une inconséquence dangereuse. » Le roi, d'ailleurs, interdit effectivement la pièce pendant cinq ans... avant de l'autoriser, enfin, en 1784. Il est vrai que, dans cette « folle journée », on danse sur un volcan ; mais, qu'on danse ou non, peut-on empêcher un volcan d'entrer en éruption quand son heure est venue ?

Lumières confisquées

Lumières confisquées

Le grand élan de 1789

« L e tocsin qui sonne [...] n'est point un signal d'alarme, c'est la charge sur les ennemis de la patrie. Pour les vaincre, Messieurs, il nous faut de l'audace, encore de l'audace, toujours de l'audace, et la France est sauvée ! » Ces propos célèbres de Danton (1759-1794), dans son discours pour la levée en masse de septembre 1792, font écho à la formule par laquelle le philosophe allemand Kant (1724-1804) définissait l'effort de tout son siècle vers les Lumières : *Sapere aude !* (« Ose savoir ! ») Mais on voit quel chemin a été parcouru : du savoir on est passé aux actes, et des idéaux de liberté, d'égalité et de justice à leur application pratique. Le mouvement général fut celui d'un grand enthousiasme, tant il paraissait souhaitable de dépasser les constructions imaginaires dont, sur tous les tons (ceux de la satire, de l'ironie, de la théorie politique, de l'analyse scientifique, de l'utopie, de l'attendrissement, du libertinage, du lyrisme), les philosophes avaient nourri la littérature depuis une centaine d'années, pour les faire servir enfin à la rénovation (on disait alors « régénérescence ») du monde social.

Bien vite, pourtant, les premières conséquences de ce bouleversement le rendirent suspect, puis sa radicalisation le fit rejeter. À part quelques « réactionnaires », qui vérifièrent ainsi le bien-fondé de leur hostilité ancienne aux Lumières, l'impression générale fut que les Lumières avaient été dévoyées, mal comprises, confisquées par des ambitieux et des fanatiques. C'est pourquoi la production littéraire des premières années de la Révolution reste tout imprégnée de l'esprit des Lumières, revendiqué à la fois par ceux qui voulaient pousser aussi loin que possible les audaces politiques inspirées de Montesquieu, de Voltaire ou de Rousseau, et par ceux qui, s'appuyant sur l'humanisme tolérant des mêmes auteurs, voulaient proscrire la violence de la loi et de la guillotine. On s'aperçut bientôt, mais trop tard, que, derrière la confiscation qui avait, avec Robespierre (1758-1794), provoqué la Terreur, s'en profilait une autre, beaucoup plus dangereuse parce qu'elle s'assurait l'adhésion populaire : celle de Bonaparte (1769-1821).

Un scénario accéléré

Dix années seulement séparent la convocation des états généraux par le roi Louis XVI du coup d'État du 18 brumaire. Dix années pendant lesquelles la France changea huit fois de régime : fin de la féodalité (nuit du 4 août 1789), monarchie constitutionnelle (Constitution de 1791 et fin de l'Assemblée constituante), Commune de Paris (10 août 1792, fin de l'Assemblée législative), Ire République (21 septembre 1792, début de la Convention), état d'exception (la Terreur, septembre 1793), régime thermidorien et Terreur blanche (août 1794, après la chute de Robespierre), Directoire (avril 1795), Consulat (novembre 1799). Aux troubles intérieurs viennent s'ajouter les guerres. Elles sont dévastatrices et coûteuses, mais toute cette période est jalonnée par une longue série de victoires des troupes françaises : contre les Prussiens de Brunswick (victoire de Valmy, 20 septembre 1792) ; contre les Autrichiens (victoires de Jemmapes en novembre 1792, de Wattignies en octobre 1793, de Fleurus en juin 1794) ; contre les Anglais (reprise de Toulon, décembre 1793) ; contre les Vendéens révoltés (la chouannerie, pour la défense de la foi et du roi) et finalement écrasés par Hoche (1793-1795) ; puis, avec Bonaparte, qui mène la campagne d'Italie (1796-1797) et l'expédition d'Égypte (1798).

Cette période est en outre ponctuée de grandes manifestations de masse, de grandes fêtes et de grands gestes fondateurs : prise de la Bastille (14 juillet 1789), Déclaration universelle des droits de l'homme et du citoyen (26 août 1789), Constitution civile du clergé (12 juillet 1790), fête de la fédération (14 juillet 1790), arrestation du roi à Varennes (21 juin 1791), exécution de Louis XVI (21 janvier 1793), débuts parisiens du général Bonaparte qui mate l'insurrection royaliste (vendémiaire an IV ; octobre 1795), coup d'État du 18 brumaire (novembre 1799).

L'écrivain dans la tourmente

La littérature, bien sûr, est prise dans le tourbillon général et en accompagne les mouvements dans la hâte, l'enthousiasme ou la révolte. Très vite, ses anciens repères ont disparu : institutions littéraires, salons, modes de convivialité mondaine, formes néoclassiques esthétisantes. La production des textes se fait désormais en rapport direct et urgent avec l'événement, dans la rue, dans les journaux et libelles, à la tribune des assemblées et aux clubs, sur la scène des théâtres (où le public vient chercher des raisons de haïr son ancien esclavage et de vibrer collectivement aux espoirs que permet la redistribution des forces), voire sur la paille des cachots.

Ces circonstances ne sont guère propices aux grandes œuvres longuement mûries, mais davantage aux éclairs de l'improvisation, à la fulgurance des formules, au pouvoir immédiat des mots sur les choses. Elles renforcent aussi une tendance déjà à l'œuvre avant la Révolution avec Voltaire et Rousseau mais qui prendra toute son ampleur au XIXe siècle avec Chateaubriand (1768-1848) et Victor Hugo (1802-1885) : la transformation de l'écrivain en mage, chargé on ne sait par qui de guider le peuple sur la voie de la sagesse et du progrès.

L'éloquence en éclats

L'art oratoire, qui avait connu une éclipse considérable pendant le XVIIIe siècle, envahit toutes les formes de l'écriture. Il nourrit l'activisme des grands journalistes (Marat, *l'Ami du peuple ;* Hébert, *le Père Duchesne ;* Camille Desmoulins, *le Vieux Cordelier*) et, après Thermidor, le travail de reconstruction des idéologues de *la Décade philosophique* (Maine de Biran, Destutt de Tracy, Cabanis, Daunou, Volney) ; il donne toute leur énergie, torrentielle ou laconique, aux discours des grands tribuns (Mirabeau, Barnave, Vergniaud, Danton, Robespierre, Saint-Just) ; il remplace, au théâtre transformé lui aussi en tribune, le dialogue dramatique intimiste, familial ou comique ; il gagne jusqu'au roman, comme on le verra dans l'étrange *Éponine* de Delisle de Sales, et à la poésie : le seul grand écrivain de la période, André Chénier, dans la solitude du cachot et l'attente de l'échafaud, lui emprunte les accents brillants d'un vibrant appel à la postérité.

BEAUMARCHAIS *(1732-1799)*

LA MÈRE COUPABLE OU L'AUTRE TARTUFFE (1792). L'auteur du *Mariage de Figaro* jouit d'un grand prestige aux premiers jours d'une révolution qu'il semblait avoir appelée. Toujours en alerte sur l'événement, il donna une suite à ses deux comédies espagnoles, mais en revenant à la forme du drame, plus appropriée aux circonstances. *La Mère coupable* exploite l'une des pistes ouvertes dans *le Mariage :* pendant une absence du Comte, une intrigue amoureuse a eu lieu entre la Comtesse et le jeune Chérubin d'Astorga, et elle en a eu un fils, Léon, né au moment même où Chérubin mourait sur un champ de bataille. Un de ses compagnons d'armes, Bégearss, s'est introduit dans la famille et, sous couvert de bons offices, ne vise qu'à la faire éclater. Il s'est arrangé pour faire connaître au Comte l'infidélité de sa femme et l'a persuadé de venir s'installer en France où, grâce aux nouvelles lois, il pourra le faire divorcer, se débarrasser de Léon en le faisant chevalier de Malte, et où lui-même espère épouser Florestine, fille naturelle du Comte, qui la fait passer pour sa pupille. Il pense ainsi pouvoir s'emparer de toute la fortune des Almaviva.

Derrière la figure cynique de ce traître de mélodrame — qui finira par être démasqué et chassé —, c'est toute une récupération de la fracture révolutionnaire qui se propose : la fortune de l'ancienne famille aristocratique ne passera pas entre les mains d'un aventurier, mais, grâce aux bons soins de Figaro, toujours vigilant, reviendra à ses vrais héritiers de lignage et de cœur, Léon et

Florestine — qui, bien sûr, s'épouseront —, au prix d'un pardon mutuel que s'accordent le Comte et la Comtesse pour leurs fautes passées, et du secret qui désormais les couvrira.

Dans l'extrait qui suit, Bégearss vient d'affronter Figaro dont il croit n'avoir plus rien à craindre, et il se livre à un monologue exalté en envisageant sa prochaine et complète victoire. Il tient le reçu qui va lui permettre de retirer chez le notaire trois millions d'or que le Comte lui donne pour son mariage. Celui-ci doit avoir lieu le soir même.

« Encore un pas Bégearss ! »

Bégearss, *seul, le regardant aller.*   Il ne farde plus ses desseins ! Notre homme est fier ? bon signe, il ne sait rien des miens ; il aurait la mine bien longue s'il était instruit qu'à minuit... *(Il cherche dans ses poches*
5 *vivement.)* Eh bien ! qu'ai-je fait du papier ? Le voici. *(Il lit.) Reçu de Monsieur Fal, notaire, les trois millions d'or spécifiés dans le bordereau ci-dessus. À Paris, le...*

Almaviva.   C'est bon, je tiens la pupille et l'argent !
10 Mais ce n'est point assez ; cet homme est faible, il ne finira rien pour le reste de sa fortune. La Comtesse lui impose ; il la craint, l'aime encore... Elle n'ira point au couvent, si je ne les mets aux prises, et ne le force à s'expliquer... brutalement. *(Il*
15 se promène). — Diable ! ne risquons pas ce soir un dénouement aussi scabreux ! En précipitant trop

les choses, on se précipite avec elles ! Il sera temps
demain, quand j'aurai bien serré le doux lien sacra-
mentel qui va les enchaîner à moi ! *(Il appuie ses*
20 deux mains sur sa poitrine.) Eh bien ! maudite joie,
qui me gonfles le cœur ! ne peux-tu donc te conte-
nir ?... Elle m'étouffera, la fougueuse, ou me livrera
comme un sot, si je ne la laisse un peu s'évaporer
pendant que je suis seul ici. Sainte et douce crédu-
25 lité[1] ! l'époux te doit la magnifique dot ! Pâle déesse
de la nuit, il te devra bientôt sa froide épouse. *(Il
frotte ses mains de joie.)* Bégearss ! heureux Bégearss !... Pourquoi l'appelez-vous Bégearss ?
n'est-il donc pas plus d'à moitié le Seigneur Comte
30 Almaviva ? *(D'un ton terrible.)* Encore un pas, Bégearss ! et tu l'es tout à fait. — Mais il te faut auparavant... Ce Figaro pèse sur ma poitrine ! [...]
Ce valet-là me portera malheur... c'est le plus
clairvoyant coquin !... Allons, allons, qu'il parte
35 avec son chevalier errant[2] !

La Mère coupable ou l'Autre Tartuffe, *1792,*
acte IV, scène 3.

Guide de lecture

1. **Préciser les mouve-**
ments successifs du
« triomphe » de
Bégearss.
2. **Comment s'exprime**
son cynisme ?

3. **Relever la présence,**
dans les propos du
méchant, des éléments
qui doivent amener sa
chute.

---

1. Celle du Comte et de tous les autres que Bégearss a manœuvrés
jusqu'ici à sa guise (sauf Figaro et Suzanne).
2. Avec Léon, que, dans le plan suggéré au comte par Bégearss, Figaro
doit accompagner à Malte.

ANDRÉ CHÉNIER *(1762-1794)*

ANDRÉ CHÉNIER. Né à Constantinople, où son père était installé depuis longtemps, il revient avec sa mère en France à l'âge de trois ans et il est élevé dans la mémoire et le culte des traditions du bassin oriental de la Méditerranée. Après de bonnes études à Paris, et une dure année de vie militaire à Strasbourg, il se consacre à la poésie. Féru de culture antique, il compose des *Bucoliques* (à partir de 1778), à l'imitation de Callimaque et de Virgile, ainsi que des *Épîtres*. Bientôt son inspiration s'élargit et il nourrit l'ambition de chanter le mouvement philosophique et scientifique de son siècle en de vastes épopées. Il n'en composa que des fragments : *Hermès,* histoire et système du monde physique et social, est inspiré de Diderot, d'Holbach et du philosophe Condillac, et fait de Chénier le seul poète de la mouvance encyclopédiste ; *l'Amérique* célèbre les « insurgents » et le « Nouveau Monde » qu'ils sont en train de créer ; *l'Invention,* en 1787, fixe son programme poétique autour du fameux vers « Sur des pensers nouveaux faisons des vers antiques ».

D'abord favorable à la Révolution, il milite au club des Feuillants et attaque ce qu'il considère comme la dérive jacobine vers la répression sanglante dans des brochures et des articles du *Journal de Paris...,* ce qui provoque son arrestation comme suspect, le 7 mars 1794. En prison, il écrit une ode, *la Jeune Captive,* et les *Iambes,* pamphlets violents (voir p. 322), mais de forme impeccable, contre les « bourreaux » de la Terreur. Il est guillotiné le 25 juil-

let, deux jours seulement avant la chute de Robespierre
et la fin des massacres. Aucune de ses œuvres poétiques
n'a été publiée de son vivant.

LES BUCOLIQUES (1778).   Dans ce recueil, « La Jeune Tarentine » donne un exemple parfait de la veine idyllique
ou élégiaque (voir p. 322) d'abord adoptée par l'admi-
rateur des poètes latins et grecs. La déploration d'une
mort cruelle et prématurée s'y efface presque derrière
la grâce et l'harmonie de l'évocation.

La Jeune Tarentine

Pleurez, doux alcyons[1] ô vous, oiseaux sacrés,
Oiseaux chers à Thétis[2], doux alcyons, pleurez.
Elle a vécu, Myrto, la jeune Tarentine[3].
Un vaisseau la portait aux bords de Camarine[4].
5   Là l'hymen[5], les chansons, les flûtes, lentement
Devaient la reconduire au seuil de son amant.
Une clef vigilante a pour cette journée

---

1. Oiseaux de mer mythiques, considérés par les Grecs comme porteurs
d'heureux présages.

2. Une des nymphes de la mer, ou Néréides, filles de Nérée, divinité
marine chez les Grecs.

3. Habitante de Tarente, port de l'Italie du Sud (appelée « la Grande-
Grèce » à l'époque hellénique).

4. Port de Sicile, qui faisait aussi partie de la Grande-Grèce.

5. Le cortège nuptial.

Dans le cèdre[1] enfermé sa robe d'hyménée[2]
Et l'or dont au festin ses bras seraient parés

10   Et pour ses blonds cheveux les parfums préparés.
Mais, seule sur la proue, invoquant les étoiles,
Le vent impétueux qui soufflait dans les voiles
L'enveloppe. Étonnée[3], et loin des matelots,
Elle crie, elle tombe, elle est au sein des flots.

15   Elle est au sein des flots, la jeune Tarentine.
Son beau corps a roulé sous la vague marine.
Thétis, les yeux en pleurs, dans le creux d'un rocher
Aux monstres dévorants eut soin de le cacher.
Par ses ordres bientôt les belles Néréides

20   L'élèvent au-dessus des demeures humides,
Le portent au rivage, et dans ce monument[4]
L'ont, au cap du Zéphyr[5], déposé mollement.
Puis de loin à grands cris appelant leurs compagnes,
Et les Nymphes des bois, des sources, des
                                           [montagnes,

25   Toutes, frappant leur sein et traînant un long deuil,
Répétèrent : « Hélas ! » autour de son cercueil.
Hélas ! chez ton amant tu n'es point ramenée.
Tu n'as point revêtu ta robe d'hyménée.
L'or autour de tes bras n'a point serré de nœuds.

30   Les doux parfums n'ont point coulé sur tes cheveux.

LES BUCOLIQUES, *1778.*

---

1. Un coffret de bois de cèdre (emploi métonymique qui désigne un objet par la matière dont il est composé).

2. De mariage.

3. Violemment surprise, désemparée (sens fort).

4. Le tombeau dont ce poème est l'inscription funéraire.

5. En Grande-Grèce.

Guide de lecture
....

1. Montrer en quoi tous les éléments de la facture poétique concourent à la musicalité du poème.
2. Étudier l'effet de la reprise, aux derniers vers, d'éléments présents dans les vers 6 à 10.
3. Qui parle, aux quatre derniers vers ?

LES IAMBES (1794).   L'iambe désigne un mètre ancien, une forme poétique imitée des Grecs et employée pour l'accusation satirique la plus violente. Ce recueil présente une tout autre tonalité que celui des *Bucoliques*. Dans le poème qui suit, le dernier composé par Chénier, une acceptation digne et sereine de la mort se transforme en désir de vivre, pour accomplir une mission que seul le poète peut mener à bien, au nom de la Vérité, de la Justice et de l'Histoire.

« Mourir sans vider mon carquois ! »

Comme un dernier rayon, comme un dernier
[zéphyre[1]
      Animent la fin d'un beau jour,
Au pied de l'échafaud j'essaye encor ma lyre.
      Peut-être est-ce bientôt mon tour. [...]

---

1. Les poètes peuvent écrire « zéphyr » ou « zéphyre » (de même, au vers 3, « encor » ou « encore »). C'est une licence poétique.

5   Vienne, vienne la mort ! — Que la mort me délivre !
                Ainsi donc mon cœur abattu
  Cède aux poids de ses maux ? Non, non. Puissé-je
                        [vivre !
                Ma vie importe à la vertu. [...]
  S'il est écrit aux cieux que jamais une épée
10   N'étincellera dans mes mains,
  Dans l'encre et l'amertume une autre arme trempée
                Peut encor servir les humains.
  Justice, Vérité, si ma main, si ma bouche,
                Si mes pensers les plus secrets
15   Ne froncèrent jamais votre sourcil farouche,
                Et si les infâmes progrès,
  Si la risée atroce, ou, plus atroce injure,
                L'encens[1] de hideux scélérats.
  Ont pénétré vos cœurs d'une longue blessure,
20   Sauvez-moi. Conservez un bras
  Qui lance votre foudre, un amant qui vous venge.
                Mourir sans vider mon carquois[2] !
  Sans percer, sans fouler, sans pétrir dans leur fange
                Ces bourreaux barbouilleurs de lois,
25   Ces vers cadavéreux de la France asservie,
                Égorgée ! Ô mon cher trésor,
  Ô ma plume ! fiel, bile, horreur, Dieux de ma vie !
                Par vous seuls je respire encor [...]

---

1. Les hommages que les « scélérats » rendent hypocritement à la Justice et à la Vérité, plus injurieux encore que leurs moqueries (la « risée atroce »).

2. Lancer toutes les flèches dont je dispose.

Nul ne resterait donc pour attendrir l'histoire [1]
30   Sur tant de justes massacrés ?
Pour consoler leurs fils, leurs veuves, leur mémoire,
30   Pour que des brigands abhorrés
Frémissent aux portraits noirs de leur ressemblance,
          Pour descendre jusqu'aux enfers
35 Nouer le triple [2] fouet, le fouet de la vengeance,
          Déjà levé sur ces pervers ?
Pour cracher sur leurs noms, pour chanter leur
                              [supplice ?
          Allons, étouffe tes clameurs ;
Souffre, ô cœur gros de haine, affamé de justice.
40   Toi, Vertu, pleure si je meurs.

IAMBES, *1794,*
IX.

Guide de lecture
....

I. En quoi ce poème
réalise-t-il déjà ce qu'il
ne présente que
comme un
programme ?
2. Préciser les différents motifs pour les-
quels le poète devait
vivre.

3. Quelle vigueur
l'alternance des mètres
(alexandrin - octo-
syllabe) confère-t-elle à
ce poème de combat ?

---

1. La postérité.

2. Le fouet des trois Érinyes (Alecto, Tisiphone et Mégère) qui, dans la
mythologie grecque, poursuivent les criminels.

MARIE-JOSEPH CHÉNIER *(1764-1811)*

MARIE-JOSEPH CHÉNIER. Ce jeune frère d'André a un caractère plus extraverti que celui-ci. Il est le poète de la Révolution, avant la Terreur. Auteur du célèbre *Chant du départ* (1793), il triomphe surtout avec ses tragédies, où de grandes tirades un peu emphatiques disent l'abomination des tyrans, des aristocrates et des prêtres, et exaltent les idéaux de liberté et de tolérance qui étaient déjà ceux des tragédies de Voltaire. Dès 1789, *Charles IX* fait clairement reconnaître sous les traits de son héros le faible Louis XVI, l'inquiétante et intrigante Marie-Antoinette sous ceux de Catherine de Médicis, et le ministre Necker sous ceux du chancelier de L'Hôpital.

Le grand comédien Talma, qui crée cette pièce à la Comédie-Française, monte ensuite au Théâtre de la Nation, qu'il avait fondé, *Henri VIII*, *Jean Calas* (en hommage à Voltaire), *Caïus Gracchus* (1792), *Fénelon* (1793). Quoiqu'il ait, à la Convention, voté la mort du roi, Marie-Joseph Chénier n'approuve pas les excès de la Terreur. *Timoléon* (1794) dénonce une ambition personnelle qui semble bien viser Robespierre. Fidèle à lui-même et à l'idéal des Lumières, Chénier s'oppose courageusement à tout ce qui, après Thermidor, tend à renier cet idéal : absolutisme de Bonaparte, restauration du christianisme, ralliements de toute sorte. Sa dernière tragédie, *Tibère* (1811), fut, pour cette raison, interdite par le régime impérial.

CHARLES IX (1789). Ce théâtre politique, qui vient à son heure, témoigne d'une ardeur somme toute honorable. Mais la dramaturgie en est assez fruste, les rôles souvent stéréotypés (le tyran, le mauvais conseiller, l'apôtre des Lumières...), et l'action est volontiers réduite à une succession de discours.

Dans l'extrait qui suit, le chancelier de L'Hôpital veut dissuader Charles IX de déclencher le massacre de la Saint-Barthélemy que demandent la reine mère Catherine et tout le parti catholique. Pour cela, il lui expose les raisons qui peuvent excuser les protestants de leur insoumission et lui rappelle les torts du Saint-Siège (gouvernement du pape à Rome) et des catholiques.

« Sire, au nom de la France... »

L'HÔPITAL

Si Genève s'abuse, il la faut excuser :
Les yeux fixés sur Rome, on pouvait s'abuser.
Genève, récusant ce tribunal suprême,
Aura cru que le code inspiré par Dieu même,
5   Toujours cité dans Rome et si mal pratiqué
Peut-être aussi dans Rome était mal expliqué.
Dussions-nous de Calvin condamner l'insolence,
Entre les deux partis l'Europe est en balance ;
Et parmi vos sujets le poison répandu

10   Jusque dans votre Cour déjà s'est étendu[1].
     Ah ! quoique vos sujets, si vous devez les plaindre,
     Sire, vous n'avez pas le droit de les contraindre :
     Le dernier des mortels est maître de son cœur.
     Le temps amène[2] tout, et ce n'est qu'une erreur ;
15   Et si quelques instants elle a pu les séduire,
     L'avenir est chargé du soin de la détruire.
     Mais affecter[3] un droit qu'on ne peut qu'usurper !
     Commander aux esprits de ne pas se tromper !
     Non, non : c'est réveiller les antiques alarmes.
20   En lisant votre édit, tout va courir aux armes,
     Et vous verrez encor dans vos champs désolés
     Par la main des Français des Français immolés,
     Après tant de traités les Français implacables
     Et contraints par vous-même à devenir coupables.
25   Citoyen de la France, et sujet sous cinq rois[4],
     Sous votre frère[5] et vous ministre de ses lois,
     J'ai voulu raffermir ses grandes destinées ;
     Elle est chère à mon cœur depuis soixante années.
     Sire, écoutez les lois, l'honneur, la vérité ;
30   Sire, au nom de la France, au nom de l'équité,
     Par cette âme encor jeune et qui n'est point flétrie,
     Au nom de votre peuple, au nom de la patrie,
     Dirai-je au nom des pleurs que vous voyez couler ?

---

1. Parmi les personnages de la pièce, Henri de Navarre (futur Henri IV) et l'amiral de Coligny sont en effet protestants.

2. Emporte.

3. Se donner, en faisant semblant de l'avoir normalement.

4. Né en 1505, Michel de L'Hôpital connu Louis XII, François Ier, Henri II, François II et Charles IX.

5. François II, qui prit L'Hôpital comme chancelier (garde des Sceaux).

Que tant de maux sacrés[1] cessent de l'accabler.
35   Rendez-lui sa splendeur qui dut[2] être immortelle ;
Votre vieux chancelier vous implore pour elle.
Ou bien, si ma douleur ne peut rien obtenir,
Je ne prévois que trop un sinistre avenir ;
Mais sachez que mon cœur n'en sera point
                          [complice.
40   Avant les protestants qu'on me mène au supplice :
Je condamne à vos pieds ce dangereux édit ;
Je ne puis le sceller[3] ; punissez-moi. J'ai dit.

CHARLES IX, *1789,*
acte III, scène 2.

Guide de lecture
....

**1. Quels moyens
le vieux chancelier
emploie-t-il tour
à tour pour convaincre
son roi ?
2. Comment
se manifeste le poids
de sa propre
personnalité ?**

**3. Sur quels principes
philosophiques
généraux repose
sa logique ?**

---

1. Liés aux querelles autour du sacré, du religieux.

2. Aurait dû.

3. L'enregistrer sous le sceau royal : c'était l'office du garde des Sceaux, ministre de la Justice.

SAINT-JUST   *(1767-1794)*

··

Louis Antoine Léon Saint-Just.   Le destin de ce beau jeune homme, né à Decize, dans le Nivernais, fils de militaire et chevalier de Saint-Louis, se confond avec l'histoire fulgurante de la Révolution. Représentant de sa province à la fête de la Fédération (1790), il publie en 1791 un *Esprit de la Révolution et de la Constitution de France* qui le met au premier rang des théoriciens du nouveau régime, proche de Robespierre, qu'il admire avec passion. Élu député à la Convention en 1792, il y prononce des discours, peu nombreux mais incisifs et impressionnants de détermination froide : le premier, pour demander la tête du roi, un autre sur l'organisation des armées, puis un réquisitoire impitoyable contre Danton (mars 1794). Représentant en mission auprès de l'armée de Sambre-et-Meuse, il montre dans l'action une lucidité et une efficacité remarquables, tant dans les mesures administratives et disciplinaires que sous le feu des combats. Il est le principal artisan des victoires de Wattignies et de Fleurus (mai-juin 1794), et mérite, au moins autant que Carnot, le titre d'« organisateur de la victoire ».

Ses principes révolutionnaires sont simples et radicaux : il faut, sans faiblesse ni exception, renverser tous les obstacles à la vraie souveraineté populaire. Après s'être attaqué au roi et aux ennemis de l'extérieur coalisés contre la République, il comprend bien vite qu'il faut viser les vrais responsables de l'inégalité : les riches, le plus souvent hostiles à la Révolution, habiles pourtant à le cacher et à profiter des troubles qu'elle provoque pour s'enrichir encore et comploter contre elle. Les arrêter et confisquer leurs biens est l'objet du texte qui suit, extrait d'un discours prononcé devant la Convention.

Cette intransigeance fera de lui l'un des principaux responsables de la chute des dantonistes et du déclenchement de la Terreur. Elle l'amènera aussi sur l'échafaud, à vingt-sept ans, le 28 juillet 1794 (9 Thermidor), aux côtés de Robespierre.

RAPPORT AU NOM DU COMITÉ DE SALUT PUBLIC (1794). Le texte qui suit est extrait du rapport que Saint-Just présenta devant la Convention pour relancer l'élimination des suspects et l'étendre aux riches, nouveaux « aristocrates ».

« Ceux qui font des révolutions à moitié... »

On nous attaqua longtemps de vive force ; on veut nous miner aujourd'hui par des maladies de langueur, car voilà ce que présente la République dégénérée de la rigidité où la porta le supplice de
5   Brissot et de ses complices[1] : c'est alors que partout vous fûtes vainqueurs, c'est alors que les denrées baissèrent et que le change reprit quelque valeur.

---

1. La chute des girondins (octobre 1793), dits aussi «brissotins ».

L'essor du gouvernement révolutionnaire qui avait établi la dictature de la justice est tombé ; on

10 croirait que les cœurs des coupables et des juges, effrayés de la rapidité des exemples, ont transigé tout bas pour glacer la justice et lui échapper.

On croirait que chacun, épouvanté de sa conscience et de l'inflexibilité des lois, s'est dit à lui-

15 même : « Nous, nous ne sommes pas assez vertueux pour être si terribles ; législateurs philosophes, compatissez à ma faiblesse, je n'ose point vous dire : je suis vicieux ; j'aime mieux vous dire : Vous êtes cruels. »

20 Ce n'est point avec ces maximes que nous acquerrons de la stabilité. Je vous ai dit qu'à la détention de l'aristocratie[1], le système de la République était lié.

En effet, la force des choses nous conduit peut-être à des résultats auxquels nous n'avons point

25 pensé. L'opulence est dans les mains d'un assez grand nombre d'ennemis de la Révolution ; les besoins mettent le peuple qui travaille dans la dépendance de ses ennemis. Concevez-vous qu'un Empire puisse exister, si les rapports civils aboutissent à

30 ceux qui sont contraires à la forme du gouvernement ? Ceux qui font des révolutions à moitié, n'ont fait que se creuser un tombeau. La Révolution nous conduit à reconnaître ce principe que celui qui s'est montré l'ennemi de son pays n'y peut être proprié-

35 taire. Serait-ce donc pour ménager des jouissances à

---

1. Surtout l'aristocratie d'argent, nouvellement constituée par la spéculation sur les biens nationaux.

ses tyrans que le peuple verse son sang sur les frontières, et que toutes les familles portent le deuil de
leurs enfants ? Vous reconnaîtrez ce principe : que
celui-là seul a des droits dans notre patrie, qui a coo-
péré à l'affranchir. Abolissez la mendicité qui désho-
nore un État libre ; les propriétés des patriotes sont
sacrées, mais les biens des conspirateurs sont là
pour tous les malheureux.

Les malheureux sont les puissances de la terre
[...].

J'ose dire que la République serait bientôt florissante, si le peuple et la représentation[1] avaient dans
la République la principale influence, et si la souveraineté du peuple était épurée des aristocrates et des
comptables qui semblent l'usurper pour acquérir
l'impunité. [...]

Il s'est fait une révolution dans le gouvernement,
elle n'a point pénétré l'état civil[2] ; le gouvernement
repose sur la liberté, l'état civil sur l'aristocratie, qui
forme un rang intermédiaire d'ennemis de la liberté
entre le peuple et vous. Pouvez-vous rester loin du
Peuple, votre unique ami ? [...]

Jusqu'à quand serons-nous dupes et de nos ennemis intérieurs, par l'indulgence déplacée, et des ennemis du dehors, dont nous favorisons les projets
par notre faiblesse ?

Épargnez l'aristocratie, et vous préparez cinquante ans de troubles. Osez, ce mot renferme toute

---

1. L'Assemblée nationale.
2. Ce que nous appelons aujourd'hui la société civile.

la politique de notre révolution. L'étranger veut régner chez nous par la discorde ; étouffons-la en sé-
65   questrant nos ennemis et leurs partisans ; rendons
guerre pour guerre, nos ennemis ne peuvent plus
nous résister longtemps.

<small>RAPPORT AU NOM DU COMITÉ DE SALUT PUBLIC ET DE SÛRETÉ GÉNÉRALE,</small>
8 Ventôse An II (26 février 1794).

Guide de lecture
....

1. Étudier le jeu établi
dans ce morceau entre
les deux ensembles :
justice-lois-maximes-
principes / cœurs-
conscience-indulgence-
faiblesse.

2. Auquel de ces en-
sembles l'expression
« la force des choses »
donne-t-elle la priorité ?

3. Relever deux ou trois
procédés oratoires,
destinés à faire effet sur
l'auditoire et à le
convaincre.

SADE   *(1740-1814)*

....

DONATIEN ALPHONSE FRANÇOIS, MARQUIS DE SADE. Cet
écrivain est né à Paris, dans une famille de l'ancienne aristocratie provençale. Pendant une dizaine d'années, il sert
à l'armée, fait la guerre de Sept Ans et finit comme capitaine de cavalerie. En 1763, juste après son mariage, il est
arrêté à Paris à cause du scandale provoqué par les
débauches sexuelles auxquelles il se livre. Dès lors, sa vie
est marquée de tels scandales, suivis de fuites, d'empri-
sonnements et d'évasions. Il passera près de trente ans
dans diverses prisons (1772-1773, 1777-1789, 1793-
1794, 1801-1814). Libéré par la prise de la Bastille, il se
montre, entre 1789 et 1793, un ardent militant révolutionnaire et écrit des adresses et des discours, dont un
« aux mânes de Marat et de Le Pelletier », et son
fameux « Français, encore un effort »...

Héritier des Lumières, Sade en a poussé jusqu'au bout
les principes : athéisme, refus des contraintes morales,
réhabilitation des passions. Plusieurs de ses pièces de
théâtre et de ses romans se présentent comme l'illustration des thèses de Fréret, La Mettrie, Voltaire ou d'Holbach. D'autres radicalisent ces principes libertaires dans
un sens furieusement pornographique. Les plus célèbres
sont *les Cent Vingt Journées de Sodome* (1782-1785),
Aline et Valcour (1786-1795), *Justine ou les Malheurs de la
vertu* (1787-1791), *la Philosophie dans le boudoir* (1795),
la Marquise de Gange (1813).

Cette œuvre, longtemps refoulée par la littérature
officielle à cause de ses outrances, est aujourd'hui mieux

connue, et son importance acceptée. Au-delà de l'obsession sexuelle, elle marque ce moment de l'histoire où l'optimisme naturaliste des Lumières et la bonne conscience bourgeoise se heurtent à l'évidence d'une violence inscrite dans les désirs individuels comme dans les rapports sociaux.

FRANÇAIS, ENCORE UN EFFORT... (1792). **Dans cette adresse aux Français, Sade les invite, justement, à aller jusqu'au bout de leur entreprise et, après avoir abattu la tyrannie du trône, à anéantir celle de l'autel.**

« Français, ne vous arrêtez point... »

Je demande si l'on peut supposer que [la religion] d'un esclave de Titus, que celle d'un vil histrion de Judée[1], puisse convenir à une nation libre et guerrière qui vient de se régénérer ? Non, mes compa-
5 triotes, non, vous ne le croyez pas. Si, malheureusement pour lui, le Français s'ensevelissait encore dans les ténèbres du christianisme, d'un côté l'orgueil, la tyrannie, le despotisme des prêtres, vices toujours renaissants dans cette horde impure,
10 de l'autre la bassesse, les petites vues, les platitudes des dogmes et des mystères de cette indigne et fabuleuse[2] religion, en émoussant la fierté de l'âme répu-

---

1. Ces formules désignent Jésus-Christ (un histrion est un comédien).
2. Reposant sur des fables, des histoires inventées.

blicaine, l'auraient bientôt ramenée sous le joug que
son énergie vient de briser.

15   Ne perdons pas de vue que cette puérile religion
était une des meilleures armes aux mains de nos tyrans : un de ses premiers dogmes était de *rendre à
César ce qui appartient à César* ; mais nous avons dé-
trôné César et nous ne voulons plus rien lui rendre.
20   Français, ce serait en vain que vous vous flatteriez[1]
que l'esprit d'un clergé assermenté[2] ne doit plus être
celui d'un clergé réfractaire ; il est des vices d'état[3]
dont on ne se corrige jamais. Avant dix ans, au
moyen de la religion chrétienne, de sa superstition,
25   de ses préjugés, vos prêtres, malgré leur serment,
malgré leur pauvreté, reprendraient sur les âmes
l'empire qu'ils avaient envahi ; ils vous renchaîne-
raient à des rois, parce que la puissance de ceux-ci
étaya toujours celle de l'autre, et votre édifice répu-
30   blicain s'écroulerait, faute de bases.

Ô vous qui avez la faux à la main, portez le dernier coup à l'arbre de la superstition ; ne vous
contentez pas d'élaguer les branches : déracinez
tout à fait une plante dont les effets sont si conta-
35   gieux ; soyez parfaitement convaincus que votre
système de liberté et d'égalité contrarie trop ouvertement les ministres des autels du Christ pour qu'il
en soit jamais un seul, ou qui l'adopte de bonne foi

---

1. Que vous imagineriez faussement.

2. Les prêtres qui avaient prêté serment à la Constitution civile du clergé.
Ceux qui avaient refusé étaient dits réfractaires.

3. Liés à l'état que l'on occupe, à la profession que l'on a.

ou qui ne cherche pas à l'ébranler, s'il parvient à re-
40 prendre quelque empire sur les consciences [...].

Anéantissez donc à jamais tout ce qui peut détruire un jour votre ouvrage. Songez que, le fruit de
vos travaux n'étant réservé qu'à vos neveux[1], il est
de votre devoir, de votre probité, de ne leur laisser
45 aucun de ces germes dangereux qui pourraient les
replonger dans le chaos dont nous avons tant de
peine à sortir. Déjà nos préjugés se dissipent, déjà le
peuple abjure les absurdités catholiques ; il a déjà
supprimé les temples, il a culbuté les idoles, il est
50 convenu que le mariage n'est plus qu'un acte civil,
les confessionnaux brisés servent aux foyers publics ; les prétendus fidèles, désertant le banquet
apostolique[2], laissent les dieux de farine aux souris.
Français, ne vous arrêtez point.

FRANÇAIS, ENCORE UN EFFORT
SI VOUS VOULEZ ÊTRE RÉPUBLICAINS, *1792.*

Guide de lecture
....

**1. Suivre les étapes de
la logique qui lie néces-
sairement le deuxième
effort au premier.
2. Comment s'allie,
dans ces lignes, la satire
féroce à l'enthousiasme
républicain ?**

**3. Étudier et com-
menter la métaphore
filée du début du troi-
sième paragraphe.**

_____

1. Descendants.

2. La célébration de la messe, qui reproduit la Cène, dernier repas de
Jésus-Christ avec ses apôtres.

DELISLE DE SALES *(1741-1816)*

JEAN-BAPTISTE CLAUDE IZOUARD, DIT DELISLE DE SALES. Né à Lyon, dans une famille de marchands de soie, élève des oratoriens, puis des philosophes, protégé d'Helvétius, il fait paraître une *Philosophie de la nature*, sorte de bilan des Lumières, que la justice de Louis XVI condamne au feu en 1776, pour faire un exemple contre les partisans du ministère de Turgot. Voltaire prend sa défense et le reçoit à Ferney. Après 1778, Delisle devient un des maîtres à penser d'une époque privée de ses plus grands phares. C'est en cette qualité qu'il accueille et pilote le jeune Chateaubriand à Paris, en 1787.

En 1789, il se montre d'abord enthousiaste de la Révolution, puis stupéfait de la voir fouler aux pieds les idéaux mêmes qui l'avaient déclenchée et la rendaient à ses yeux légitime. Pour tenter de redresser la barre, il écrit un long et curieux roman, théorique, mythique et sensible : *Éponine ou De la république*. Incarcéré, il n'est sauvé que par le 9 Thermidor. Fidèle à ses options philosophiques, il lutte ensuite avec un courage que rien ne peut abattre contre les ambitions bonapartistes (*la Paix de l'Europe*, 1800) et le renouveau catholique (*Mémoire en faveur de Dieu,* 1802).

ÉPONINE OU DE LA RÉPUBLIQUE (1793). Pour placer l'événement récent dans une longue tradition de l'aventure humaine, Delisle imagine dans son roman qu'un lointain descendant de Platon voyage, avec sa fille Éponine, dans la France révolutionnaire. Conformément aux principes philosophiques de l'auteur grec de *la République*, renouvelés par ceux du siècle des Lumières, ce personnage de vieillard philosophe ne cesse d'opposer aux événements dont il est témoin des discours sur ce que devrait être une légitime insurrection, visant à établir entre les hommes une morale et une politique « naturelles », sans haine, sans vengeances et sans exactions. Il ira jusqu'à élaborer le texte entier d'une « Constitution du philosophe », pour remplacer les articles, qu'il juge imparfaits, des Constitutions votées par l'Assemblée nationale en 1791 et en 1793.

Ces propositions théoriques sont prises dans une action romanesque pleine de rebondissements et pathétique à souhait. Éponine est amoureuse du chevalier de Villeneuve, qu'aime aussi Zima, une jeune Grecque délivrée par lui de l'esclavage des Turcs. En se faisant passer pour son fils, cette dernière tente de le tirer des mains de la brigade qui le conduit à Orléans pour y être jugé par la Haute Cour nationale. Cependant, Éponine a trouvé un poignard portant cette inscription : « Antoinette, il est destiné pour toi ». Elle se précipite aussi, avec son père, vers Orléans pour sauver le Chevalier. Sur la route, ils rencontrent Zima et le Chevalier, qui ont faussé compagnie à la brigade, mais qui sont menacés par son chef. Ils arrivent au moment précis où celui-ci, regrettant d'avoir perdu le poignard qu'il destinait à la reine, en lève un autre sur le Chevalier. Dans le mouvement qu'elle fait pour le protéger, Zima laisse s'écarter le manteau d'uniforme qui lui sert de déguisement, et son sein se découvre.

« Un tableau où les Furies sont à l'avant-scène... »

L es arts mêmes, qui embellissent tout, ne se font pas d'idée du sein naissant d'une Grecque, que l'amour a arrondi pour palpiter un jour en secret devant l'époux que son cœur appelle. Celui de Zima,
5 dont l'albâtre était coloré par la pudeur, aurait créé des sens à un rocher ; mais ce n'est pas dans un tableau où les Furies[1] sont à l'avant-scène qu'il faut emprunter le pinceau voluptueux de l'Albane[2].

Éponine, à la vue de ce sein, supérieur à celui de la
10 *Vénus de Médicis*[3], et que le sien seul égalait peut-être, devina l'héroïsme de Zima ; et cet être sublime, qui ne cédait à l'amour que parce que sa grande âme le croyait sans faiblesse, redoubla de ce moment l'impétuosité de sa course, afin de sauver à la fois,
15 s'il était possible, et son amant et sa rivale.

Le tableau de Zima, à demi nue et qui, tout entière à sa terreur, ne s'apercevait pas du désordre de ses vêtements, ne fut pas plus perdu pour le chef de brigade que pour la généreuse Éponine. Mais au lieu
20 d'inspirer des remords au Cannibale, il ne fit qu'allumer dans ses sens d'effroyables désirs ; convaincu, de ce moment, que le fils du Chevalier n'était que son amante, il se hâta de poignarder[4] l'infortuné,

---

1. Divinités infernales latines qui, comme les Érinyes des Grecs, s'acharnaient sur les criminels.

2. Peintre italien du XVIIᵉ siècle, célèbre par la grâce délicate de ses toiles.

3. Réplique romaine, en marbre, d'une statue grecque du IVᵉ siècle avant J.-C., conservée à Florence.

4. Il eut l'intention de poignarder vite.

afin de violer sans danger la beauté éperdue et mou-
25 rante sur le cadavre de sa victime.

Ici ma plume tremblante échappe de ma main ;
tout simple historien[1] que je suis, j'erre dans la forêt,
j'appelle d'une voix égarée Éponine, je lui montre,
mais en vain, la distance qui la sépare encore du
30 monstre que le ciel et la terre lui ordonnent de frapper. Mon pressentiment sinistre se justifie. Le coutelas en tombant ne s'est point égaré : il était dirigé
vers le cœur de l'amant d'Éponine ; Zima n'a que le
temps de présenter à la pointe du fer sa main géné-
35 reuse et cette main, percée de part en part, reste
fixée sur le sein malheureux qu'elle protège vaine-
ment. À l'instant des flots de sang coulent des deux
blessures, la Sultane[2] jette un cri de douleur, et le
Chevalier revient à la vie.

40 L'exécrable assassin se préparait de nouveau à
frapper : l'ardeur de jouir précipitait les élans de sa
férocité ; mais, tandis qu'il se croyait seul dans la nature, le Dieu de l'innocence était là. Au moment où
le coutelas doublement ensanglanté se levait sur le
45 Chevalier, Éponine enfonce son poignard tout entier
dans la gorge du monstre ; celui-ci rugit, comme un
tigre à qui on arrache sa proie, il reconnaît l'instrument horrible qu'il destinait à percer sa Souveraine,
et va expirer en blasphémant aux pieds d'Éponine.

Éponine ou De la République, *1793,*
chapitre LI.

---

1. Narrateur.
2. Zima, qui avait été destinée au sérail du Sultan.

Guide de lecture

1. Quel rôle joue, pour la leçon que suggère cet épisode, la complaisance érotique avec laquelle est décrite Zima ?

2. Qu'est-ce qui, dans tout le texte, justifie l'appellation de « monstre » donnée au chef de la brigade ?

3. En quoi les interventions du narrateur dans son récit le rendent-elles encore plus pathétique ?

VOLNEY   *(1757-1820)*

······································

VOLNEY. Constantin François Chassebeuf, dit Volney (d'après « Vol<u>taire</u> » et « Fer<u>ney</u> »), consacre sa vie à l'érudition historique. Après un séjour au Moyen-Orient, où il apprend l'arabe, il publie un *Voyage en Égypte et en Syrie* (1787), et surtout un ouvrage qui a un grand retentissement dans toute l'Europe : *les Ruines ou Méditations sur les révolutions des empires* (1791). Élu député à la Constituante, puis emprisonné comme modéré sous la Terreur, il devient après Thermidor membre de l'Institut et professeur dans les écoles normales. Il est comblé d'honneurs par Bonaparte, qui le nomme sénateur, puis par Louis XVIII, qui le fait pair de France. Il s'écarte pourtant de la vie politique pour se consacrer à la recherche dans toutes sortes de domaines (historiographie, langues orientales, agronomie). On le range habituellement parmi les « idéologues », qui défendirent et étendirent les idéaux des Lumières (rationalisme, liberté, progrès, démocratie, pédagogie) jusque sous la Restauration.

LES RUINES (1791). Le narrateur (voir p. 322) raconte ici un voyage qui l'a mené dans les provinces de l'Empire ottoman correspondant à l'Égypte et à la Syrie. Là, près de l'antique Palmyre, il a découvert un vaste champ de ruines qu'il visite en détail et dont il revient contempler le panorama au soleil couchant. Cette méditation sur les ravages du temps et les révolutions des empires les plus puissants enclenche toute une réflexion sur le fonctionnement des sociétés, les causes de leur dégénérescence, les chances d'un progrès dans le monde moderne, la responsabilité de l'esprit religieux, toutes religions confondues, dans les catastrophes du passé et son remplacement par la simple loi naturelle, valable également pour tout le genre humain.

« Ainsi donc périssent les ouvrages des hommes ! »

Ici, me dis-je, ici fleurit jadis une ville opulente ; ici fut le siège d'un empire puissant. Oui, ces lieux maintenant si déserts, jadis une multitude vivante animait leur enceinte ; une foule active cir-
5 culait dans ces routes aujourd'hui solitaires. En ces murs où règne un morne silence, retentissaient sans cesse le bruit des arts[1] et les cris d'allégresse et de fête ; ces marbres amoncelés formaient des palais réguliers ; ces colonnes abattues ornaient la majesté
10 des temples ; ces galeries écroulées dessinaient les places publiques. [...]

Et maintenant voilà ce qui subsiste de cette ville puissante, un lugubre squelette ! Voilà ce qui reste d'une vaste domination, un souvenir obscur et
15 vain ! Au concours[2] bruyant qui se pressait sous ces portiques a succédé une solitude de mort. Le silence

---

1. Des travaux manuels, tant d'artistes que d'artisans.
2. Afflux d'un grand nombre de gens réunis dans un même lieu.

des tombeaux s'est substitué au murmure des places
publiques. L'opulence d'une cité de commerce s'est
changée en une pauvreté hideuse. Les palais des rois
20 sont devenus le repaire des bêtes fauves ; les troupeaux parquent au seuil des temples, et les reptiles
immondes habitent les sanctuaires des dieux !...
Ah ! comment s'est éclipsée tant de gloire ! comment se sont anéantis tant de travaux !... Ainsi donc
25 périssent les ouvrages des hommes ! ainsi s'éva-
nouissent les empires et les nations !

Et l'histoire des temps passés se retraça vivement
à ma pensée : je me rappelai ces siècles anciens où
vingt peuples fameux existaient en ces contrées.

30 [...] Hélas ! je l'ai parcourue, cette terre ravagée !
j'ai visité les lieux qui furent le théâtre de tant de
splendeur, et je n'ai vu qu'abandon et que solitude...
J'ai cherché les anciens peuples et leurs ouvrages, je
n'en ai vu que la trace, semblable à celle que le pied
35 du passant laisse sur la poussière. Les temples se
sont écroulés, les palais sont renversés, les ports
sont comblés, les villes sont détruites ; et la terre,
nue d'habitants, n'est plus qu'un lieu désolé de sé-
pulcres... Grand Dieu ! d'où viennent de si funestes
40 révolutions ? Par quels motifs la fortune de ces
contrées a-t-elle été si fort changée ? [...]

Ainsi livré à ma rêverie, sans cesse de nouvelles
réflexions se présentaient à mon esprit. Tout, conti-
nuai-je, égare mon jugement et jette mon cœur dans
45 le trouble et l'incertitude.

Qui sait, me dis-je, si tel ne sera pas un jour
l'abandon de nos propres contrées ? Qui sait si sur

les rives de la *Seine,* de la *Tamise,* ou du *Sviderzée,* là
où maintenant, dans le tourbillon de tant de jouis-
50 sances, le cœur et les yeux ne peuvent suffire à la
multitude des sensations, qui sait si un voyageur
comme moi ne s'assoira pas un jour sur de muettes
ruines et ne pleurera pas solitaire sur la cendre des
peuples et la mémoire de leur grandeur ?

LES RUINES OU MÉDITATIONS SUR LES RÉVOLUTIONS DES EMPIRES, *1791,*
chapitre II, « La méditation ».

Guide de lecture

1. Comment se conjuguent, dans ce passage, trois types de présence du narrateur (voir p. 322) au paysage qu'il contemple : sensible, intellectuelle et affective ?

2. Analyser avec précision les grandes vagues qui amènent tour à tour devant le contemplateur le spectacle de l'animation vivante et celui de la désolation mortelle.

3. Étudier la richesse du lexique descriptif.

SENANCOUR   *(1770-1846)*

....

ÉTIENNE PIVERT DE SENANCOUR.   De santé délicate, il est voué dès sa jeunesse à l'inaction et à l'ennui. En 1789, pour échapper au séminaire où voulait le faire entrer son père, il s'enfuit en Suisse. Les paysages montagnards le séduisent moins par leur élévation grandiose que par leur âpreté désolée. Marié, presque malgré lui, en 1790, il se sépare de sa femme en 1803 et mène alors une vie désenchantée et solitaire. Disciple des philosophes et de J.-J. Rousseau, dont il tire plus d'inquiétude que de certitude, il écrit des ouvrages répétitifs et inachevés, qui passent à peu près inaperçus de son vivant :

— une méditation philosophique, *les Premiers Âges* (1792) ;

— un roman, *Aldomen ou le Bonheur dans l'obscurité* (1795) ;

— un essai en morceaux, *Rêveries sur la nature primitive de l'homme* (1799-1800) ;

— une série de lettres autobiographiques, *Oberman* (1804), texte redécouvert en 1832 par Sainte-Beuve ;

— un plaidoyer pour le divorce, *De l'amour* (1806) ;

— une comédie non jouée, *Valombré* (1807).

De l'expérience de son temps comme de l'étude des âges antérieurs et de la méditation sur les âges primitifs, il conclut que la vie humaine n'a jamais pu et ne pourra jamais correspondre à l'immensité du rêve ni combler le désir de bonheur qui est en chacun.

OBERMAN (1804).   Senancour représente un cas tout à fait particulier dans l'histoire littéraire : celui d'un écrivain, de fait, secondaire (impuissant à s'affirmer dans une œuvre et éclipsé en particulier par la gloire de Chateaubriand), et d'un relais essentiel — considéré comme tel depuis les années 1830 — entre les Lumières et le romantisme auquel le rattachent son sentiment permanent d'être étranger au monde où il vit et un sens profond du mystère des choses et des âmes. L'artiste, pourtant, n'est pas seulement celui qui réussit à concrétiser les rêves de son imagination ; son échec même en dessine les contours d'une manière diffuse et fuyante, mais qui peut être fort belle, comme dans l'extrait qui suit.

« Il est deux fleurs... »

Il est deux fleurs silencieuses en quelque sorte, et à peu près dénuées d'odeur, mais qui, par leur attitude assez durable, m'attachent à un point que je ne saurais dire. Les souvenirs qu'elles suscitent ra-
5 mènent fortement au passé, comme si ces liens des temps annonçaient des jours heureux. Ces fleurs simples, ce sont le barbeau des champs [1], et la hâtive pâquerette, la marguerite des prés.

Le barbeau est la fleur de la vie rurale. Il faudrait le
10 revoir dans la liberté des loisirs naturels, au milieu

---

1. Autre nom du bleuet.

des blés, au bruit des fermes, au chant des coqs, sur le sentier des vieux cultivateurs : je ne voudrais pas répondre que cela quelquefois n'allât jusqu'aux larmes[1].

15   La violette et la marguerite des prés sont rivales. Même saison, même simplicité. La violette captive dès le premier printemps ; la pâquerette se fait aimer d'année en année. Elles sont l'une à l'autre ce qu'est un portrait, ouvrage du pinceau, à côté d'un buste

20   en marbre. La violette rappelle le plus pur sentiment de l'amour : tel il se présente à des cœurs droits. Mais enfin cet amour même, si persuasif et si suave, n'est qu'un bel accident de la vie[2]. Il se dissipe tandis que la paix des campagnes nous reste jusqu'à la

25   dernière heure. La marguerite est le signe patriarcal[3] de ce doux repos.

Si j'arrive à la vieillesse, si, un jour, plein de pensées encore, mais renonçant à parler aux hommes, j'ai auprès de moi un ami pour recevoir mes adieux à

30   la terre, qu'on place ma chaise sur l'herbe courte, et que de tranquilles marguerites soient là devant moi, sous le soleil, sous le ciel immense, afin qu'en laissant la vie qui passe je retrouve quelque chose de l'illusion infinie.

OBERMAN, *1804,*
« Dernière partie d'une lettre sans date connue. »

---

1. Je ne peux pas assurer que ce spectacle ne me ferait pas pleurer.

2. Événement ponctuel et passager, qui arrive inopinément et cesse de même.

3. Appartenant ou faisant penser au temps des patriarches, c'est-à-dire aux premiers âges de l'humanité.

Guide de lecture
....

1. Montrer par des exemples précis comment ce texte fait dévier tout ce qui pourrait être positif, serein et heureux, du côté du manque, de la disparition, de la mort.

2. Justifier le terme « rivales » (l. 15).

3. Quelles sont les ressemblances et les différences avec des pages de même inspiration chez J.-J. Rousseau ?

Vous avez dit confisquées ? Par qui ?

L'écriture mobilisée

« L es faiseurs de systèmes n'ont pas toujours donné à leurs hypothèses le titre de rêveries », déclarait Senancour dans ses *Rêveries sur la nature primitive de l'homme* (1800). Entre celles de J.-J. Rousseau et les siennes, en effet, peu de temps a été consacré à la solitude et peu de place à la méditation. L'histoire en marche a mobilisé les esprits, les cœurs et les plumes, et les « systèmes » se sont éprouvés dans leur confrontation, leur application, leurs résultats. Les textes ont tenté d'influer directement sur le cours des événements, comme les discours de Saint-Just, les tragédies de M.-J. Chénier, les encouragements de Sade, les objurgations de Delisle de Sales, ou d'en proposer une lecture, tantôt récupératrice (*la Mère coupable,* de Beaumarchais), tantôt accusatrice (les *Iambes,* d'A. Chénier), tantôt élargie aux dimensions de l'histoire universelle (*les Ruines,* de Volney), tantôt recentrée sur le malaise de l'individu, écrasé par son impuissance à maîtriser l'histoire vécue comme destin sans visage ni grandeur (*Oberman,* de Senancour).

Prise de distance avec l'événement

E n marge de cette littérature « officielle » et active, il existe des œuvres plus distanciées. Elles témoignent de l'expérience vécue par ceux qui ont traversé l'aventure révolutionnaire. Par exemple, dans le genre de l'essai, l'*Esquisse d'un tableau des progrès de l'esprit humain,* écrite comme un testament d'espoir par Condorcet (né en 1743) juste avant son suicide (1794), ou l'*Essai sur les révolutions* du jeune Chateaubriand (né en 1768), d'esprit très « philosophique », publié pendant son exil à Londres (1797), ou encore la *Néologie ou Vocabulaire des mots nouveaux* (1801), ouvrage dans lequel L. S. Mercier décrit la transformation de la langue française pendant cette période. Dans le genre des mémoires, ceux de Mme Roland, écrits en prison avant son exécution, et ceux de Louvet de Couvray, l'auteur des *Amours du chevalier de Faublas,* jettent des éclairages passionnés sur l'événement. En revanche, ceux du Vénitien Casanova (1725-1798), écrits en français entre 1791 et 1798 *(Histoire de ma vie),* n'ont pas grand-chose à voir avec la Révolution : ils achèvent et couronnent, avec le récit piquant des voyages et des aventures amoureuses de ce séducteur européen, la veine libertine du XVIIIe siècle. De nombreuses correspondances, publiées plus tard, permettent aussi de relire la tourmente historique à travers les tourments intimes qu'elle suscita (Mirabeau, Mme Roland, Camille Desmoulins).

Annonces du siècle à venir

Ce qui est frappant dans tous les cas, c'est que les consciences sont alors énergiquement tournées vers l'avenir. Les écrits de Louis-Claude de Saint-Martin (1743-1803), *l'Homme de désir* (1790), *le Crocodile* (1798), développent des aspirations mystiques dont l'influence, déjà sensible chez Senancour, s'exercera sur tout le romantisme et le symbolisme du XIXe siècle. Les œuvres d'un de ses disciples, devenu chef de file du catholicisme réactionnaire, Joseph de Maistre (1754-1821), deviennent la bible de l'esprit contre-révolutionnaire, présentant l'événement comme un châtiment purificateur qu'a imposé aux hommes dévoyés par les Lumières (et de toute façon marqués par la chute originelle) une Providence divine trop longtemps bafouée. Il ouvre la voie à tout un courant de catholicisme rétrograde et antisocial, où s'illustreront Barbey d'Aurevilly, Barrès et Maurras. Avec son roman *l'Émigré* (1797), Sénac de Meilhan (1736-1803) fait connaître cette autre France qui vécut plusieurs années dans l'émigration, mais témoigne aussi d'une ouverture aux littératures étrangères que favorisèrent ces séjours forcés en Allemagne, en Italie ou en Angleterre. L'influence de Goethe et du *Sturm und Drang* (voir p. 322) en particulier s'y manifeste, elle qui devait agir fortement sur le premier romantisme français. Mme de Staël (née en 1766), fille de Necker, devait consolider ce mouvement dès 1800, avec son traité *De la littérature,* et le poursuivre, du château de Coppet, au bord du lac de Genève, où elle animait tout un groupe sous l'Empire et la Restauration. Enfin le théâtre voit naître un genre nouveau, le mélodrame (voir p. 322), avec les adaptations scéniques par Pixérécourt (1773-1844) des romans « noirs » de Ducray-Duminil (1761-1819) : *Victor ou l'Enfant de la forêt* (1798), *Célina ou l'Enfant du mystère* (1800). Ce genre est très « populaire » par son énorme succès et par ses caractéristiques : victime toujours innocente et pathétique, méchants très uniformément odieux, pantomime très extériorisée, appels appuyés à l'émotion immédiate, celle, comme dira Musset, qui fait « pleurer Margot ». Il fait le lien entre le drame bourgeois, lancé par Diderot, et le futur drame romantique.

Quand, en 1802, Chateaubriand revient d'émigration avec son manuscrit du *Génie du christianisme,* il semble que c'en soit bien fini des Lumières telles que nous les avons vues naître et conquérir tout l'espace de la pensée et de la littérature à partir de 1685. Pourtant, les principes qu'elles ont mis en avant et proposés à la conscience humaine comme les textes qui les ont illustrés n'ont pas cessé, depuis deux siècles, de nous hanter et de nous enchanter, comme n'ont pas cessé de nous tourmenter, voire de nous épouvanter, les principes et les actions qui se sont écartés d'elles.

Définitions
pour le commentaire de texte

allégorie *(n.f.)* : représentation d'une idée abstraite par un personnage ou une scène concrète. Ex. : « Viens, je me livre à toi, tendre mélancolie », Delille, *les Jardins,* p. 243.

arlequinade *(n.f.)* : pièce de théâtre, ou élément d'une pièce de théâtre, dont le caractère bouffon et gestuel est digne du personnage d'Arlequin dans la commedia dell'arte italienne.

baroque *(n.m.)* : grand mouvement de tous les arts européens aux XVIIe et XVIIIe siècles, caractérisé par le goût des effets, de l'abondance et de la surprise, en opposition avec la réserve et la sobriété recommandées dans l'art classique, puis néoclassique. En France, le baroque recula devant le classicisme dès le milieu du XVIIe siècle, mais il dura plus longtemps dans le reste de l'Europe.

burlesque *(n.m. et adj.)* : 1. genre littéraire dans lequel un sujet sérieux est traité de manière parodique. 2. d'un comique grossier, voire trivial.

commedia dell'arte : mots italiens qui signifient « comédie de fantaisie ». Ils désignent un genre de comédie qui s'est développé en Italie à partir du milieu du XVIe siècle et dans lequel les acteurs improvisaient sur un canevas très simple.

conte *(n.m.)* : récit, généralement court, de faits imaginaires.

déisme *(n.m.)* : position religieuse de ceux qui croient en un Dieu créateur de l'univers et responsable de ses mécanismes, mais qui rejettent toute idée d'un contact direct entre lui et ses créatures, et de toute « révélation » de son être ou de ses volontés.

dérivation *(n.f.)* : figure de style qui consiste à employer dans une même phrase plusieurs mots dérivés de la même origine (« grandeur » et « grand », par exemple).

didactique *(adj.)* : se dit d'un écrit dont le but principal est d'enseigner les éléments d'un art, d'une science, d'une pratique.

didascalie *(n.f.)* : indication de mise en scène écrite par l'auteur dramatique, mais ne faisant pas partie du dialogue proféré par les acteurs sur la scène.

drame *(n.m.)* : en général, toute pièce de théâtre (du grec *drama,* action), mais plus précisément pièce représentant des actions pathétiques et des sentiments forts. Au XVIIIᵉ siècle, le drame (dit « bourgeois », ou « sérieux ») se proposa de remplacer à la fois la tragédie et la comédie, en mettant en scène des sentiments violents dans des situations de la vie quotidienne contemporaine, avec une intention moralisante.

élégiaque *(adj.)* : ce qui touche au genre poétique de l'élégie, caractérisé par une inspiration tendre et mélancolique.

épistolaire (roman) : roman composé de lettres fictives écrites par un ou plusieurs de ses personnages.

épopée *(n.f.)* : long récit en vers d'aventures héroïques, mi-historiques mi-légendaires, où intervient le merveilleux. Très vivant pendant le Moyen Âge, ce genre subit ensuite un long déclin en France, malgré Ronsard *(la Franciade),* Voltaire *(la Henriade)* et Victor Hugo *(la Légende des siècles).*

fable *(n.f.)* : court récit allégorique, en vers ou en prose, contenant une moralité.

fantastique *(adj.)* : caractérise une œuvre littéraire qui se réfère, non au réel, mais au rêve, au surnaturel, à la magie ou à la science-fiction.

Foire (théâtres de la) : représentations populaires qui étaient données dans les grandes foires parisiennes, à la fin du règne de Louis XIV. Le public, fort dissipé, n'y cherchait qu'un divertissement facile, c'est pourquoi les pièces n'étaient souvent que des canevas sur lesquels improvisaient les acteurs, à la manière des comédiens-italiens.

galant *(adj.)* : désigne tout un domaine de l'inspiration littéraire, en vers et en prose, qui s'intéresse à la description et à l'analyse du sentiment amoureux et des conduites raffinées qu'il inspire. Le galant s'arrête où commence l'érotique.

idyllique *(adj.)* : caractérise une situation, souvent amoureuse, où tout est naïf, tendre, facile et sans nuages.

Italiens (théâtre des) : venus en France à la suite de Catherine de Médicis (qui avait épousé le futur roi de France Henri II en 1533), les comédiens-italiens y introduisirent la commedia dell'arte, théâtre d'improvisation où abondent les gestes, les mimiques et les cabrioles. Les acteurs y incarnaient des types qu'on retrouvait de pièce en pièce (Arlequin, Pantalon, Scaramouche, Colombine...). Ils eurent beaucoup de succès à Paris, où ils rivalisaient encore avec Molière entre 1660 et 1673. Chassés par Louis XIV en 1697, ils purent revenir sous la Régence. Ils jouèrent les plus grands succès de Marivaux. Leur troupe se fondit avec celles de la Foire pour former, en 1762, celle de l'Opéra-Comique.

jansénisme *(n.m.)* : courant de la pensée religieuse né au XVIIe siècle sous l'influence de l'évêque hollandais Jansénius (1585-1638), et qui se réclame des écrits de saint Augustin (354-430 après J.-C.). Partant de l'idée que la grâce divine, qui aide à surmonter le mal et la tentation qui pousse vers lui, n'est pas également accordée à tous les hommes ni présente à tous les moments de la vie de chacun, les jansénistes prônent une morale austère et rigoureuse, sans compromissions à la vie mondaine. Ils s'opposèrent sur ce point aux jésuites, plus laxistes, et qui, partant d'une conception de la grâce plus large et plus libérale, accommodaient volontiers les devoirs de la religion aux nécessités de la vie sociale, en fonction de chaque situation.

jésuites *(n.m.pl.)* : membres de la Compagnie (ou Société) de Jésus, ordre religieux fondé en 1540 par saint Ignace de Loyola. Véritables soldats de la cause catholique après la Réforme de Luther (1483-1546) et Calvin (1509-1564), ils s'assurèrent un grand pouvoir auprès des nobles et des rois, dont ils se firent souvent les conseillers et les confesseurs. Accusés par les jansénistes d'être trop tolérants — surtout envers les Grands — pour les manquements à la morale chrétienne, ils devinrent suspects aux rois eux-mêmes qui, dans les années 1760, les chassèrent de France, d'Espagne et du Portugal.

libertinage *(n.m.)* : désigne à la fois une attitude d'esprit (celle du « libre-penseur », de l'« esprit fort » qui n'accepte pas pour vrais les enseignements des religions), un type de conduite (dissolue, parfois scandaleuse, surtout dans le domaine sexuel), et un courant littéraire qui exalte cette liberté de l'esprit et cet art de jouir sans entraves. Ce courant fut très en vogue, sous des formes diverses, pendant tout le siècle des Lumières.

litote *(n.f.)* : figure de style qui consiste, au lieu d'affirmer positivement une chose, à nier absolument la chose contraire. Cette négation donne alors beaucoup plus de force à l'affirmation qu'elle déguise (par exemple « Je ne te hais point » — pour « Je t'aime » — de Chimène à Rodrigue, dans *le Cid* de Corneille).

lyrique *(adj.)* : propre à la poésie qui exprime des émotions, des sentiments intimes, au moyen d'images et de rythmes capables de les transmettre au lecteur.

machines *(n.f.pl.)* : au théâtre, tous les procédés techniques permettant de produire sur les spectateurs des effets grandioses et surprenants (apparition, disparition, envol de personnages, catastrophes naturelles, etc.).

mélodrame *(n.m.)* : pièce de théâtre mêlée de musique et produisant des effets d'émotion intense.

merveilleux *(adj. et n.m.)* : dans une œuvre littéraire, caractère de ce qui relève du surnaturel, du miracle, de l'intervention d'êtres doués de pouvoirs extraordinaires et plus qu'humains, de type divin (les dieux de l'Olyme) ou magique (les fées).

métaphore *(n.f.)* : figure de style consistant à désigner une chose par le nom d'une autre qui présente quelque analogie avec la première (par exemple, un « tigre » pour un homme très cruel. La métaphore est filée quand la substitution porte sur plusieurs objets successifs (par exemple : « la neige de ses cheveux montre qu'il est dans l'hiver de sa vie »).

narrateur *(n.m.)* : désigne, en littérature, le personnage qui raconte l'histoire constituant le texte, quand il s'agit d'un récit, et qui se présente lui-même dans ce rôle.

occurrence *(n.f.)* : apparition d'un fait linguistique dans un texte (occurrences de mots, de phonèmes, de figures, etc.).

opéra *(n.m.)* : genre théâtral en musique, en chants et en danses, né à Florence à la fin de la Renaissance et qui eut un grand succès dans toute l'Europe depuis le XVIIᵉ siècle. Il fut un élément important de la vie culturelle et sociale en France au XVIIIᵉ siècle.

opéra-comique : genre théâtral qui mêle des parties chantées et des parties parlées. Il se développa en France au milieu du XVIIIᵉ siècle, recueillant l'héritage des théâtres de la Foire et des Italiens.

pamphlet *(n.m.)* : écrit, le plus souvent bref, destiné à attaquer des personnes ou des institutions de manière directe et agressive.

pantomime *(n.f.)* : sorte de jeu théâtral où l'acteur, pour renforcer ou remplacer la parole, utilise toutes les possibilités expressives de son corps : mimiques du visage, gestes, attitudes...

parade *(n.f.)* : bref spectacle burlesque destiné à l'origine à attirer l'attention du public pour le faire entrer au théâtre.

parodie *(n.f.)* : imitation irrespectueuse d'un ouvrage, d'un style, d'une personne dont on veut se moquer.

paronomase *(n.f.)* : figure de style qui consiste à réunir dans une même phrase des mots dont les sonorités ont quelque ressemblance, mais dont le sens est très différent (par exemple « fuite » et « suite », « vanité » et « vérité », « croque » et « craque »).

pastorale *(n.f.)* : œuvre littéraire et/ou musicale mettant en scène des bergers et des bergères. Par extension, œuvre faisant une large part à la description et à l'exaltation d'une vie simple, dans un cadre naturel.

pathétique *(adj.)* : caractère de ce qui provoque une forte émotion, le plus souvent dans le registre grave ou triste.

philologie *(n.f.)* : étude d'une langue fondée sur l'analyse critique des textes écrits dans cette langue.

physiocratie *(n.f.)* : au XVIIIᵉ siècle, doctrine économique selon laquelle la terre et l'agriculture sont les sources essentielles de la richesse.

picaresque *(adj.)* : caractérise des œuvres littéraires dont le héros est un aventurier issu du peuple, volontiers vagabond ou voleur. Mot emprunté à l'espagnol *picaro*, « vaurien ».

rococo *(n.m.)* : mouvement artistique européen du début du XVIIIᵉ siècle, qui eut un grand succès en France à partir de la Régence (1715-1723). Il se caractérise par la dissymétrie des ensembles et par l'ornement des détails et la lumière portée sur eux. Il s'oppose à l'esthétique classique, comme le baroque, mais il ne doit pas être confondu avec ce dernier. Art beaucoup plus « laïc », nettement moins influencé par les formes religieuses, il s'exerça dans la peinture, l'architecture, la décoration des intérieurs, l'orfèvrerie, mais aussi dans la musique et la littérature.

satire *(n.f.)* : écrit dans lequel on attaque quelqu'un ou quelque chose par la raillerie moqueuse, la description critique ou l'attaque insolente.

Sturm und Drang : « Tempête et élan », d'après un titre de l'Allemand Klinger (1752-1831). Autour de Klinger, de Goethe (1749-1832), de Schiller (1759-1805), ce mouvement réagit contre le classicisme auquel n'avait pas renoncé l'ensemble du siècle. Il veut une inspiration littéraire moins rationnelle et ordonnée, plus docile aux élans tumultueux de l'imagination et du génie.

Index des auteurs

Index des œuvres

Index des thèmes

Prévost, p. 114.
Voltaire, p. 161.

Femme

Beaumarchais, p. 268.
Bernardin de Saint-Pierre, p. 247 et 249.
Crébillon fils, p. 117 et 120.
Delisle de Sales, p. 305.
Diderot, p. 182.
Marivaux, p. 88, 91 et 98.
Prévost, p. 109 et 114.
Rétif de la Bretonne, p. 258.
Rousseau, p. 218.
Vauvenargues, p. 142.

Guerre

M.-J. Chénier, p. 293.
Fénelon, p. 39.
Perrault, p. 35.
Saint-Just, p. 297.

Jouissance

Crébillon fils, p. 117.
Diderot, p. 192.
Laclos, p. 253.
Rousseau, p. 216, 218, 235 et 238.
Voltaire, p. 133.

Justice

A. Chénier, p. 289.
Montesquieu, p. 77 et 79.
Saint-Just, p. 297.
Vauban, p. 28.
Voltaire, p. 159.

Libertinage

Crébillon fils, p. 117 et 120.
Diderot, p. 192.
Laclos, p. 253.
Rétif de la Bretonne, p. 258.

Maîtres/valets

Beaumarchais, p. 265 et 268.
Diderot, p. 187.
Lesage, p. 54.
Marivaux, p. 91, 96 et 102.
Regnard, p. 49.

Mort

Buffon, p. 171.
A. Chénier, p. 287 et 289.
Delisle de Sales, p. 305.
Diderot, p. 177 et 180.
Fénelon, p. 39.
Prévost, p. 112.
Regnard, p. 49.
Voltaire, p. 126, 128 et 163.

Nature

Bernardin de Saint-Pierre, p. 247 et 249.
Buffon, p. 171.
A. Chénier, p. 287.
Delille, p. 242.
Diderot, p. 177 et 180.
Rousseau, p. 221 et 238.
Senancour, p. 315.

Nature (état de)

Diderot, p. 195.
Marivaux, p. 93 et 104.
Rousseau, p. 210.

Chronologie
historique et littéraire

Événements historiques	Œuvres
1685 : révocation de l'édit de Nantes	1686 : *Histoire des oracles, Entretiens sur la pluralité des mondes,* Fontenelle 1697 : *Dictionnaire historique et critique,* Bayle ; *Histoires ou Contes du temps passé,* Perrault 1699 : *les Aventures de Télémaque,* Fénelon
1701-1714 : guerre de la Succession d'Espagne	1709 : *Turcaret,* Lesage
1713 : bulle *Unigenitus*	1713 : *les Illustres Françaises,* Challe
1715-1723 : Régence	1715 : *Histoire de Gil Blas de Santillane,* Lesage 1718 : *Œdipe,* Voltaire
1720 : faillite de Law	1720 : *Arlequin poli par l'amour,* Marivaux 1721 : *Lettres persanes,* Montesquieu
1723-1774 : règne de Louis XV	1723 : *la Double Inconstance,* Marivaux 1730 : *le Jeu de l'amour et du hasard,* Marivaux 1731 : *Histoire du chevalier des Grieux et de Manon Lescaut,* Prévost ; *la Vie de Marianne,* Marivaux 1734 : *Lettres philosophiques,* Voltaire 1735 : *le Paysan parvenu,* Marivaux

Événements historiques	Œuvres
	1738 : *les Égarements du cœur et de l'esprit*, Crébillon fils
1745 : bataille de Fontenoy	
1748 : traité d'Aix-la-Chapelle	1748 : *De l'esprit des lois*, Montesquieu
	1749-1788 : *Histoire naturelle*, Buffon
	1750-1772 : *l'Encyclopédie*
1755 : tremblement de terre de Lisbonne	1755 : *Discours sur l'origine et les fondements de l'inégalité parmi les hommes*, Rousseau
1757 : attentat de Damiens	
	1759 : *Candide ou l'Optimisme*, Voltaire
	1760 : *la Religieuse*, Diderot
	1762 : *le Neveu de Rameau*, Diderot ; *Du contrat social*, Rousseau
1763 : traité de Paris	
	1764 : *Dictionnaire philosophique portatif*, Voltaire
	1765 : *Jacques le fataliste*, Diderot
	1766 : *Confessions*, Rousseau
1774-1791 : règne de Louis XVI	
1776-1783 : indépendance des États-Unis d'Amérique	1776-1778 : *les Rêveries du promeneur solitaire*, Rousseau
	1782 : *les Liaisons dangereuses*, Laclos
	1784 : *le Mariage de Figaro*, Beaumarchais
	1787 : *Paul et Virginie*, Bernardin de Saint-Pierre

Événements historiques	Œuvres
1789 : réunion des États généraux (5 mai) ; l'Assemblée nationale se déclare constituante (9 juillet) ; prise de la Bastille (14 juillet)	1789 : *Charles IX,* Marie-Joseph Chénier
1790 : Constitution civile du clergé (12 juillet) ; fête de la Fédération (14 juillet)	
1791 : Louis XVI, devenu roi des Français, fuit à Varennes (juin) ; l'Assemblée législative est proclamée (11 octobre).	1791 : *les Ruines ou Méditations sur les révolutions des empires,* Volney
1792 : la patrie en danger (11 juillet) ; arrestation du roi et fin de la royauté (10 août) ; la Convention nationale proclame la république (22 sept.)	1792 : *la Mère coupable,* Beaumarchais ; « Français, encore un effort... », Sade
1793 : exécution de Louis XVI (21 janv.) ; coalition contre la France et insurrection dans l'Ouest (mars) ; création du Comité de salut public (6 avril) ; Terreur (10 oct.)	1793 : *Éponine ou De la République,* Delisle de Sales
1794 : chute de Robespierre et Saint-Just (9 thermidor-27 juillet) et fin de la Terreur	1794 : *Iambes,* André Chénier ; *Rapport au nom du Comité de salut public...,* Saint-Just
1795 : **Directoire**	
1799 : coup d'État du 18 brumaire (9-10 nov.), début du Consulat et fin de la Révolution	
	1804 : *Oberman,* Senancour